AF341158

SŒUR SION

ET

L'ÉTABLISSEMENT

DES FILLES DE LA CHARITÉ

EN TERRE SAINTE

SŒUR SION

ET

L'ÉTABLISSEMENT

DES FILLES DE LA CHARITÉ

EN TERRE SAINTE

PAR

Dom E. LEGRAND

CHANOINE DU SAINT-SÉPULCRE

PROCUREUR DU PATRIARCAT LATIN

DE JÉRUSALEM

PARIS

LIBRAIRIE VICTOR LECOFFRE

RUE BONAPARTE, 90

—

1905

NIHIL OBSTAT

Hierosolymis, die 15 Martii 1905

D. A. PERRIN
Censor deputatus

IMPRIMATUR

Hierosolymis, die 17 Martii 1905

† **ALOISIUS PICCARDO**
vic. cap.

IMPRIMATUR

Parisiis, die 10 Julii 1905

G. LEFEBVRE
v. g.

AU SUCCESSEUR
DE SAINT VINCENT DE PAUL,

LE TRÈS RÉVÉREND PÈRE A. FIAT,

Supérieur de la Congrégation de la Mission
et des Filles de la Charité.

Permettez-moi, mon très Révérend Père, de vous faire hommage de ce livre. Malgré toutes les imperfections dont il est rempli, il parle d'une de vos Filles, d'une de celles dont vous pouvez être le plus légitimement fier. Et le bien que l'on peut dire d'une fille en toute vérité, ne fait-il pas l'éloge et la gloire de son père? *Filius sapiens, doctrina Patris* (Prov., XIII, 1).

C'est vous, mon très Révérend Père, qui avez choisi ma Sœur Sion pour établir, en Terre Sainte, les Filles de la Charité et leurs œuvres admirables. C'est vous qui avez choisi cette pierre précieuse, pour en faire, en Palestine, la pierre fondamentale de l'édifice de la Charité. Et Dieu, qui vous avait inspiré ce choix, l'a tellement béni, que l'édifice va chaque jour grandissant et dilatant son enceinte, pour y donner asile à toutes les misères de notre pauvre humanité déchue.

C'est vous qui avez su discerner ce plant exquis, qui, transplanté par vos ordres dans nos climats, y est devenu si fécond, qu'en moins de vingt ans, il a poussé de vigoureux rejetons dans toute la Palestine, à Bethléem, à Nazareth, à Caïffa.

Mais ce sarment béni n'a été si productif que parce qu'il demeurait uni à son cep et animé de la même sève. De Paris, en effet, mon très Révérend Père, c'est vous qui dirigiez ici votre Fille dans ses nombreuses et difficiles entreprises. Elle ne prenait aucune détermination importante sans avoir demandé votre avis, sans se conformer en tout à vos moindres désirs; et les victoires si nombreuses et si éclatantes qu'elle a remportées, sont dues à la parfaite obéissance qu'elle **vous** avait vouée : *Vir obediens loquetur victoriam* (Prov., XXI, 28).

Veuillez donc bénir l'histoire bien incomplète de ces victoires et son pauvre historien, qui doit à votre bonté de faire partie, dans une certaine mesure, de la grande famille de saint Vincent, et qui est trop honoré de pouvoir se dire, mon **très** Révérend Père,

Votre enfant et serviteur très humble,

E. LEGRAND,

chanoine du Saint-Sépulcre,
Procureur du Patriarcat latin.

Jérusalem, 19 juillet 1905, en la fête de saint Vincent de Paul.

LETTRE

DU TRÈS HONORÉ PÈRE A. FIAT

A L'AUTEUR.

Paris, le 28 juillet 1905.

Monsieur le Chanoine,

Votre trop flatteuse dédicace me cause autant de confusion que de surprise.

Rien, en effet, ne pouvait me faire supposer que vous penseriez à faire remonter jusqu'à ma chétive personne les mérites de cette vraie Fille de la Charité, dont vous avez voulu raconter la vie.

C'était Notre-Seigneur qui s'était réservé de former ma Sœur Sion aux vertus de son état, et de la conduire, en quelque sorte, par la main dans l'accomplissement des œuvres charitables.

Ainsi s'explique, et ce parfum d'édification qu'elle répandait autour d'elle, et cette sorte de prestige qu'elle exerçait à son insu sur les personnes du monde, et jusque sur les représentants de l'autorité musulmane.

Daigne le Seigneur, Monsieur le Chanoine, vous récompenser largement de votre excellent travail, et l'accompagner de ses plus amples bénédictions, pour les lecteurs de cette édifiante biographie.

Veuillez agréer, avec mes remerciements pour votre dévouement à la double famille de saint Vincent de Paul, l'hommage de mon affectueux respect.

A. FIAT,

Supérieur général de la Congrégation de la Mission
et des Filles de la Charité.

LETTRE DU THÉOLOGIEN

QUE L'AUTEUR AVAIT PRIÉ DE REVISER
SON TRAVAIL.

Cher Monsieur Legrand,

Je viens de terminer la lecture de votre beau travail sur ma *Sœur Sion,* que votre humilité avait bien voulu me soumettre.

J'en ai été profondément édifié, et plus d'une fois ému jusqu'aux larmes. Merci des douces émotions que vous m'avez procurées. Je prie la chère défunte (que j'ai eu, comme vous, le bonheur de connaître bien intimement) de vous en récompenser, en usant, en votre faveur, du grand crédit dont elle doit jouir là-haut.

Le soin que vous avez mis à perfectionner votre œuvre, à laquelle votre bon cœur a su prendre une si large part, a rendu mon travail de revision bien facile. Je n'ai eu qu'à constater la bonne structure de la charpente, et l'harmonie des constructions dont vous avez su la revêtir. Je laissais courir sous mes yeux ces lignes si pleines de faits et de leçons, et j'en nourrissais mon âme avide.

Je ne doute pas que ceux qui liront après moi cette vie si instructive et si édifiante, ne partagent

a.

les mêmes salutaires émotions. Qu'ils soient bien nombreux, et vous pourrez vous réjouir d'avoir fait un grand bien, car nul ne lira ces pages sans en devenir meilleur.

C'est mon souhait le plus sincère, que je prie Notre-Seigneur d'exaucer, vous assurant de mes meilleurs sentiments, en son amour et celui de son Immaculée Mère.

N....,

Ancien professeur de théologie.

Paris, 13 juin 1905, en la fête de saint Antoine de Padoue.

PRÉFACE

Un de ceux qui ont eu à lire et à apprécier les pages que j'entreprends de publier exprimait en ces termes l'impression qu'elles lui avaient faite : « J'ai lu avec un vif intérêt cette vie de *Sœur Sion*, et cette page de l'histoire des Filles de la Charité est faite pour intéresser, non seulement les amis de la double famille de saint Vincent de.Paul, mais tous ceux qui s'occupent de notre influence en Orient. »

J'avoue qu'en mettant la main à la plume, je n'avais pensé, ni à composer une page de l'histoire des Filles de la Charité, ni à faire œuvre patriotique en essayant d'étayer, par l'appui d'une bien petite pierre, l'édifice de l'influence française si menacé en ce moment.

D'abord, je puis dire en toute vérité que je n'ai pas pris moi-même la plume, mais qu'elle m'a été mise entre les mains par des instances auxquelles, après bien des résistances, j'ai dû finir par céder.

La beauté du sujet était bien faite pour tenter un peintre habile, qui aurait su faire revivre cette belle figure de Fille de la Charité et la transmettre toujours vivante aux générations à venir. Mais ce qui aurait excité l'ardeur de cet artiste ne pouvait que décourager ma faiblesse. Je me sentais écrasé par la supériorité intellectuelle et morale de mon modèle, et je n'osais entreprendre une copie condamnée d'avance à n'être qu'une reproduction bien imparfaite de l'original.

J'ai dû cependant, pressé par la double voix de l'autorité et de l'amitié, faire taire les trop justes réclamations de mon impuissance, et me mettre à l'œuvre. Mais mon travail terminé ne justifie que trop la légitimité de mes premières appréhensions, et maintenant que j'ai déposé ma palette et mes pinceaux, en voyant sur la toile l'image si pâle et si imparfaite de celle que je devais peindre, si je n'écoutais que mon indignation, des deux mains je la déchirerais. J'éprouve quelque chose de la pénible impression que ressentait la Sœur Catherine Labouré, la voyante de 1830, à la vue des tableaux ou des statues dans lesquelles l'art humain avait essayé de reproduire ses visions célestes. « Non, ce n'est pas cela, disait-elle. Oh! que Marie est bien plus belle! »

Et cependant cette médaille, frappée sur les métaux les moins précieux, à l'effigie de *Marie conçue sans péché,* bien que reproduisant si imparfaitement les traits de la Vierge sans tache, n'a cessé, depuis son apparition, de semer partout les prodiges, et de mériter sa dénomination populaire de *Médaille miraculeuse.* A ce portrait si peu digne de son modèle Dieu a daigné attacher une vertu surnaturelle, qui guérit les corps et convertit les âmes.

Seigneur, du haut du ciel, jetez un regard favorable sur le portrait si défectueux de cette vraie Fille de saint Vincent de Paul, que votre amour avait si bien douée ici-bas, dans l'ordre de la nature comme dans celui de la grâce.

Au nom de cet amour qui, se plaisant aujourd'hui à couronner ses mérites dans le ciel, couronne ainsi ses propres dons, daignez bénir ces pauvres pages. A ce petit livre, comme à l'humble médaille de Marie, malgré son impuissance à bien reproduire son modèle, daignez attacher cette vertu divine qui le rendra fécond, et qui, l'accompagnant partout où le portera le souffle de votre providence, lui fera produire des fruits de salut.

E. L.

Jérusalem, en la fête de saint Joseph, 19 mars 1905.

DÉCLARATION DE L'AUTEUR

Pleinement soumis à l'enseignement et au jugement de l'Église notre Mère, particulièrement aux décrets du Pape Urbain VIII, en date du 13 mars 1625 et du 5 juin 1631, nous déclarons réprouver et condamner à l'avance tout ce que son magistère infaillible y trouverait de répréhensible. Nous voulons vivre et mourir dans la croyance de l'unique véritable Église, catholique, apostolique, Romaine.

E. L.

SŒUR SION

ET

L'ÉTABLISSEMENT
DES FILLES DE LA CHARITÉ
EN TERRE SAINTE

I

Naissance. — Famille. — Jeunesse. — Le choléra. Mort de M. l'abbé Sion. — Vocation.

Léonie Sion naquit à Houplines (département du Nord), le dimanche 27 septembre 1846, jour anniversaire de la mort de saint Vincent de Paul. Cette ville, aujourd'hui animée et populeuse, divisée en deux grandes paroisses, n'était alors qu'une charmante bourgade de 2.500 âmes, gracieusement assise sur la rive droite de la Lys et groupée autour de son ancienne église de sainte Anastasie.

Dans les familles chrétiennes, on était encore tout à la joie de l'élection récente de Pie IX, le pape réclamé pour les temps nouveaux, non suivant le vœu de l'impiété et du libéralisme, mais comme le souhaitaient tous ceux qui avaient souci des intérêts de l'Église et du peuple.

Treize jours avant la naissance de Léonie, en la fête de l'Exaltation de la sainte Croix, Notre-Seigneur Jésus-Christ, apparaissant pour la seconde fois à une Fille de la Charité, sœur Apolline Andriveau, lui avait révélé la dévotion du scapulaire de la Passion. Cet événement, disait M. Étienne, alors supérieur général de la Congrégation de la Mission, devait être, dans les desseins de la Providence, l'occasion de bénédictions singulières pour la famille de saint Vincent de Paul, une époque d'où daterait pour elle une ère nouvelle de succès et de prospérité.

L'enfant qui venait de naître devait apporter, pour sa part, un magnifique contingent de ces bénédictions et de ces espérances entrevues par le successeur de saint Vincent.

Elle reçut, au baptême, les noms de Léonie-Augustine-Marie. Par une heureuse coïncidence, les prières liturgiques de ce jour — dix-septième dimanche après la Pentecôte — semblaient un programme fait exprès pour elle, programme dont elle ne s'est jamais écartée. L'Église chantait, à l'Introït : « *Beati immaculati in via*, bienheureux ceux qui sont purs dans la voie, qui marchent dans la loi du Seigneur! » Et, à l'Évangile : « Vous aimerez le Seigneur votre Dieu de tout votre cœur, et votre prochain comme vous-même; ce second commandement est semblable au premier. » Pureté et charité : voilà bien les deux mots qui résument toute son existence.

Dans sa famille, la vertu était traditionnelle. Son père, M. Louis-Jean-Baptiste Sion, était à la tête d'une importante scierie mécanique. Il était en même temps président du conseil de Fabrique et membre du conseil de la Commune. Dieu lui a donné de parvenir à cette vieillesse que le Sage appelle « une couronne d'honneur, lorsqu'elle se trouve dans la voie de la justice ». Il a survécu à sa fille un an et quatre mois. Le 8 mars 1905, un mercredi, jour consacré à saint Joseph pour lequel sa maison a toujours eu un culte spécial, il rendit son âme à Dieu, entouré des membres de sa nombreuse famille. Il avait quatre-vingt-neuf ans. Peu de jours auparavant, il était allé à l'église faire la sainte communion avec un tel esprit de foi, une telle piété, que le prêtre ne put s'empêcher de dire à sa petite-fille : « Oh! quel saint grand-père vous avez! »

Sa mère, Marie-Ismérie Demars, avait cette figure aimable, ce trésor de lumière et de dévouement, de pureté et de sage gouvernement qui font de la mère chrétienne un chef-d'œuvre que la religion seule peut produire. Elle réalisait parfaitement cette parole de nos saints Livres qui fait partie du portrait de la femme forte : « Elle a considéré les sentiers de sa maison » (Prov., xxxi, 37). Les sentiers de sa maison, cela veut dire, pour une mère, les attentions qu'elle doit avoir, la direction qu'elle doit imprimer, les besoins auxquels elle est tenue de satisfaire, et les intérêts dont elle porte devant Dieu la responsabilité. Elle comprenait si bien ces saintes choses qu'au jour de ses noces d'or, entourée de sa famille et de l'élite du clergé du pays, elle oubliait en quelque sorte la vénération dont elle était l'objet, pour repasser devant Dieu l'étendue de ses devoirs et se demander encore, ainsi qu'elle l'a avoué à sa fille, si elle avait bien fait d'assumer un tel fardeau.

Modèles des époux chrétiens, M. et Mme Sion vivaient dans la crainte du Seigneur, fidèlement unis par les liens d'un mutuel respect et d'une tendre affection, que la mort seule devait briser.

Dieu bénit leur union et leur donna sept enfants :

1° Louis, resté veuf avec une famille de sept enfants, dont l'aîné avait quinze ans à la mort de sa mère. Deux de ses filles sont aujourd'hui Filles de la Charité.

2° Charles, qui mourut du choléra à l'âge de vingt-trois ans, étant professeur au collège de Bailleul et déjà dans les Ordres sacrés.

3° Léonie, dont nous écrivons la vie.

4° Victor qui, resté veuf après une année seulement de mariage, consacra sa vie à ses parents et aux enfants de son frère aîné.

5° Gustave, mort à l'âge de trois ans et demi.

6° Laure, Fille de la Charité, qui a remplacé sa sœur à la tête de la maison de Jérusalem.

7° Gustave, qui aspirait au sacerdoce. Il avait commencé ses études au collège de Bailleul, où son frère Charles était professeur, et il mourut de la fièvre cérébrale, le 3 mars 1866, à l'âge de onze ans et demi.

Nous avons peu de détails sur l'enfance de Léonie. Elle avait huit ans lorsque, le 8 décembre 1854, la proclamation du dogme de l'Immaculée Conception fit tressaillir le monde d'allégresse. Poussée déjà comme par instinct vers la dévotion à Marie, elle se voua au culte de la Vierge sans tache, et commença dès lors à faire son invocation favorite de cette prière, qu'elle devait mettre un jour sur les lèvres de tant d'enfants et de vieillards : « O Marie, conçue sans péché, priez pour nous qui avons recours à vous. »

A dix ans et demi, elle fut admise à faire sa première communion. Cette année qui préoccupe tous les enfants, fut pour elle marquée par un accroissement de piété et de vertu. Comprenant la gravité d'une telle action, elle s'y prépara par une étude attentive de son catéchisme, des prières plus nombreuses et plus ferventes, une docilité qui faisait l'admiration de tous ceux qui la voyaient. « Quel beau jour pour une famille chrétienne que celui où un enfant au cœur pur va pour la première fois recevoir son Dieu! Avec quelle joie la mère, déposant une couronne de fleurs blanches sur le front de sa fille, songe à cet âge heureux où, elle aussi, jeune convive de la table sainte, avait offert au Seigneur les prémices de son cœur, le parfum de sa pureté et la joie de son innocence! Le père se souvient aussi en ce beau jour et, en regardant l'enfant qui est son trésor, il pleure quelquefois au souvenir de cette joie lointaine. Il y a, dans toutes les âmes, comme un ressouvenir d'une pureté que bien peu savent conserver. La vue du bonheur des jeunes communiants suffit assez souvent pour ramener à Dieu, et le Ciel est toujours sensible aux prières que l'enfance lui adresse » (1). Les joies de la fête furent surtout appréciées dans la famille de Léonie. Elle était instruite, sa foi éclairée, et Celui qui aime les enfants lui prodigua ses dons les plus doux. Aussi, dès ce moment, un esprit plus sérieux encore se fit remarquer dans la jeune chrétienne.

Peu après, sa mère la conduisit au pensionnat d'Armentières, tenu par les Religieuses du Saint Enfant-Jésus, appelées Dames de Saint-Maur. Ses maîtresses eurent bientôt compris la valeur de leur nouvelle élève. Aussi s'appliquèrent-elles à seconder l'élan de cette âme ardente et généreuse vers tout ce

____

(1) Mgr Besson.

qui est grand, tout ce qui est bien. On raconte que,
dans les premiers jours, elles voulurent éprouver la
voix de l'enfant. Celle-ci, qui savait bien que sa voix
n'était point harmonieuse, ne s'excusa point, mais
monta résolument sur une chaise et, de tout son
cœur, entonna un gai refrain de son pays natal.
Cette franchise, cette simplicité lui gagna bientôt
toutes les sympathies.

Elle revenait chaque année passer les vacances à
Houplines, ainsi que son frère Charles qui était alors
au collège d'Hazebrouck et devait passer ensuite
au Séminaire de Cambrai. Elle lui avait voué une
affection qui s'accrut encore lorsque celui-ci, non
content d'avoir quitté le monde pour embrasser l'état
ecclésiastique, déclara vouloir se donner aux Mis-
sions-Étrangères. C'étaient deux âmes sœurs, ten-
dant au même but, et suivant, pour y arriver, une
voie parallèle.

Léonie avait reçu, dans son enfance, un jouet en
porcelaine, représentant une Fille de la Charité.
Or, un jour de vacances, qu'elle se trouvait à la gare
d'Armentières, avec son frère et d'autres parents,
elle aperçut pour la première fois une Sœur portant
le costume représenté par son jouet. Aussitôt elle
échappe à la vigilance des siens et accoste la sœur.
— « Ma Sœur, comment vous appelle-t-on? — Sœur
Cécile. — Ce n'est pas cela. Quel est le nom de
votre Congrégation? — Filles de la Charité. — Et
que faites-vous? — Nous sommes au service des
pauvres et des malades. » — Elle n'en demanda pas
davantage et revint vers son frère à qui elle raconta
ce qu'elle avait fait. Mais les dernières paroles de
la sœur restèrent gravées dans sa mémoire. Le ser-

vice des pauvres : ce mot allait si bien aux aspirations de son âme compatissante! Pouvait-elle oublier qu'elle était née sous les auspices de saint Vincent de Paul, et que ce père des pauvres s'était incliné sur son berceau? Plus tard, la pensée que le saint fondateur l'avait prise sous sa protection le jour de sa naissance lui procurera les plus douces consolations.

Sa mère ne put la laisser au pensionnat autant qu'elle l'aurait désiré. C'était la première de ses filles et elle avait besoin de son aide dans la direction de la maison. Ses maîtresses ne la virent point partir sans regret, et elles n'ont pas hésité à dire qu'elles avaient comme un pressentiment que Dieu appelait cette enfant à de grandes choses. Elles eurent même quelque temps l'espoir de la voir entrer dans leur Institut; mais Dieu en avait disposé autrement.

De retour dans sa famille, sa vie ne fut désormais qu'un prélude, une préparation à sa future vie de Fille de la Charité. Elle allait, avec sa pieuse mère, visiter les malheureux et aimait à s'occuper des petites filles pauvres qui ne pouvaient aller à l'école. Elle les réunissait, leur apprenait à lire et leur enseignait le catéchisme, se privant pour cela des promenades et des distractions si goûtées des enfants et si naturelles à leur âge. Ce dévouement spontané lui concilia l'estime et l'affection de tous, et ce n'est qu'avec un respect mêlé de vénération qu'on parlait de « Mademoiselle Léonie ».

C'est le propre des vertus transcendantes d'élever autour d'elles le niveau des vertus communes. L'exemple de Léonie porta ses fruits; ses compagnes d'Houplines tinrent à garder, comme elle, une place d'honneur dans les annales du dévouement et, au commencement de 1869, alors qu'elle venait de revêtir l'habit des Filles de la Charité, elles envoyaient à Rome la charmante adresse suivante :

« Les Enfants de Marie et la réunion dominicale des filles de la paroisse d'Houplines, désireuses d'arriver les premières pour offrir leurs modestes étrennes à leur Père bien-aimé Pie IX, la lumière du futur Concile œcuménique, la gloire et le salut de l'Église au xixe siècle, humblement prosternées à ses pieds, implorent une bénédiction particulière pour leurs parents, pour les ecclésiastiques qui les dirigent et pour elles-mêmes. » Le pli était accompagné d'une offrande de soixante francs.

Cependant, avant l'appel définitif, Dieu voulut fournir à Léonie l'occasion d'un acte de charité héroïque. En 1866, le choléra fit de grands ravages dans le Nord. La marche du fléau que rien n'arrêtait, la rapidité et l'infaillibilité de ses coups, la longue suite de funérailles qui marquait chacun de ses pas, avaient jeté la terreur dans les populations. Ne redoutant ni la contagion, ni les dangers auxquels elle s'exposait, la jeune fille était jour et nuit au chevet des pauvres contaminés, leur prodiguant ses soins avec un courage infatigable. Au début, on blâma son zèle que l'on taxait d'indiscret. Dans cette circonstance, comme du reste dans tout ce qu'elle devait entreprendre par la suite, elle s'inquiéta peu de ce qu'on pouvait dire, mais continua avec plus de courage son œuvre de sublime charité. On fut contraint d'établir une ambulance, et elle ne craignit pas de s'isoler de sa famille pour soigner les malades.

Il arriva même que son exemple fit naître d'autres dévouements; plusieurs jeunes filles vinrent se joindre à elle pour la seconder et se prodiguer avec la même générosité. Quelques-unes moururent victimes de leur charité, une de ses cousines entre autres. Dès que le choléra eut fini ses ravages, elle-même tomba malade à son tour; mais Dieu, qui la réservait pour de plus grandes choses, lui rendit la santé, en lui imposant toutefois un cruel sacrifice. Pendant sa maladie, son frère, l'abbé Charles Sion, mourut. Après avoir terminé sa théologie au grand séminaire de Cambrai, trop jeune pour être ordonné, il avait été nommé professeur à l'Institution de l'Immaculée Conception, à Bailleul. Il était alors en vacances dans sa famille. A la fin du mois d'août, son oncle et sa tante, qui habitaient Lomme, près de Lille, se trouvaient à Houplines. Comme il n'y avait pas de voiture disponible pour les reconduire, il fut convenu que la tante, qui était aussi la marraine de Léonie, resterait à la maison; quant à l'abbé, il se dévoua pour accompagner son oncle dont le retour était nécessaire; il fit le voyage à pied sous une pluie battante. Quelques jours après, atteint du choléra, il en fut, à Lomme, la première victime. Il mourut le 8 septembre, fête de la Nativité de la très Sainte Vierge. Il fallut cacher ce malheur à la jeune malade, dans la crainte de lui causer une émotion qui aurait pu lui être funeste.

Arrêtons-nous un instant devant cette fin prématurée et cherchons à en pénétrer les motifs providentiels. Au premier abord ils nous échappent, et nous nous demandons ce que la gloire de Dieu a pu y gagner. Nous croyons voir au contraire qu'elle y a beaucoup perdu. Et en effet, que n'aurait pu faire ici-bas, pour la procurer efficacement, un jeune homme si bien doué, lorsque à l'autorité de l'âge se serait unie la pleine formation du prêtre et du missionnaire! Que de bien il aurait pu opérer dans l'Église! Que d'âmes il aurait soutenues ou relevées au contact de son âme d'élite! Et pourtant le Maître en a jugé autrement. Il lui a plu de faire mentir ces admirables promesses, d'anéantir tous ces fruits dans la fleur même. Pourquoi? La foi nous répond que le Seigneur a deux manières d'employer ses serviteurs à ses œuvres divines : il les voue à l'action ou à l'immolation. Les uns sont les ouvriers de la conquête, les autres sont les victimes destinées à l'acheter au prix de leur précieux trépas. Elle nous répond que, pour les dons de la nature et de la grâce, le sacrifice est l'usage le plus fécond comme le plus noble; que, s'il est beau de parler et d'agir au bénéfice de la sainte cause, il l'est plus encore d'immoler volontiers pour elle toutes les ardeurs natives et toutes les espérances d'action; qu'au-dessus du rôle de l'apôtre, il y a celui de la victime, ou plutôt que la victime est toujours apôtre, apôtre devant Dieu par l'influence invisible du mérite, apôtre devant les hommes par le souvenir conservé des vertus naissantes et du sacrifice généreusement offert.

Cette mort fit autour de Léonie un vide immense. Privée de celui qui était à la fois son guide et son confident, elle comprit mieux le néant de tout ce qui passe et résolut de quitter le monde. Cédant cependant à diverses instances, elle consentit à attendre, pour exécuter son dessein, que l'on eût célébré le premier anniversaire de cette perte si cruelle. C'est alors qu'elle déclara à ses parents qu'elle voulait, sans plus tarder, entrer chez les Filles de la Charité; puis, l'heure venue de partir, elle se mit à genoux et demanda leur bénédiction. Ce fut un spectacle solennel et touchant que celui de ce père et de cette mère en larmes, étendant tous deux la main pour bénir leur fille. Un moment après, elle s'arrachait à leurs bras, et se rendait à l'hospice d'Armentières en qualité de postulante. Sa tante et sa sœur l'accompagnèrent. C'était le 11 septembre 1867, anniversaire du martyre du bienheureux Jean-Gabriel Perboyre.

Les exemples de charité et de dévouement que Léonie eut sous les yeux, à Armentières, les leçons de sublimes vertus qui lui furent données pendant son séjour à l'hospice ne s'effacèrent jamais de sa mémoire. Trois mois après, le 11 décembre, elle se rendait à Paris pour entrer au séminaire des Filles de la Charité (1). Plus tard elle aimait à raconter qu'à son arrivée, elle déposait avec précaution sur son lit ses vêtements du monde lorsqu'elle vit la Sœur Directrice jeter dans un autre coin de la salle le chapeau qu'elle venait de placer avec tant de soin. Elle court le chercher et le pose de nouveau délicatement; mais bientôt il prend le même chemin. Elle allait le chercher encore lorsqu'un regard de la sœur lui fit comprendre qu'il y avait là une leçon de détachement et de mépris des vanités du siècle. Les premiers jours passés au Séminaire lui furent pénibles;

(1) C'est sous ce nom de *Séminaire* que l'humilité de leur saint Fondateur, Vincent de Paul, a voulu que fût désigné leur *noviciat*.

son pauvre cœur était déchiré par le souvenir de sa
mère qui, sous l'émotion des derniers adieux, s'était
évanouie en la voyant partir. Cette pensée la pour-
suivait sans cesse ; sa souffrance devint telle, qu'elle
résolut de retourner au pays natal. Mais la bonne
Sœur Coste, alors Directrice du Séminaire, comprenant la terrible tentation qui accablait la jeune sœur,
la consola, lui conseilla d'attendre quelques jours,
de beaucoup prier, et de lire chaque jour un chapitre
de l'*Imitation de Jésus-Christ,* qu'elle lui désigna ;
ajoutant que si, après cela, elle persistait dans sa
résolution, elle-même la reconduirait à sa famille.
Cette direction maternelle et la fidélité de la jeune
fille à se laisser conduire eurent tout l'effet désiré.
Dieu, qui bénit l'obéissance, fit disparaître la tentation. Un fleuve de paix vint inonder cette belle âme
et, avec la paix, la lumière et l'amour, car, on l'a dit
avec raison : « Le Séminaire, c'est le paradis terrestre avec ses quatre grands fleuves sortis d'une même
source, le Cœur de Jésus-Christ : un fleuve de lumière
qui éclaire les âmes, un fleuve d'amour qui les
embrase, un fleuve de paix qui les console, un fleuve
de grâce qui baigne le pied de l'arbre de vie et le
fait fructifier. »

Au moment de sa prise d'habit, Léonie, ne voulant point mettre de bornes à son sacrifice, s'offrit à
ses supérieurs pour être envoyée à l'étranger. Cette
offre généreuse fut notée avec soin ; mais ce ne fut que
plus tard, au moment où celle qui l'avait faite y pensait le moins, qu'il y fut donné suite.

II

Saint-Bris. — La Révérende mère Lamartinie. — Guérison miraculeuse. — Enfants de Marie. — Premiers vœux.

Sœur Sion avait passé une année à Paris, et l'air de la grande ville avait notablement altéré sa santé. La Sœur Marie Lamartinie, plus tard Supérieure générale, et qui, à cette époque, était, depuis trois ans, supérieure de la maison de Saint-Bris (petite ville de l'Yonne, sur la route de Paris à Auxerre), arriva sur ces entrefaites à la maison mère pour y demander une compagne de plus. La très honorée Mère générale lui offrit Sœur Sion, en ayant soin de l'avertir que cette jeune Sœur possédait sans doute beaucoup de vertus et de grandes qualités, mais qu'elle était bien souffrante. La Supérieure de Saint-Bris consentit néanmoins à la prendre, et elle n'eut pas lieu de s'en repentir. Avant peu, en effet, elle put apprécier le trésor qui lui était confié. Dès lors il s'établit entre ces deux âmes une union sainte que ne purent altérer ni la différence des conditions, ni les séparations subséquentes. Toutes deux cherchaient Dieu, toutes deux ne cherchaient que Lui, et le cherchaient avec ardeur et constance. De leur côté, les Sœurs de Saint-Bris ne tardèrent pas à estimer et à aimer leur nouvelle compagne, qui se montrait si fervente, si charitable, si aimable.

La Sœur Lamartinie, en arrivant à Saint-Bris, avait trouvé de grandes difficultés, devant lesquelles les trois supérieures qui l'y avaient précédée avaient dû se retirer. Sa prudence, sa discrétion et surtout sa charité avaient su en triompher. Sa grande piété lui faisait trouver, dans la chapelle qu'elle avait érigée, lumière, force et consolation auprès du Dieu de l'Eucharistie. Ses compagnes profitaient de ses exemples et se trouvaient si heureuses, qu'elles s'écriaient souvent : « Oh! qu'il fait bon ici! » Dieu y était servi de tout cœur, avec une sainte joie et une grande fidélité aux Règles.

Cependant malgré les prévisions humaines, malgré l'air plus pur de la campagne, le mal dont Sœur Sion était atteinte ne fit que s'aggraver. Elle le supporta avec une patience admirable. Son visage serein, ses paroles empreintes d'une exquise délicatesse, frappaient chacune de celles qui allaient la visiter sur son lit de douleur. On l'entendait souvent répéter ces paroles : « O croix sainte, soyez douce à Jésus innocent! c'est moi qui suis coupable, c'est moi qui dois souffrir. » Craignant de la perdre trop tôt, la supérieure vint l'avertir que la communauté allait commencer pour elle une neuvaine à saint Joseph et lui demanda de s'y unir. Elle répondit avec son sourire ordinaire qu'elle avait toujours fait de si bonnes affaires avec ce grand saint qu'elle était assurée d'obtenir sa guérison. De fait, le neuvième jour, alors que son état était désespéré, par suite d'une péritonite compliquée de crachements de sang, à sept heures et demie, comme elle l'avait annoncé, elle parut sortir d'un sommeil qu'on regardait comme l'avant-coureur de sa fin prochaine, et s'écria tout à coup : « Ma Sœur, je suis guérie ! je vais me lever, je suis complètement guérie ! » On lui donna ses vêtements, et elle descendit seule, se rendit à la petite chapelle de la maison où était le Très Saint Sacrement, puis elle prit un léger repas et fit même une heure de classe ce jour-là. Il ne lui restait que la faiblesse, qui disparut bientôt. C'était au mois de juillet 1869. Un récit détaillé de cette guérison fut envoyé, en action de grâces, au *Propagateur de la dévotion à saint Joseph* (1).

Mais la vie en ce monde n'est qu'une succession de crises, de peines et de tourments. Sœur Sion ne vit jamais cesser une crise sans en voir apparaître une autre. Le bien que les sœurs faisaient à Saint-Bris excita la rage du démon. Il chercha à troubler cet asile de la paix et de la charité et à effrayer les servantes de Dieu. Sœur Sion surtout fut le point de mire de ses attaques, et la violence des assauts dont elle fut l'objet rappelle certaines pages de la vie du bienheureux Curé d'Ars et de saint Alphonse Rodriguez. Un saint religieux n'a pas craint d'appeler cette époque de la vie de notre sœur « sa période la plus pénible et la plus glorieuse ». On ne rencontre guère de semblables épreuves que dans la vie d'âmes privilégiées dont Dieu connaît la fidélité inébranlable et qu'il destine à de grandes choses.

Préparée ainsi à tous les combats et à toutes les amertumes de la vie, la jeune sœur dut faire à Dieu

(1) Voir, à la fin de ce chapitre, le récit intéressant de cette guérison écrit par le R. P. Romain, abbé d'Encalcat.

un nouveau sacrifice. La Sœur Lamartinie fut enlevée
à Saint-Bris et nommée supérieure à l'Hôtel-Dieu
d'Auxerre. Les administrateurs de l'hôpital de cette
ville, qui l'avaient appréciée quand elle venait, à cer-
tains intervalles, prêter son concours à la Supérieure
très âgée, la demandèrent aux Supérieurs qui la dési-
gnèrent en 1870 pour diriger cet établissement. Hélas !
cette administration si bienveillante fut plus haut
remplacée par une autre tout à fait hostile et, peu de
temps après, il fallait dire adieu à des œuvres en
bonne voie et voir installer un personnel complètement laïque. Demandant le motif de cette mesure,
la Supérieure reçut cette réponse : qu'on n'avait
qu'à se louer d'elle et de ses compagnes ; mais que
l'habit religieux qu'elles portaient était la cause de
leur expulsion.

Ce fut pour Sœur Sion une grande peine de cœur
que le changement de sa supérieure. « Il y a un moment où l'on sent que les âmes se touchent, où le
temps, la distance, la mort même ne peuvent plus les
séparer, et où la présence extérieure elle-même peut
cesser, non sans douleur, mais sans péril (1). » Dans
une circonstance analogue, la vénérable Mère Barat
écrivait à une sœur qui ne pouvait se consoler du départ de sa Supérieure : « Est-ce que la Mère D... a
emporté la clef du tabernacle ? » Sœur Sion n'eut pas
besoin qu'on lui indiquât cette source de consolation.
Quand la triste nouvelle arriva à Saint-Bris, elle se
rendit à la chapelle, y resta une demi-heure, absor-
bée dans la prière, et en revint le visage calme et ré-
signé. « Je viens de faire mon sacrifice, dit-elle ; il

____

(1) Mgr Bougaud.

est grand, mais Dieu le veut, je dois me soumettre.
Pourquoi ne le ferais-je pas comme mon Jésus le désire? » Depuis ce moment, on ne lui entendit jamais
dire un mot qui pût laisser apercevoir la peine qu'elle
éprouvait de ce changement de direction, quoique la
nouvelle Supérieure fût d'un caractère tout opposé à
celui de la sœur qu'elle remplaçait.

En se rendant à Auxerre, la Sœur Lamartinie la
prit pour compagne de voyage, et là, elle eut une
preuve de plus des faveurs singulières que le Seigneur lui accordait. Elles assistaient ensemble à une
cérémonie d'adoration. Pendant le sermon, Sœur
Sion semblait mal à l'aise et ne faisait que pleurer.
— « Qu'aviez-vous donc? » lui dit la Mère au sortir
de l'église. — Elle répondit que Notre-Seigneur lui
avait découvert le triste état d'une âme qui était là et
qu'il avait comblée de ses bienfaits. Ce ne fut pas le
seul trait de lumière extraordinaire que Dieu lui
donna sur les âmes auxquelles elle s'intéressait.

On était à l'automne de 1870. A peine installée à
Auxerre, la nouvelle Supérieure vit les troupes alle-
mandes saccager l'asile de la souffrance; mais elle
était à la hauteur des circonstances. Dieu la préser-
vait, au moment voulu, des périls les plus graves.
C'est ainsi qu'un obus, tombant à ses pieds, tua l'enfant qu'elle tenait par la main et que la fidèle servante
des pauvres ne fut même pas touchée. Son zèle, son
esprit de foi et d'organisation furent admirables pendant la guerre franco-allemande. La commission ad-
ministrative, qui la consultait sans cesse, se rangeait
à ses avis et accédait à ses moindres désirs. Elle ne
pouvait s'empêcher d'admirer cette Sœur, qui demeurait calme et sereine au milieu de difficultés de toutes

sortes, suscitées par une armée ennemie, par les maux sans nombre qu'une guerre sanglante entraîne à sa suite.

Sœur Sion a tracé de cette vénérée mère qui devint, dans la suite, sa Supérieure générale, un portrait que nous tenons à reproduire, car elle n'a si bien étudié son modèle que pour l'imiter parfaitement, et l'on pourrait lui appliquer tout ce qu'elle dit de sa mère bien-aimée :

« Il me serait difficile d'en dire beaucoup sur une vie qui, à l'extérieur, était empreinte d'uniformité, de simplicité, sur cet ensemble de vertus que recouvrait le voile de la plus profonde humilité. J'ai eu le bonheur, en sortant du Séminaire, d'être placée à Saint-Bris, et je fus la première Sœur que notre Mère Lamartinie y reçut. Aussi m'a-t-elle toujours considérée comme sa fille aînée, m'ayant voué une affection dont la source était dans l'amour des âmes qui lui étaient confiées.

« Dès cette époque, le mérite de ma Sœur Marie Lamartinie était connu de nos vénérés Supérieurs ; l'envoyer à Saint-Bris, vu la situation délicate du moment, c'était reconnaître sa prudence, son attachement à nos saintes règles, son dévouement à la Communauté et surtout sa vertu...

« J'avais souvent la joie de l'accompagner dans la visite des pauvres qui faisait ses délices. Elle avait, à l'égard des malheureux, une tendre compassion, émanant de cet esprit de foi qui les fait considérer comme les représentants de Jésus-Christ sur la terre. Nous parcourions ensemble le village avec le désir de porter consolation et secours dans toutes les maisons où nous entrions. Au lieu de rencontrer, en retour de sa bonté, de sa charité, du bienveillant intérêt qu'elle témoignait à ces pauvres gens, un sentiment de respectueuse gratitude, elle n'entendait que des paroles grossières et mortifiantes. Que d'indifférence, que de froideur elle eut aussi à supporter de la part des familles les plus honorables du pays, avant d'avoir conquis cette estime générale qui a rendu son souvenir vivant à Saint-Bris! Son départ a laissé les plus amers regrets.

« Ce qui était surtout remarquable dans ma Sœur Lamartinie, c'était sa charité et son humilité. Elle avait le talent d'excuser ceux qui avaient eu des torts envers elle. On ne l'entendait jamais parler de ce qui la concernait, ni rappeler des actes qui auraient pu provoquer une parole de louange à son adresse. Tout était soigneusement enseveli sous l'épais linceul de la vie cachée, qui dérobait tout au regard des hommes, afin de tout réserver au Maître divin pour qui elle travaillait.

« Sans cesse elle nous recommandait la douceur, la patience avec les enfants des classes externes. Elle aurait voulu que toutes nos paroles, tous nos mouvements, tous nos actes fussent empreints de cette religieuse gravité qui la caractérisait et qui était le résultat de son union intime avec le bon Dieu. On pouvait dire d'elle comme de saint Vincent qu'elle s'attachait autant à cacher le bien qu'elle faisait, que d'autres à cacher le mal qui les déprécie aux yeux du monde.

« D'ailleurs, son plaisir était de s'effacer et de se soustraire à une parole élogieuse justement méritée.

« Bonne et maternelle, pour ses compagnes surtout, elle les formait avec une inaltérable patience aux vertus de notre saint état; veillant à ce qu'elles conservassent les pieux usages du Séminaire, qu'elle-même pratiquait comme si elle en était sortie la veille. Elle nous inspirait, par son seul exemple, le zèle, le dévouement pour les offices qui nous étaient confiés; l'ordre le plus parfait, le plus minutieux, devait y régner, pour y attirer le regard de Dieu qui se repose volontiers là où il l'aperçoit.

« La santé de ses compagnes faisait l'objet de sa maternelle sollicitude. Elle était soigneuse de les envoyer respirer le bon air des champs à la sortie des classes, et de les délasser ainsi du souci des études et des espiègleries des écolières qui, plus d'une fois, avaient exercé la patience de leurs jeunes maîtresses. »

Saint-Bris n'étant qu'à neuf kilomètres d'Auxerre, Sœur Sion vit de près, elle aussi, tous les maux qu'entraîne la guerre et, pendant de longues semaines, il lui fallut vivre sans aucune communication avec le dehors et se résigner à voir l'ennemi fouler le sol de la patrie, sans recevoir de nouvelles ni des siens ni de sa famille religieuse.

Cependant l'époque de ses vœux approchait. Sa Supérieure déclara qu'elle n'avait eu aucune imperfection à lui reprocher. Une de ses compagnes a écrit à ce sujet : « On pouvait déjà comparer Sœur Sion aux vierges sages qui veillent à ne pas manquer d'huile à l'arrivée de l'Époux. Sa préparation aux saints vœux ne fut qu'une suite continuelle d'actes de vertu, accomplis dans cet esprit de sacrifice qui a caractérisé toute sa vie, et qui lui a fait accepter et mener à bonne fin les œuvres les plus difficiles avec une générosité toujours croissante. »

Au mois d'octobre 1872, la Supérieure, ayant à faire un voyage à Douai, la conduisit avec elle. Comme cette ville n'est pas loin de son pays natal, un télégramme avertit ses parents de son passage rapide et ils s'empressèrent d'aller la voir. Sa jeune sœur Laure brûlait déjà du désir de marcher sur ses traces et désirait partir avec elle. La permission des parents n'était pas facile à obtenir. Cependant elle fut donnée sur la réflexion, faite par une personne présente que les peines inséparables de la tâche de l'éducation et de la vie de communauté auraient bien vite fait de dégoûter la jeune fille. Ce fut le contraire qui arriva. Elle partit et remplaça sa sœur en classe pendant que celle-ci faisait pieusement sa retraite préparatoire aux saints vœux. Et le jour de Noël de cette même année 1872, à la messe de minuit, Sœur Sion peut enfin consacrer officiellement, pour ainsi dire, la donation que, depuis longtemps, elle avait faite d'elle-même, au fond de son cœur, à Notre-Seigneur. Elle remarquait avec bonheur que, dans cette nuit même, on célèbre la mémoire de sainte Anastasie, patronne de l'église d'Houplines dans laquelle elle avait reçu le saint baptême.

Elle continua ensuite de faire la classe et de diriger l'Association des Enfants de Marie.

« Une association d'Enfants de Marie, a dit Mᵍʳ Baunard, est une vaste association séculière de persévérance chrétienne, qui a Marie immaculée pour modèle et patronne, les exercices de piété pour moyen, la charité et l'appui mutuel pour secours, la sanctification de soi-même et des autres pour but, la gloire du Cœur adorable de Jésus pour fin suprême. »

On sait que l'établissement de cette Association est une des gloires de la famille de saint Vincent de Paul. En 1830, M. Aladel, confident des visions relatives à la médaille miraculeuse, avait été l'instrument choisi par la Vierge immaculée pour donner naissance à cette nouvelle famille. C'est à lui que la Sœur Catherine Labouré fut chargée de transmettre ce message : « La sainte Vierge veut que vous fondiez une Congrégation ; vous en serez supérieur ; c'est une confrérie d'Enfants de Marie ; la sainte Vierge leur fera beaucoup de grâces ainsi qu'à vous. Des indulgences seront accordées... »

Il est vrai, des Congrégations d'Enfants de Marie existaient déjà et produisaient un grand bien ; mais elles étaient restreintes à quelques lieux isolés ; elles se recrutaient dans une classe choisie ; en un mot, elles n'étaient pas populaires, et la parole de Marie désignait, comme élément de l'œuvre future, cette multitude de jeunes filles sorties des rangs du peuple, en butte à toutes les difficultés de la vie, exposées à tous les dangers du monde, et qui forme aujourd'hui sa famille bénie.

Sœur Sion pensait que la plus belle couronne qu'elle pût offrir à Marie Immaculée, c'était une couronne de jeunes âmes absolument désireuses de se vouer au service de la Reine du Ciel. Elle y réussit. Sa grande piété avait un tel ascendant sur les jeunes filles qui faisaient partie de l'Association, que celles-ci s'avouaient forcées de se rendre à ses avis et d'obéir à ses conseils. De fait, ses instructions ont porté d'heureux fruits dans ces jeunes âmes. A Saint-Bris, chaque dimanche, s'organisaient des danses publiques qui étaient devenues le rendez-vous de la jeunesse et engendraient bien des désordres. C'est en vain que les pasteurs élevaient la voix contre ces assemblées dont saint François de Sales disait, dans un temps où elles étaient moins mauvaises que de nos jours : « Les meilleures ne valent rien. » Mais la Directrice sut gagner si bien le cœur des jeunes filles qu'elles renoncèrent volontiers à ces fêtes mondaines. Les jeunes gens se révoltèrent. Il y en eut même qui s'emportèrent jusqu'à dire qu'ils ne seraient contents que quand ils auraient dans un sac la tête de Sœur Joseph (c'était le nom que portait Sœur Sion), car, ajoutaient-ils, il faut croire qu'elle donne aux jeunes filles une liqueur enchantée pour les attirer ainsi à elle. Un jour qu'elle était entrée chez le boucher pour y acheter la provision de la maison, un de ces libertins dit à ses compagnons assez haut pour être entendu : « Je donnerais bien cent bottes de paille pour brûler les Filles de la Charité. » Elle se retourna avec beaucoup de calme et lui répondit avec un gracieux sourire : « Vous êtes bien trop généreux, Monsieur, nous ne sommes que six; six bottes suffiraient, car nous ne sommes pas bien dures à cuire. »

Malgré les efforts du démon, les jeunes filles restèrent fidèles, et l'Association se maintint si bien que la Supérieure disait : « Ma Sœur Sion a rendu ces jeunes filles aussi ferventes que peuvent l'être les novices au Séminaire. » Il est écrit : « *Qui non ardet, non incendit.* Celui qui ne brûle pas du feu de l'amour divin ne peut en embraser les autres. » Sœur Sion était toute brûlante de cet amour et du zèle qui en est la flamme. Le salut des âmes lui tenait au cœur. Si, par exemple, elle entendait parler d'un malade éloigné de Dieu, prières, mortifications, sacrifices, rien ne lui coûtait pour ramener dans le chemin du ciel le pauvre égaré, et elle ne se donnait point de repos tant qu'elle ne le savait pas réconcilié avec Dieu.

Pour résumer ses premières années de vocation, qui avaient déjà rapporté des fruits abondants et promettaient mieux encore pour l'avenir, « on peut dire, écrit un témoin de sa vie, que Sœur Sion a commencé par où un grand nombre seraient heureux de finir et, en jetant un regard sur la suite de sa vie, il est facile de constater qu'elle n'a pas cessé de marcher d'un pas rapide dans les voies de la perfection ».

Ses succès ne pouvaient être envisagés d'un œil calme par l'ennemi de tout bien ; aussi, en 1878, la maison de Saint-Bris fut la première à être laïcisée entre toutes les maisons des Filles de la Charité. La petite Communauté se rendit à Paris pour recevoir une nouvelle destination. Vingt-cinq ans passés n'ont point effacé dans cette paroisse le souvenir de Sœur Sion et, quand la nouvelle de sa mort y arriva, les jeunes filles qu'elle avait élevées, aujourd'hui pour la plupart mères de famille, se sont fait un devoir d'envoyer à la maison de Jerusalem l'expression de leurs regrets.

*
* *

Avant de clore ce chapitre, nous pensons que le lecteur nous sera reconnaissant de faire passer sous ses yeux les lignes suivantes. Elles sont dues à la plume d'un respectable religieux Bénédictin de la Pierre-qui-vire, aujourd'hui Abbé d'Encalcat, qui eut occasion de connaître la Sœur Sion à Saint-Bris, et qui depuis ne cessa d'avoir pour elle un véritable culte.

« C'est à Saint-Bris près d'Auxerre qu'il me fut donné de voir pour la première fois Sœur Joseph, alors âgée de vingt-deux ans, sortant du séminaire, et débutant comme maîtresse de classe sous les ordres de la Sœur Joséphine. Lamartinie, devenue plus tard Supérieure générale. La paroisse avait pour curé le pieux, intelligent et zélé M. Guignepied, qui était un confesseur excellent et très sage directeur. Il m'avait appelé pour donner une grande mission à la paroisse entière. Nous étions aux premiers jours de décembre, et nous devions faire la clôture à Noël (1868). Sœur Joseph, malade depuis plus d'un mois, semblait arrivée à la période finale ; le médecin s'était prononcé d'une manière catégorique, et, trouvant ses visites désormais inutiles, il avait dit qu'il ne reviendrait plus, et qu'il n'y avait qu'à prendre les dernières dispositions. Arrivé sur ces entrefaites, je trouvai M. le Curé plongé dans la tristesse, car il avait apprécié la haute valeur du sujet que la Providence venait d'envoyer à sa paroisse et dont la mort déjà paraissait inévitable. « Si vous voulez, me dit-il, « commencer la mission par un acte de charité, ve- « nez avec moi, allons chez les Sœurs, et nous béni- « rons ensemble la plus jeune d'entre elles qui est « sur le point de mourir. » Selon toutes les apparences, Sœur Joseph était bien en effet à la veille de mourir. Mais les traits de son pauvre visage de squelette, son regard et les quelques paroles qu'elle put nous adresser, respiraient un tel bonheur d'aller au ciel, que je sortis de cette visite extrêmement édifié. De son côté, M. le Curé, usant de son autorité de confesseur, avait ordonné à la malade de faire une neuvaine à saint Joseph, qui se terminerait par la communion faite le dernier jour, à 7 heures et demie du matin. Humble et docile, Sœur Joseph se mit à prier avec une confiance marquée. Çà et là, elle le faisait tout haut sans s'en apercevoir, et d'une manière dramatique. « Bon saint Joseph, je suis fâchée « de vous déranger, mais j'ai un commandement et « il faut que j'obéisse. On veut que vous me gué- « rissiez. Hé bien! pourquoi ne le feriez-vous pas, « puisque vous le pouvez si bien? D'ailleurs, pour « obéir, moi, je ne vous laisserai pas. Vous me gué- « rirez... Allons, dites que oui... Sûrement il me gué- « rira... Voyons, faisons nos calculs. Je communierai « le dernier jour à 7 heures et demie. Bon saint Jo- « seph, à ce moment, il faut que ce soit fixé. Pour- « tant si vous ne voulez pas 7 heures et demie du « matin, ce sera 7 heures et demie du soir. Que « m'importe, pourvu que vous me guérissiez. »

« Était-elle en délire quand elle priait ainsi? On était porté à le croire autour d'elle, parce qu'on n'avait pas encore la clef de son âme. J'ai toujours pensé qu'il y avait quelque chose de supérieur au délire, car toutes les paroles qui tombaient de ses lèvres produisaient un effet d'édification pénétrante et inoubliable. Puis c'était tellement la note de la vraie prière! Durant la neuvaine, l'état de la Sœur allait en empirant, et, la veille de la clôture, on se demandait comment elle pourrait communier le lendemain. En effet, le moment venu, à travers l'obscurité d'une froide matinée de décembre, on vint dire à M. le Curé de ne pas se déranger pour porter la communion, l'état de la malade ne le permettant plus, et sa mort paraissant tout à fait imminente. M. le Curé se rend simplement auprès du lit d'agonie pour encourager la sœur et bénir son dernier soupir. Sœur Joseph ne présentait que les signes de la mort, et, autour d'elle, sa Supérieure et ses compagnes désolées, les unes debout, les autres à genoux, priaient en silence, pleuraient abondamment et offraient à Dieu leur douloureux sacrifice.

« Pendant ce temps l'aiguille de la pendule continuait sa marche tranquille sans que personne y prît garde. A l'instant même où finissait la seconde complétant exactement 7 heures et demie, Sœur Joseph, comme mue par une puissance invisible, se dresse sur son séant, ouvre de grands yeux, s'étonne de voir tant de monde autour d'elle, et, d'une voix douce, mais avec une articulation très nette : « Ah ! « enfin, 7 heures et demie ! saint Joseph m'a guérie. « Je suis guérie. » Il est difficile de peindre la stupeur des témoins de cette demi-résurrection. La Supérieure et M. le Curé étaient si éloignés de s'y attendre, que leur premier mouvement fut de croire à un délire suprême. Ce fut le sens du regard attristé qu'ils échangèrent en entendant les paroles de la sœur, qui semblaient venir d'outre-tombe. Littéralement ils avaient besoin de se convaincre et de se rassurer. Ce fut dans la petite infirmerie une scène émouvante. D'un côté, Sœur Joseph encore cadavérique, mais très assurée d'être en possession de la vie et obligée d'insister pour convaincre ses amis, puis en face d'elle ses amis tellement désolés qu'ils ne peuvent en croire leurs yeux ni leurs oreilles. « Ma Sœur, dit M. le Curé, me reconnaissez-vous ? » — « Mais parfaitement, bonjour, Monsieur le Curé ;

« bonjour, mes Sœurs, je suis guérie et prête à me
« lever. Qu'on me donne mes vêtements; veuillez
« sortir tous et je serai bientôt prête. » A la stupeur
succède une grande joie, on obéit à la Sœur et, tandis
que la bonne nouvelle retentit de tous côtés, on dé-
cide que la messe sera célébrée dans la chapelle des
Sœurs. Resté dans l'église pour prier, je suis averti
à mon tour et je me hâte d'arriver. C'était le moment
où, seule et sans aucun appui, sœur Joseph passait
rapidement de l'infirmerie à la chapelle. En voyant
son visage si trituré, sa stature qui me parut chan-
celante, un cri involontaire de frayeur s'échappa de
mes lèvres : « Attention, ma Sœur, vous allez tom-
« ber! » — « Oh! non, je suis très bien. »

« Elle avait raison. Après la messe entendue à
genoux, la communion et l'action de grâces, elle fit
honneur à un déjeuner qui n'était pas du tout celui
d'une malade, et désormais elle resta en possession
de la santé, que saint Joseph lui avait obtenue merveilleusement.

*
* *

« Dans ce poste de Saint-Bris, Sœur Joseph, chargée de la Congrégation des jeunes filles, leur apparut
désormais comme un ange envoyé du ciel. Elle prit
sur elles un ascendant merveilleux, mais qui était
tout de grâce et non de nature, et elle n'en usa jamais que pour les ramener, les maintenir ou les faire
rapidement avancer dans le chemin du salut. Sa
parole facile, ardente et imagée, mais surtout préparée dans l'oraison, s'épanchait dans les ravissantes
conférences qu'elle faisait à cette nombreuse jeu-

nesse. Plus d'une fois il est arrivé aux Sœurs de la maison de se blottir derrière les portes pour avoir quelque chose de ces bons repas spirituels.

« Peu à peu, dans Saint-Bris, les Congréganistes de Sœur Joseph attirèrent dans leurs bonnes phalanges la presque totalité des jeunes filles du pays. Les plus dissipées se convertissaient d'une manière édifiante ; celles qui étaient déjà disposées à la piété donnaient des exemples de grande vertu. Persécutées par leur propre famille, quelques-unes se conduisaient d'une manière héroïque. Aussi la mission dans ce terrain si bien préparé vit éclore un bon nombre de vocations qui, dans différentes communautés, se sont fort bien maintenues.

*
* *

« Le démon irrité souleva contre la communauté une partie du conseil municipal et les cafetiers, parce que l'amélioration de la jeunesse était cause que l'on ne trouvait plus de danseuses pour les bals du dimanche. Ils osèrent adresser au Préfet de l'Yonne une pétition demandant le départ des Sœurs, parce qu'en changeant l'esprit des jeunes filles de Saint-Bris, elles avaient nui au commerce de la localité. A cette époque, 1869-70, la pétition parut ridicule aux honnêtes gens, mais l'inspirateur infernal savait ce qu'il faisait et, quelques années après, la maison de Saint-Bris était mise dans l'impossibilité de se continuer. Vengeance de Satan. Sœur Joseph et ses compagnes avaient fait trop de bien.

*
* *

« Il n'est pas difficile de deviner que Sœur Joseph, au milieu de ses compagnes, faisait leurs délices, en même temps que, sans y prendre garde et sans s'en apercevoir, elle les édifiait profondément et leur montrait en action l'exacte fidélité aux moindres détails de la règle, du directoire et des us et coutumes. Quand venait l'heure de la récréation et qu'elle s'y trouvait, on perdait la sensation des minutes et des quarts d'heure et on la voyait finir avec regret. C'est que Sœur Joseph, avec son éminente piété, n'avait rien d'ennuyeux ni de soporifique. Son esprit, excellemment français, était par nature très enjoué, fin, observateur, vif et pratique, mais en même temps tout imprégné des vues surnaturelles de la foi et constamment orienté vers les sommets de la grâce et du ciel. Son cœur, jusqu'à la fibre la plus secrète, déjà à cet âge, était complètement dominé par l'amour divin et par la charité la plus pure et la plus virile, en même temps que la plus tendre, la plus délicate, la plus fidèle et la plus égale. Son caractère apparaissait bon, ouvert, droit, franc, résolu et constant. Elle avait des manières très simples, mais nobles, légèrement imposantes et, comme on dit aujourd'hui, distinguées, mais dans le sens religieux et pas du tout mondain.

« En un mot, au premier aspect et dès les premières paroles, plus par le rayonnement de l'âme que par la vue du costume, on sentait la Fille de Charité. Telle a été du moins ma première impression qui n'a fait que s'affermir depuis décembre 1868 jusqu'à

la bienheureuse mort de Sœur Joseph la veille de la
Toussaint 1903. »

*
* *

Mais revenons à notre récit, et voyons ce que devint Sœur Sion, lorsque, en 1878, victime de la persécution, elle fut rappelée à la Maison-Mère avec sa
Supérieure et ses compagnes.

Montluel. — Protection de saint Joseph. — Elle est nommée Supérieure. — Saint-Antoine de Padoue. — Ars. — Jérusalem.

Arrivée à Paris, Sœur Sion fut d'abord nommée supérieure d'une maison aux environs de la grande ville. Mais la Supérieure de Saint-Bris ayant été destinée à l'hôpital de Montluel, demanda en grâce, vu l'état précaire de sa santé, qu'on lui laissât sa compagne. On accéda à ses désirs.

Montluel est une jolie petite ville du département de l'Ain, située dans une contrée fertile et bâtie à l'entrée d'une gorge, sur la petite rivière de Seraine, qui s'y divise en plusieurs canaux et fait mouvoir de nombreux moulins. Un coteau planté de vignes la domine. Elle fait partie du même arrondissement que le village d'Ars, où, dix-sept ans auparavant, était mort le saint curé que l'Église vient de placer sur les autels. Là, Sœur Sion fut d'abord chargée des orphelines. Elle ne resta qu'un mois dans cet office qui était en souffrance ; et, dans ce peu de temps, elle put y rétablir l'ordre. De là, elle passa à la pharmacie. C'était un office encore plus redouté. Son importance était très grande, parce que la vente des remèdes permettait de pourvoir aux besoins de la maison et de procurer les médicaments aux pauvres de la ville. La Supérieure, qui connaissait l'intelligence et le dévouement de Sœur Sion, n'hésita pas à lui demander de se sacrifier et d'accepter la charge, sachant que Dieu était avec elle et qu'elle réussirait dans cet emploi comme dans les autres. Habituée à voir la volonté de Dieu dans celle de ses Supérieurs, et se souvenant que « celui qui obéit sera victorieux » (Prov., XXI, 28), elle se mit à l'œuvre. Elle n'avait aucune notion de la pharmacie et disait en riant qu'elle ne savait pas même faire du laudanum. Son aide n'était pas plus avancée. Dans de pareilles conditions, la charge était lourde; mais, confiante en Celui qui peut tout, Sœur Sion ne recula pas, et Dieu permit que le pharmacien répondant, qui se tenait là une partie de la journée, ne s'aperçût jamais qu'elle ne savait pas la pharmacie. Chaque matin, en arrivant à l'office, après l'audition de la sainte messe, elle se prosternait devant le grand Crucifix qui y était placé, implorait les lumières du Saint-Esprit, puis, avec une sainte familiarité, elle désignait au bon Dieu la somme qu'elle voulait gagner pendant la journée et se relevait pleine de confiance. Chose digne de remarque! Chaque soir le montant des recettes était au moins la somme qu'elle avait demandée; souvent même elle était dépassée. Dieu la bénissait, car elle n'agissait que pour Lui. N'a-t-il pas dit qu'il fait la volonté de ceux qui le craignent? *voluntatem timentium eum faciet* (Ps. CXLIV, 19).

Par sa sagesse et sa prudence, elle eut bientôt gagné la confiance des habitants de la ville et des environs. Elle opéra même des cures merveilleuses. A sa compagne elle recommandait avec instances —

et ici elle prêchait par l'exemple — de ne jamais
ouvrir une armoire de la pharmacie et surtout le
buffet des poisons, sans élever son cœur à Dieu, afin
d'être préservée de tout accident. La précaution
n'était pas inutile, comme le prouve le trait suivant
où la protection d'en haut se montre bien visible.

Une nuit, un homme d'un village voisin vint sonner
à la maison, demandant en toute hâte un remède pour
un malade. La compagne de Sœur Sion faisait sa retraite ; sa remplaçante se leva pour préparer la potion
prescrite et la remit au commissionnaire qui partit
précipitamment. Après avoir fermé les portes, la Sœur
vint remettre en place les flacons dont elle s'était
servie. Quel ne fut pas son saisissement quand elle
s'aperçut qu'elle s'était trompée et que cet homme,
au lieu d'une potion calmante, emportait un poison
violent ? Elle court au dortoir, réveille Sœur Sion et
lui raconte en tremblant ce qui vient d'arriver.
Celle-ci, très peinée et plus inquiète encore qu'elle
ne le paraissait, mais confiante en Celui qui l'assistait toujours, dit avec un accent où perçait son grand
esprit de foi : « Il faut prier afin que Dieu nous pré-
serve d'un malheur. » Elle se leva, et le reste de la
nuit se passa en prières ferventes ; la messe fut entendue à la même intention. Quelle fut la surprise
des Sœurs, lorsque, au sortir de la chapelle, elles virent le commissionnaire de la nuit qui les attendait à
la porte ! Il était de fort mauvaise humeur. Dès qu'il
aperçut Sœur Sion, il lui raconta qu'il ne pouvait
s'expliquer comment il était tombé à moitié chemin,
ni comment, dans sa chute, il avait eu la maladresse
de briser la fiole contenant la potion ; il disait n'y
rien comprendre. La Sœur, elle, le comprenait bien

et, bénissant Dieu dans le fond de son cœur, elle consola le pauvre homme en lui remettant une nouvelle potion. La journée se passa en action de grâces, et, vingt-cinq ans plus tard, en racontant ce fait, Sœur Sion était aussi pénétrée de reconnaissance qu'au premier jour.

Avec les clients, elle parlait peu, regardant comme inutile une conversation où ne se glissaient pas quelques mots du bon Dieu. Le soir, après une journée de fatigues, elle faisait son examen avec sa compagne d'office et priait celle-ci de lui dire ce qu'elle avait observé de défectueux en elle. Ce qu'elle craignait par-dessus tout, c'étaient les manquements à la charité.

Ses occupations ne l'empêchaient pas de prodiguer les soins d'un dévouement sans égal à sa Supérieure qui était, depuis plusieurs mois, étendue sur un lit de douleur, et qui mourut bientôt le 31 octobre 1880, à l'âge de quarante-quatre ans. La Visitatrice de Lyon, Sœur Dérieux, se trouva là pour recevoir son dernier soupir. En quittant les Sœurs, après les funérailles, le 2 novembre, elle leur dit en souriant qu'elle les reverrait sous peu. Sa pensée intime était que Sœur Sion allait être nommée Supérieure de l'hôpital, et il était dans ses attributions de venir l'installer. Elle fit mieux. Le lendemain, 3 novembre, la Très Honorée Mère Juelle, supérieure générale, mourait à Paris, et la Sœur Dérieux était appelée à la remplacer. L'un des premiers actes de son administration fut de mettre à la tête de la maison de Montluel la Sœur Sion, que son regard exercé avait su discerner, et que, quelques jours auparavant, elle se proposait seulement de présenter pour cette charge.

C'était le 11 décembre. La nouvelle supérieure n'avait que trente-quatre ans.

Sa nomination fut une satisfaction pour tous, car on avait pour elle une estime profonde et une véritable affection : elle savait si bien se faire tout à tous pour les gagner tous à Jésus-Christ! Ce n'est pas qu'elle n'eût eu à souffrir de la part de plusieurs membres de l'administration, dont les sentiments n'étaient rien moins que bienveillants et qui parlaient sans cesse de laïcisation. Mais elle sut, par sa bonté, sa délicatesse, gagner en peu de temps tous les cœurs. Un soir, l'un de ces messieurs vint lui signifier que la maison devait être libre dans huit jours et qu'il fallait se préparer à partir. Elle ne fut point déconcertée, mais recourut, comme d'habitude, à la prière et à la mortification, si bien que la population ayant entendu parler du prochain départ des Sœurs, s'indigna. Cet homme fut menacé d'un mauvais parti dans le cas où les Sœurs partiraient, ce qui lui fit donner sa démission et quitter promptement le pays. Il disait à qui voulait l'entendre : « Tant que cette femme sera là, il n'y a rien à faire. » De fait, elle était comme un rempart contre lequel les efforts ennemis venaient se briser. L'hôpital de Montluel ne fut point laïcisé.

L'orphelinat n'était pas moins menacé; elle le sauva aussi. Sous prétexte que cette œuvre absorbait tous les bénéfices de l'hôpital, les administrateurs avaient résolu de n'y admettre que des enfants pour lesquels on pourrait payer une forte pension; c'était le plus sûr moyen d'en finir, car qui aurait consenti à verser pour une orpheline une somme aussi élevée? Sœur Sion voulut prouver à ces mes-

sieurs que, même en se contentant d'une pension mi-
nime, il y aurait encore bénéfice pour l'hôpital. Elle
se mit donc à l'œuvre sans compter avec la peine;
pendant plusieurs mois elle pesa, calcula, mesura
dans les plus petits détails ce qu'il fallait pour l'entretien de chaque enfant, soit en fait de vêtements,
soit pour la nourriture; puis elle dressa un budget
qu'elle présenta aux administrateurs. Ceux-ci furent
désarmés, ils ne purent qu'admirer son savoir-faire
et son zèle, et ils la laissèrent entièrement libre d'agir
comme elle voudrait. Les orphelines n'étaient alors
que douze, et il y avait place pour trente-cinq. Sœur
Sion eut recours à saint Joseph et à saint Antoine de
Padoue, leur faisant une promesse pour chaque orpheline qu'ils procureraient. L'orphelinat fut bientôt
au complet.

Ce fut là le commencement des merveilles qu'elle
opéra avec l'aide de saint Antoine. Un jour qu'elle
parlait de ce trait relatif aux orphelines en présence
d'une sœur qui se trouvait de passage à Montluel,
celle-ci raconta que dans la ville de C..., une dame
avait disparu depuis quatre ans. Un matin, on avait
trouvé sa chambre vide, ses vêtements sur une
chaise, sa montre sur la table. On s'était informé à la
gare; personne ne l'avait vue partir. Sa photographie
avait été envoyée à diverses stations, mais toujours
sans résultat. La pensée d'un malheur était venue, on
avait arrêté les écluses et fouillé la rivière en tous
sens : tout avait été inutile. Ma Sœur Sion conseilla à
cette sœur de commencer une neuvaine à saint Antoine dès son retour à C..., lui promettant de faire la
neuvaine avec elle. Or, le cinquième jour, arrivait à
Montluel une dépêche ainsi conçue : « Priez, le mi-

racle s'opère. » Celle qu'on croyait morte venait enfin de révéler le lieu de sa retraite. Elle était pensionnaire dans une communauté et ne voulait pas en sortir; mais, du moins, sa famille put aller la voir à son gré. La Sœur témoin de ce fait ne put s'empêcher de le raconter au Supérieur général qui, voyant Sœur Sion venue à Paris pour la retraite, lui dit : « Eh bien! ma fille, il paraît que vous faites des miracles avec saint Antoine. » Et il lui fit présent de la statue du saint qui se trouvait dans sa chambre de travail. Elle en fut si heureuse qu'elle ne voulut laisser à personne le soin de l'emporter à la Communauté. Cette statue est conservée à la maison de Jérusalem.

Une dame ayant eu recours au même Supérieur général pour obtenir, par ses prières, d'avoir un héritier, il lui répondit : « Adressez-vous à ma Sœur Sion, saint Antoine lui accorde tout ce qu'elle veut. » Et de fait, la grâce sollicitée fut obtenue ainsi que bien d'autres du même genre. On lui écrivait de loin pour avoir une neuvaine ou la célébration des treize mardis à saint Antoine.

Et comme les clients exaucés dans leurs désirs témoignaient souvent leur reconnaissance par l'offrande d'une statue du saint, les Sœurs disaient plaisamment que le saint Antoine de leur Mère grandissait à chaque faveur qu'il lui accordait. La première statue du saint n'avait que dix centimètres de hauteur, et la dernière avait un mètre vingt centimètres.

Ce grand esprit de foi et cette confiance sans borne dans la prière parurent d'une manière éclatante dans la circonstance suivante. La fête de saint Marc se célébrait chaque année avec beaucoup de solennité, dans la ville de Montluel, qui avait été jadis délivrée d'une épidémie par l'intercession de ce grand saint. Depuis ce temps, pour s'acquitter d'un vœu, on faisait en ce jour la procession du Très Saint-Sacrement. Or, une année, la pluie tombait à torrents. Sœur Sion n'en préparait pas moins son reposoir traditionnel. — « Mais vous perdez votre temps, vint lui dire le bon Curé ; vous voyez bien que la procession ne se fera pas. » — « Il fera beau, Monsieur le Curé, et vous verrez que la procession se fera. » — De fait, pendant la grand'messe, le soleil reparut. On crut à la parole de la Sœur et, dans la ville, on se hâta de préparer les reposoirs, et la procession qui, sans elle, n'eût pas eu lieu, fut splendide. Dès qu'elle fut rentrée à l'église, le ciel se couvrit de nuages et la pluie tomba de nouveau.

Les saints de la terre n'étaient pas moins empressés que ceux du ciel à exaucer ses prières. Monseigneur Soubiranne, évêque de Belley, étant venu faire sa visite pastorale à Montluel, se rendit à la maison des Filles de la Charité. Là, Sœur Sion, après avoir reçu sa bénédiction, resta à genoux pour lui demander une faveur. C'était le titre de chanoine honoraire pour le bon Curé de cette ville. Monseigneur le lui accorda aussitôt.

Mais revenons à l'orphelinat, que la jeune Supérieure avait rendu florissant. Elle était heureuse quand elle pouvait y passer quelques instants pour inspirer à ces chères enfants l'amour de Dieu et de la très sainte Vierge, les former au travail et à la pratique de leurs devoirs. Elle les regardait comme des âmes qui lui étaient confiées, comme autant de sanctuaires dans lesquels Notre-Seigneur, d'une manière invisible mais réelle, n'est pas moins jaloux d'habiter par son amour, qu'il ne l'est de résider par sa présence sacramentelle dans le plus superbe édifice bâti de main d'homme.

Cependant l'économe de l'hôpital, bon vieillard rempli de bienveillance à l'égard des Sœurs, vint à mourir, et il fallut le remplacer. Sœur Sion, prévoyant plus d'une difficulté, eut l'inspiration d'entreprendre un nouveau travail de dévouement. Avant qu'un autre titulaire fût nommé, elle se mit, nuit et jour, à vérifier les livres de l'économat, afin d'être mieux à même, à l'avenir, de prendre la défense des Œuvres et ainsi, à force de veilles et de fatigues, elle était au courant de tout quand le nouvel économe arriva. Celui-ci, ne connaissant pas la tenue des livres, se trouvait assez embarrassé; mais, ne voulant pas le voir exposé à perdre sa place, elle lui dit : « Ne vous tourmentez pas, Monsieur, je vous aiderai. » De fait elle prenait sur le repos des nuits pour faire le travail de l'économe; en agissant ainsi, elle eut bientôt gagné sa confiance, et le bien put se faire sans entraves, à l'édification de tous. C'est ainsi qu'elle travaillait sans relâche, se dévouait, priait, luttait pour les trois choses qui lui tenaient le plus au cœur : la gloire de Dieu, le bien des pauvres et l'honneur de sa chère Communauté.

Une des sœurs de la maison de Montluel lui a rendu ce témoignage : « J'ai toujours été édifiée de sa conduite, de sa manière d'agir avec moi qui n'étais alors qu'une pauvre petite Sœur sortant du Séminaire, de sa simplicité, de son ouverture de cœur. Du reste, elle plaisait à tout le monde par sa franchise, sa droiture jointe à une rare prudence et à une exquise délicatesse.

« Ce qui m'a le plus frappée en elle, c'est son grand amour pour Notre-Seigneur, son esprit de foi qui brillait dans toutes ses actions, si petites et si communes qu'elles fussent. On peut dire d'elle comme de Marie, qu'elle faisait les actions communes d'une manière non commune. A ses yeux, rien n'était petit de ce qui regarde le service de Dieu.

« Son esprit de mortification la portait toujours à faire mourir la nature jusque dans les moindres détails; et ce qu'elle pratiquait si bien, elle cherchait à l'inculquer à celles qui lui étaient confiées, à l'exemple du Sauveur qui commença par pratiquer, nous dit saint Luc, ce qu'il devait ensuite enseigner (Act., i, 1).

« Elle possédait à merveille le talent de consoler, fruit naturel de sa familiarité avec la souffrance et de sa science de la croix, qui, en elle, était au même degré que la science de la prière.

« Elle avait aussi un don particulier pour la direction des âmes : on eût dit plus d'une fois qu'elle lisait dans les cœurs. Combien de fois n'en ai-je pas fait l'expérience; car elle me disait souvent ce que je pensais et les motifs qui me faisaient agir.

« Sa charité s'étendait à tous; pas un être si petit qui ne fût l'objet de sa commisération.

« Elle était l'âme, la vie de notre famille, voulait que la charité régnât avant tout parmi nous, et ne pouvait supporter que l'on se plaignît l'une de l'autre. Elle n'avait de particularité pour aucune, et pourtant on eût dit que chacune était sa préférée. Lorsque la nécessité l'obligeait de nous reprendre, son cœur souffrait plus que le nôtre, à la pensée qu'elle avait pu faire de la peine. Un jour qu'elle m'avait reprise un peu sévèrement, ce que j'avais bien mérité, une de mes compagnes me dit un moment après : « Je viens de trouver la mère tout en « larmes, parce qu'elle sent qu'elle a dû vous faire « de la peine. » Aussi, en pareille circonstance, elle saisissait toutes les occasions pour faire disparaître l'amertume qui aurait pu rester dans le cœur. Sa bonté dissipait tous les nuages. »

« Il y a, dit le vénérable P. de la Colombière dans l'oraison funèbre de Mme de Nerestang, il y a dans la charge de Supérieure un écueil caché, c'est le désir de plaire et de se faire aimer de ceux qu'on gouverne. Je sais que, pour bien réussir dans la conduite des autres, c'est un mauvais moyen que de se faire haïr. Mais le bon Supérieur n'a d'autre fin que de faire aimer Dieu et celui qui, outre cette vue, songe encore à se ménager l'estime et l'amitié des inférieurs, s'engage insensiblement à de lâches condescendances, à des égards qui ruinent la discipline ou en altèrent la pureté. » Jamais Supérieure n'aima ses filles plus tendrement que Sœur Sion. Cent fois elle a prouvé que rien ne lui coûtait, qu'elle n'épargnait rien pour leur procurer du soulagement dans leurs moindres peines. Cependant, lorsqu'il s'agissait de son devoir, on n'a jamais vu de Supérieure plus zélée, plus ferme dans ses résolutions, moins susceptible de crainte humaine, de ce qu'on appelle respect humain ; elle voulait que Dieu fût servi et que la règle fût observée, quoi qu'on en pût dire.

Pendant son séjour à Montluel, elle fit deux fois le pèlerinage d'Ars. Le trajet était d'environ quatre heures en voiture. La première fois, elle y conduisit plusieurs de ses compagnes et, comme elles étaient attendues, le bon Curé d'alors avait bien voulu retarder l'heure de la messe. Dès que la voiture parut, la cloche annonça le saint Sacrifice. Les sœurs visitèrent ensuite pieusement la chambre du saint Curé, le lit qui portait encore les traces de l'incendie allumé par le « grapin », les souliers sous le lit et, au milieu de la chambre, la petite table et les objets dont se servait le bienheureux pour ses maigres repas.

Le motif du second pèlerinage fut l'inauguration de la statue de sainte Philomène. Sœur Sion y conduisit les Enfants de Marie de Montluel, qui avaient eu soin de se munir de leurs robes blanches pour assister à la magnifique procession qui se déroula à cette occasion.

La joie qui régnait au sein de la petite famille religieuse n'avait cependant pas été sans être assombrie plus d'une fois par la crainte de perdre la Supérieure. La Très Honorée Mère Dérieux, Supérieure générale, que nous avons vue si heureuse de confier à Sœur Sion la charge de Supérieure de Montluel, n'avait pas tardé à former d'autres projets. L'aspect des choses et des événements varie suivant qu'on les regarde d'en haut ou qu'on les regarde d'en bas. Nommée Supérieure générale en cette année 1880 où la guerre était déclarée à l'enseignement chrétien, sous prétexte que ceux qui le donnaient étaient incapables d'enseigner, la bonne Mère Dérieux sentit le besoin de sauver les maisons d'éducation confiées aux Filles de la Charité, en mettant à leur tête des sujets munis de tous leurs diplômes, et elle pensa que Sœur Sion pourrait prendre la tête d'une de ces maisons. Elle savait que, pour elle, les examens à subir ne seraient qu'un jeu, et elle lui ordonna d'aller les passer à Valence. Mais Dieu, qui manifeste souvent sa volonté par les événements, permit qu'au moment du départ, une bronchite la retînt au lit. Grâce à cette disposition de la Providence, elle put rester à Montluel et faire le bien que nous venons d'esquisser rapidement.

En 1885, la Très Honorée Mère la nomma de nouveau Supérieure d'une importante maison d'éducation du Havre et la fit venir à Paris; mais le clergé, l'administration et la population de Montluel envoyèrent leurs délégués pour demander qu'on la leur laissât. Ces instances si unanimes eurent un plein succès, et au sortir d'un des exercices de communauté, la Supérieure générale appela Sœur Sion pour lui dire : « Vous retournerez à Montluel. » Pour toute réponse, celle-ci se jeta au cou de la vénérée Mère dans toute l'effusion de sa joie et de sa reconnaissance. Et comme on lui proposait de rester quelques jours à Paris, elle répondit qu'elle préférait prendre le premier train pour retourner à son poste. Une des officières, témoin de cette scène, fit tout haut cette réflexion : « La branche a été fortement secouée, elle ne tardera pas à tomber. » Un an après, cette prédiction allait se réaliser.

Le Très Honoré Père Fiat, Supérieur général, qui avait en personne visité la Syrie et l'Égypte en 1883, envoya à toutes les maisons de la Congrégation une circulaire annonçant la prochaine fondation d'une Mission à Jérusalem et demandant des aumônes pour cette œuvre. A la lecture de cette lettre, Sœur

Sion dit à ses compagnes : « Mes bonnes amies, nous sommes pauvres, gardons le peu que nous avons, il nous est nécessaire ici ; de cette sorte, on ne pensera pas à nous. Du reste, pour Jérusalem les dons ne manqueront pas. » Les Anges durent sourire à l'accueil qu'elle fit à cet appel du Supérieur, et Notre-Seigneur allait lui faire entendre à la lettre cette parole du Livre de l'Imitation : *Non quœro datum tuum, sed te.* C'est vous-même et non pas vos dons que je cherche (liv. IV, c. 8).

Quelques jours plus tard, en effet, arrivait à Montluel une lettre annonçant à Sœur Sion que les Supérieurs avaient pensé à elle pour la fondation projetée. Ce n'était pas encore un ordre ; on lui demandait seulement s'il y avait à cela des difficultés et quels étaient sur ce point ses attraits et ses répugnances. Avant de répondre, elle pria d'abord longtemps, puis consulta son confesseur et, sur son ordre, elle écrivit que les difficultés étaient nombreuses, que ses attraits étaient nuls et sa répugnance bien vive.

En même temps la nouvelle se répandit dans la ville, et la population, d'une part, l'administration, de l'autre, multiplièrent les pétitions pour obtenir de conserver la Supérieure.

Néanmoins, le 25 mars 1886, à 10 heures du matin, un télégramme l'appelait à la Maison-Mère lui disant d'y conduire ses postulantes. Le jour de l'Annonciation est cher à la Communauté des Filles de la Charité ; c'est en ce jour que, suivant un usage qui remonte à l'origine de leur Compagnie, elles renouvellent leurs saints vœux. Aussi est-ce un jour de joie dans toutes les maisons de la Congrégation.

3.

Que n'est-il donné aux détracteurs de la vie religieuse d'être témoins de cette joie! Voilà, par exemple, dans la seule famille de saint Vincent, trente-trois mille personnes libres, chaque année, de rentrer dans le monde; leurs vœux expirent, les liens qui les attachent à la vie religieuse sont brisés. Et cependant, le jour même, toutes reprennent librement et généreusement des chaînes qui étaient tombées d'elles-mêmes, et qu'elles n'avaient pas même eu la pensée de délier. « Y a-t-il beaucoup de serments qu'on pourrait soumettre à une pareille épreuve? se demande un écrivain célèbre. Il y en a qui veulent des miracles pour croire; mais quand, au milieu de cette instabilité des choses humaines qui couche tout dans la poussière, les institutions, les dynasties, même les peuples, une parole qui date de dix-neuf siècles peut faire naître tant de dévouement, de fidélité et de constance, il y a là un miracle ou le miracle n'existe point. »

Ce beau jour de l'Annonciation 1886 fut donc assombri à Montluel par le télégramme reçu le matin. Le temps d'épreuve des postulantes n'était point achevé et l'on pensa que leur appel était un moyen de soustraire Sœur Sion à une manifestation trop pénible pour son cœur et trop redoutée par son humilité.

Elle partit dès le lendemain. Le Supérieur général était alors à Dax. Elle alla trouver M. Chevalier, Directeur des Filles de la Charité, et lui fit part de ses répugnances et de ses craintes, ajoutant cependant qu'elle était prête à partir s'il lui déclarait que telle était la volonté de Dieu. Le Directeur lui dit alors avec assurance : « Il n'y a plus de doute que ce soit la volonté de Dieu, et si vous en voulez une preuve, la voici : le Conseil était tout disposé à céder aux instances et à faire droit aux réclamations de la population de Montluel; toutes les lettres écrites à ce sujet ont été envoyées au Supérieur général; mais sa réponse a été aussi ferme que concise : « Ma Sœur Sion est nommée, ma Sœur « Sion partira! » Alors elle ne douta plus.

Pendant ce temps, son père avait appris la détermination des Supérieurs. Il accourut à Paris pour voir sa fille et lui objecta que son départ allait être le coup de la mort pour sa mère. — « Non, père, répondit-elle, si la volonté de Dieu est que je parte, soyez sûr que maman ne mourra pas. » Et pourtant qui eût dit que ce calme et cette ferme résolution d'obéir sans réserve cachaient une lutte intime et douloureuse? Sœur Sion inondait de ses larmes les lettres qu'elle écrivait. Les Sœurs qui la voyaient demandaient ce qu'elle pouvait avoir pour pleurer ainsi, et quand on leur disait que c'était la future Supérieure de Jérusalem, elles se prenaient à envier son sort.

Devant la résolution de sa fille, le père n'insista pas; mais les Supérieurs lui donnèrent la consolation de l'emmener pour passer quelques heures auprès de sa mère et dire adieu à sa famille. Un de ses cousins, M. l'abbé Charles Duflo, qui avait remplacé en quelque sorte dans les affections de ses parents son frère Charles tant regretté, fut appelé pour la circonstance et, au moment du départ, ce jeune prêtre, de concert avec le père et la mère, étendit la main sur l'humble Fille de la Charité à genoux et la bénit. Bénédiction d'autant plus précieuse qu'elle était donnée dans les larmes, et que, jointe au mérite du sacrifice, elle allait procurer au delà des mers, pendant de longues années encore, la gloire du nom chrétien et le salut d'un si grand nombre d'âmes.

De retour à Paris, Sœur Sion écrivit aux Sœurs de Montluel : « Mes chères Sœurs, j'ai bien souffert de vous avoir laissées si longtemps sans nouvelles. Vous savez l'affection vraie et sincère que je vous porte; aussi je crois véritablement que ceci aura été méritoire pour vous et pour moi. D'ailleurs il me semble qu'il était sage d'agir comme nous l'avons fait, puisque rien n'était entièrement terminé, et c'est dimanche dernier, à 5 heures et demie du soir, que Monsieur notre Très Honoré Père a prononcé l'arrêt terrible de ma nomination pour Jérusalem. Je suis heureuse de vous dire que j'y vais uniquement par obéissance, et que j'espère que le bon Dieu voudra bien nous communiquer son amour et sa grâce. Je me recommande à vos bonnes prières; soyez sûres que je ne vous oublierai jamais. Je vous emporte avec moi au delà des mers, afin de vous déposer dans le tombeau de Notre-Seigneur; notre affection est dans le cœur de Dieu, et Dieu est éternel. »

L'âme généreuse ne se contente pas des sacrifices qui lui sont demandés, elle y ajoute encore le sacrifice volontaire. La nouvelle Supérieure de Montluel, ayant appris que Sœur Sion s'arrêterait quelques heures à Lyon en se rendant à Marseille, demanda la permission d'y aller avec quelques-unes de ses compagnes pour la saluer une dernière fois. La Supérieure générale fit part de ce projet à Sœur Sion, qui pensa sans doute alors à saint François-Xavier passant près du château de sa mère sans vouloir y entrer, et qui lui répondit : « Ma mère, je vous remercie, mais j'ai fait à Dieu mon sacrifice sans réserve. Je ne veux pas regarder en arrière. »

Pendant ce temps, à Jérusalem, on comptait les jours et une lettre du 7 avril adressée aux *Missions catholiques* disait : « On attend d'un jour à l'autre l'arrivée des Sœurs de saint Vincent de Paul. Leur installation provisoire est préparée; elles ne peuvent tarder à venir l'occuper. »

Ainsi s'accomplissait une prophétie faite trente ans auparavant par une Sœur morte en odeur de sainteté le 1ᵉʳ juin 1896 à Clermont-Ferrand. Elle avait reçu des grâces extraordinaires de lumières et de vues sur l'avenir. En 1856, après avoir prédit les bouleversements de l'Italie dix-huit mois avant l'événement, les regards de son âme se portèrent à Jérusalem et sur l'Église grecque; elle vit le mouvement des schismatiques vers la vérité et entendit cette promesse : « Le Christ régnera sur l'héritage qui lui est dû;... l'Orient recevra sa lumière et tombera à ses pieds. » Elle annonça en même temps que les Filles de la Charité s'établiraient à Jérusalem, et qu'elles y seraient nombreuses.

IV

**En mer. — Alexandrie. — Jaffa. — Premiers
jours à Jérusalem.**

Le jeudi 15 avril, Sœur Sion s'embarquait à Marseille sur un paquebot des Messageries maritimes, accompagnée seulement d'une jeune sœur qui ne comptait que deux ans de vocation, mais qui, un an avant d'entrer dans la famille de saint Vincent de Paul, avait fait courageusement le pèlerinage de Jérusalem. Pour qui voyage sur mer pour la première fois, il y a, dans le départ du bateau, quelque chose de solennel et d'émouvant. A 5 heures du soir, les grues à vapeur arrêtent leur assourdissant déclic, les cales se ferment, un coup de cloche annonce le départ. Les amarres sont retirées, les ancres levées et les puissantes hélices font bouillonner l'eau. Tiré par son remorqueur, le paquebot passe majestueusement devant la magnifique cathédrale et sort de la rade gracieuse fermée par le pittoresque château d'If. Notre-Dame de la Garde domine toute la scène; de là-haut, la Vierge semble également bénir la vieille cité et les voyageurs qui se confient aux incertitudes toujours dangereuses des flots.

Debout, Sœur Sion récitait l'*Ave maris stella,*
« cette prière du marin sur les vagues et du voya-

geur dans les ténèbres, prière de l'âme humaine parmi le trouble et la nuit de ses irrésolutions » (1).

Dès le commencement du voyage, elle fit preuve du courage et de l'esprit de foi dont elle était animée. La tempête s'était déchaînée, la mer était en furie; toujours agitée, lorsqu'on passe devant l'Adriatique, elle devient terrible lorsque l'orage éclate dans ces parages. Les tables étaient garnies de violons (c'est ainsi qu'on appelle des cordes tendues; dans la même disposition que celles d'un violon, pour empêcher la vaisselle de tomber à terre); la plupart des passagers avaient été contraints de garder dans leurs cabines la position horizontale. Sœur Sion dit à sa jeune compagne de monter sur le pont et de jeter des médailles miraculeuses dans la mer pour en calmer les flots. Elle avait une telle confiance en Dieu qu'elle ne doutait pas du succès de sa prière. Ses Supérieurs lui avaient donné une petite clochette bénite par notre Saint-Père le Pape, et elle s'en servait pour conjurer l'orage, si effrayant en pleine mer pendant la nuit sombre.

« De nos cabines, écrivait sa compagne, nous suivions toutes les manœuvres qui se faisaient sur les ordres multipliés des officiers. Vers minuit, la cloche d'alarme se fit entendre; il y eut un choc qui nous effraya, mais nous ne pûmes nous rendre compte de ce qui se passait. Ce ne fut qu'après la tourmente que nous apprîmes qu'il y avait eu une rencontre et que l'autre bateau avait disparu plus loin. Sœur Sion, avec une grande ferveur, rendit grâces à Dieu avec nous de la protection visible dont il venait de

____

(1) Louis Veuillot.

nous entourer, tout en déplorant la perte du bateau qui avait sombré. Pendant cette affreuse nuit, elle rassurait tous les passagers, car elle ne souffrait pas du mal de mer et se prodiguait au soulagement du prochain. Deux religieuses d'un autre ordre se rendaient aussi en Orient. Sachant qu'elles avaient grand peur, elle alla leur tenir compagnie et les encourager jusqu'à ce que le danger fût passé ; elles lui en furent très reconnaissantes. Pour moi qui souffrais beaucoup du mal de mer, je fus extrêmement touchée en voyant ma nouvelle Supérieure venir passer la soirée près de moi, me préparer quelques morceaux d'orange et me donner mille preuves de son affection et de sa confiance, me disant ses projets, ses craintes, même ses regrets. J'étais confuse et remplie d'admiration en voyant tant de simplicité et de bonté envers moi qui n'étais qu'une jeune Sœur de deux ans de vocation. »

C'est un moment agréable que celui du calme après la tempête. Entre passagers le contact se rétablit, les langues se délient, des sourires s'échangent, la plus grande cordialité déborde des cœurs. Ce jour-là, ce furent les Sœurs qui devinrent le centre de rayonnement aimable. Sur le pont, elles se voyaient entourées de respect et d'attention de la part de tout le personnel du bord. Le commandant et les officiers venaient tour à tour auprès de la Supérieure de la mission de Jérusalem, subissant le charme de sa parole et de sa dignité. Ils s'en allaient touchés et édifiés, admirant la religion qui suscite de pareils dévouements, et la charité chrétienne qui inspire à une âme de sacrifier ce qu'elle a de plus cher au monde, pour porter à des inconnus la connaissance et l'amour de Dieu. Tous faisaient des vœux pour la prospérité des œuvres qui allaient être fondées à Jérusalem.

Le 21 avril, mercredi de la Semaine sainte, on arrivait à Alexandrie. Le port de cette ville, à l'arrivée du paquebot, offrait alors un spectacle à part. On se voyait entouré d'une quantité de barques conduites par des nègres, et d'où sortaient des cris assourdissants dans une langue qu'on entendait pour la première fois. Alors le souvenir de la patrie se dressait plus vivant, et des larmes montaient aux yeux. Trois Filles de la Charité étaient là, attendant Sœur Sion : Sœur Péreymond, supérieure de l'hôpital, qui était chargée par les Supérieurs d'aller l'installer à Jérusalem, sœur Dupont, supérieure de la Miséricorde, et la supérieure de la maison des orphelins. Toutes les trois la félicitaient du choix qu'on avait fait d'elle, et l'estimaient heureuse d'être appelée à une si belle mission. Mais elle n'entendait pas ce langage ; et elle aurait volontiers cédé sa place à qui l'aurait voulue, si l'obéissance, dont elle sentait alors le côté pénible, n'avait été l'unique mobile de ses actions. Il faut le dire, extrêmement défiante d'elle-même, elle craignait d'échouer et de tromper la confiance de ses Supérieurs, en ne réussissant pas dans la mission délicate qui lui avait été dévolue.

Il fut convenu qu'on passerait les derniers jours de la Semaine sainte et les fêtes de Pâques à l'hôpital d'Alexandrie, en laissant tous les bagages dans les magasins de la douane. Or, pendant la nuit, un violent incendie éclata et réduisit en cendres ces magasins avec tout ce qu'ils contenaient. A cette nouvelle, sœur Sion se rendit au lieu du sinistre. Chemin faisant, sa pensée était que certainement Dieu ne voulait pas la fondation de Jérusalem puisqu'il permettait que les objets nécessaires à cette fondation devinssent la proie des flammes au milieu du voyage. Elle s'en réjouissait presque et caressait même intérieurement la pensée de retourner en France. Mais, ô surprise! ce qu'elle aperçoit en arrivant auprès des débris fumants, ce sont les caisses portant la marque de la Communauté; seuls, les colis des sœurs avaient échappé au désastre. Elle fut touchée jusqu'aux larmes en voyant ce fait qui tenait du prodige; et reconnaissant, dans cette marque visible de la protection de la divine Providence, un signe de la volonté de Dieu clairement manifestée sur sa nouvelle mission, elle reprit courage et confiance.

Son désir était d'arriver dans la ville sainte le 3 mai, fête de l'Invention de la sainte Croix. C'est une date privilégiée, car c'est au jour de cette fête que plusieurs Institutions, et notamment la grande œuvre de la Propagation de la foi, célèbrent l'anniversaire de leur fondation. Le bon Maître eut égard à ce désir et le réalisa malgré les retards et les contretemps. Le vendredi 30 avril, on quitta Alexandrie, où Ssœur Sion s'adjoignit une compagne désignée par la Supérieure générale. Sœur Péreymond conduisait la petite caravane. Le 1ᵉʳ mai, les quatre Filles de la Charité débarquaient à Jaffa et se prosternaient pour baiser le sol de la Terre Sainte. Là se trouvaient déjà deux autres Sœurs, arrivées de Beyrouth la veille, et destinées à la nouvelle fondation. Ces deux Sœurs venaient de quitter la maison de la vénérée Mère Claudine Gélas qui, depuis cinquante ans, travaillait en Syrie au salut des âmes, et qui, malgré son désir d'être ignorée, ne pouvait échapper à la gloire que méritaient tant de vertus. S'éloigner de cette bonne Mère était pour ses filles un immense sacrifice; mais, quand elles virent Sœur Sion venir à elles, les embrasser affectueusement avec cette bonté, cette simplicité qui se reflétaient rsu son visage franc et ouvert, la tristesse fit place à lajoie, et elles comprirent qu'elles seraient heureuses avec leur nouvelle Mère, comme elles l'avaient été sous la direction de la sainte Sœur Gélas.

Cela se passait à la Casa-Nova de Jaffa, où la petite communauté avait reçu la généreuse hospitalité des RR. Pères Franciscains. Le Patriarche de Jérusalem, Mgr Vincent Bracco, venait d'y arriver aussi, afin de s'embarquer pour l'île de Chypre, où il allait faire sa visite pastorale. Sœur Sion s'empressa d'aller recevoir sa bénédiction, lui présenta les Sœurs, et lui dit qu'elle allait à Jérusalem ouvrir une maison pour le service des pauvres. En même temps elle lui remit une lettre du Supérieur général qui demandait M. le chanoine Coderc pour confesseur de ses filles. Monseigneur répondit qu'il ne voyait pas d'inconvénient à ce que cet excellent prêtre fût leur confesseur. Puis, regardant Sœur Sion, il dit qu'il y avait déjà bien des religieuses à Jérusalem, et ce regard interrogateur semblait demander à quelle œuvre spéciale elle allait se consacrer. A quoi elle répondit modestement que les Filles de la Charité trouvent toujours à se dévouer partout où l'obéissance les envoie, et elle se retira humblement. Cette première entrevue avec Mgr Bracco l'avait glacée; mais cette pénible impression disparut vite sous l'influence de sa confiance en Dieu. Plus tard, elle devait avoir plus d'une occasion d'apprécier les qualités du pieux Prélat.

Le 2 mai, de bon matin, on se mit en route pour Jérusalem. Le voyage, en ce temps-là, était long et fatigant. Les voitures étaient de grands chars à bancs, avec de hautes roues qu'il fallait enjamber comme on pouvait. La route était mauvaise, couverte de pierres roulantes qui donnaient aux voyageuses d'épouvantables secousses; à chaque instant, il semblait que la voiture aller verser à droite ou à gauche. On arriva ainsi à Ramleh, pour y passer la nuit à l'hôtellerie des RR. Pères Franciscains, installés dans cette ville depuis plus de six cents ans, sur l'emplacement de la maison de Nicodème, le sénateur qui rendit au corps sacré du Sauveur les derniers devoirs. On montre en cet endroit l'atelier où le pieux disciple fit de ses mains le crucifix miraculeux de Beyrouth. Outragée par les Juifs, l'image sainte se mit à répandre du sang et de l'eau, et ce miracle, dit saint Athanase, a certainement dû contribuer à la conversion des habitants de Beyrouth à la foi catholique.

Le lendemain, dès la première heure, on se remit en marche. En approchant de la ville sainte, Sœur Sion sentait à chaque instant renaître ses appréhensions. Il lui semblait toujours que la fondation ne réussirait pas; puis elle cherchait à éloigner cette pensée par le souvenir des marques récentes de protection qu'elle avait reçues de la divine Providence. Quand elle arriva en vue des murs de Jérusalem, le jour était sur son déclin; à l'horizon le ciel avait de ces teintes délicieuses, particulières à l'Orient. A cette heure solennelle, les impressions se gravent mieux dans l'esprit, impressions diverses d'ailleurs. C'est le bonheur de voir la ville sainte de ce plateau où des millions de pèlerins ont, successivement dans les siècles passés, contemplé le même spectacle; c'est en même temps une indicible tristesse et comme une vague terreur dont on ne peut se défendre. Jérusalem n'est-elle pas, à la fois, la consolation et le remords de l'humanité?

C'était le soir de la fête de la sainte Croix. Les vœux de Sœur Sion étaient exaucés, et la coïncidence de cette fête semblait lui dire que la croix ne lui ferait pas défaut; elle la voyait dressée devant elle, nue et sévère. Mais on était au commencement du mois de mai, et la Vierge puissante lui disait : « Je suis là, ne craignez point. » Si l'Église, en s'adressant à la croix, l'appelle notre unique espérance, *ó Crux ave, spes unica,* ne salue-t-elle pas Marie dans les mêmes termes : *Spes nostra, salve?*

M. le chanoine Coderc s'était rendu assez loin hors de la ville, pour souhaiter la bienvenue à la nouvelle famille religieuse qu'il devait entourer de sa sollicitude jusqu'à la fin de sa vie. On mit pied à terre à la porte de Jaffa, où Mgr Poyet, protonotaire apostolique, attendait les Sœurs. Il s'empressa de les saluer en les nommant ses filles, ajoutant que personne n'était plus heureux que lui de leur arrivée, vu que, depuis vingt ans, il était en instances à Rome pour obtenir cette fondation. Les deux vénérables ecclésiastiques conduisirent Sœur Sion et ses compagnes à Casa-Nova, où les RR. Pères Franciscains leur firent le meilleur accueil et leur donnèrent l'hospitalité; en attendant qu'il leur fût possible d'habiter la maison que, six mois auparavant, sœur Péreymond était venue louer pour elles.

Elles firent d'abord dévotement leur pèlerinage, heureuses de baiser la pierre du saint Sépulcre et le rocher du Calvaire, de s'agenouiller dans la grotte de Gethsémani, de parcourir la voie douloureuse en faisant le chemin de la Croix, dévotion qui fut toujours chère au cœur de Sœur Sion, et qu'elle a léguée à sa Communauté comme le testament de son amour pour Jésus crucifié. Ce premier pèlerinage aux Lieux Saints fut cependant, pour son grand cœur, une douloureuse épreuve. Au Calvaire, au saint Sépulcre, elle ne ressentait aucune émotion; rien ne la touchait, elle portait envie à ses compagnes qu'elle voyait verser des larmes. Elle se croyait délaissée de Dieu pour avoir, disait-elle, manqué de générosité dans le sacrifice, et elle se répandait en gémissements. Comme sainte Thérèse, « elle pleurait de ne pouvoir pleurer » devant les monuments de notre Rédemption.

Après avoir passé une quinzaine de jours à Casa-Nova, entourées de toutes sortes d'attentions par les bons Pères, les sœurs laissèrent la place au cinquième pèlerinage de pénitence, car la magnifique hôtellerie de Notre-Dame de France n'était encore qu'à l'état de projet. Ce pèlerinage amenait quelques compatriotes de Sœur Sion; et cette joie se renouvela pour elle chaque année, car le diocèse de Cambrai a toujours eu une place d'honneur, sinon la première, dans ce pèlerinage populaire. Elle alla exprimer sa reconnaissance au Révérendissime Custode de Terre Sainte, qui était alors le R. Père Aurelio Briante, aujourd'hui archevêque de Cyrène et délégué apostolique d'Alexandrie; puis elle prit possession du local qui l'attendait et qui appartenait aux Arméniens. Il était situé dans la partie haute de la ville, entouré de bons voisins tout disposés à rendre service aux Sœurs, et qui, en effet, leur ont toujours gardé leur estime et leur confiance.

Le jour de l'Ascension, la petite communauté se rendit dès 3 heures du matin au Mont des Oliviers. Chaque année la population de Jérusalem s'y transporte pour assister aux Matines et à la messe célébrée par les RR. Pères Franciscains, sur le lieu même où s'accomplit le mystère, et où Notre-Seigneur laissa dans la pierre l'empreinte de son pied comme le dernier gage de son amour. Par ce miracle ne semblait-il pas nous dire : « Je m'en vais vous ouvrir le Ciel, mais si vous voulez y monter après moi, voilà le chemin que je vous trace ; marchez sur mes pas, faites ce que vous m'avez vu faire durant le cours de ma vie » ?

C'était la première fois que les Filles de la Charité se trouvaient représentées à cette fête, à laquelle le pèlerinage de pénitence assistait en même temps. Sœur Sion eut beaucoup de peine à gravir la sainte montagne. Elle dut même se reposer bien des fois en chemin, car déjà la fièvre l'avait saisie. Mais une douce compensation lui était réservée. Les consolations divines dont elle avait été privée jusque-là lui furent rendues avec abondance, et dès lors, elle ne sentit plus ce délaissement dont elle avait souffert cruellement depuis son arrivée. Elle quitta la montagne dans les mêmes dispositions que les Apôtres dont saint Luc nous dit : « L'ayant adoré, ils revinrent à Jérusalem avec une grande joie, et ils étaient sans cesse dans le temple louant et bénissant Dieu. »

Sœur Péreymond, voyant sa tâche accomplie, se disposa à reprendre le chemin d'Alexandrie. « Pauvre Sœur Sion, disait-elle au moment des adieux, il vous faudra bien du courage pour rester ici; tout est triste et porte le cachet de la désolation. » — « Le bon Dieu, répondit Sœur Sion en souriant, m'a envoyée à Jérusalem, il me donnera la force de le suivre sur la voie du Calvaire. Il nous indiquera lui-même les œuvres dont il nous a réservé, de toute éternité, l'accomplissement en Terre Sainte. »

Le départ de la bonne Sœur Péreymond causa un grand vide au milieu de la petite famille; mais la Sœur Sion, qui le sentait plus que toute autre, n'en parlait pas de crainte de contrister ses Sœurs. En attendant, les bagages tardaient à venir de Jaffa. Une caisse servait de table, on s'asseyait dans l'embrasure des fenêtres; la vaisselle se composait d'un bol et d'une cuiller pour chacune, et c'était tout. M. Coderc, étant venu voir l'installation nouvelle, constata qu'elle était plus que pauvre, et il voulut, dès lors, leur envoyer chaque jour le pain du Patriarcat, moins rebutant que celui qu'elles achetaient dans les bazars. Cependant, le découragement commençait à se faire sentir, car on n'avait encore aucune œuvre en vue. « Il y a, au lendemain de tout grand sacrifice, une heure redoutable, heure de transition où, déjà séparé de la carrière que l'on quitte, sans être encore entré dans celle que l'on embrasse, sentant douloureusement ce que l'on vient de perdre, sans que l'on puisse savoir ce que sera l'avenir, on se voit, pour ainsi dire, suspendu dans le vide (1). »

(1) Mgr Baunard.

Sœur Sion, toujours calme, priait et faisait prier les bras en croix, pour obtenir les grâces nécessaires à la nouvelle mission. On faisait des neuvaines; les privations, les sacrifices étaient généreusement acceptés, pour obtenir que l'horizon s'éclaircît et qu'on sût enfin ce que Dieu demandait. « Chantons, nos Sœurs, » disait la Mère quand elle voyait des larmes dans les yeux. Pour elle, la nuit, elle arrosait son lit de ses larmes. « Nous ne ferons jamais rien ici, disaient quelques-unes; c'est une terre maudite, mieux vaut retourner là d'où nous sommes venues. » Ces réflexions la navraient. Il y en eut en effet qui obtinrent de s'en retourner, sauf à expier plus tard cette démarche par des regrets que le temps n'a pas encore adoucis.

La Supérieure cependant restait admirable de patience. Il était beau de la voir mettre la main à tout, se réserver les offices les plus humbles, aller faire les provisions au bazar, où jusqu'alors les femmes ne paraissaient pas. Ce fut un événement de voir les Sœurs s'y approvisionner des quelques légumes qu'on y trouve en été. Dans leurs sorties, elles ramassaient quelques morceaux de bois pour allumer le feu, la saison étant passée où les fellahs apportent des villages les racines et les troncs d'arbres qu'on leur achète au poids. Voyant que ses compagnes avaient peu d'attrait pour la cuisine, Sœur Sion s'était chargée de cet office qu'elle remplissait avec un grand esprit de foi. Ce lui était un plaisir de se fatiguer pour les autres, s'ingéniant à stimuler l'appétit de ses compagnes, n'épargnant ni son temps ni sa peine afin, disait-elle, que les santés n'eussent pas à souffrir du changement de nourriture, et qu'une

sainte gaieté régnât toujours dans la maison. Touchée de tant d'abnégation, une jeune Sœur ne put
supporter de se voir servir par sa Supérieure, et elle
s'offrit à la remplacer à la cuisine, la priant de lui
communiquer ses connaissances culinaires et son
savoir-faire; ce que Sœur Sion fit avec autant de dévouement que de succès.

V

**Situation religieuse de Jérusalem.
Visite des malades.**

Quelle était alors la situation religieuse de Jérusalem? La population, qui dépasse aujourd'hui cent mille âmes, n'était à cette époque que de cinquante à soixante mille, se composant de chrétiens de tous les rites, latins, grecs unis ou non unis, Cophtes, Syriens, Arméniens, de Mahométans et surtout de Juifs. La paroisse latine était dirigée par les RR. Pères Franciscains, gardiens des Saints Lieux depuis 1219. Le Patriarcat latin avait été rétabli en 1847. Les autres communautés d'hommes étaient les Frères des écoles chrétiennes, les Pères de Notre-Dame d'Afrique, les Pères de Notre-Dame de Sion et les Dominicains.

L'année même du rétablissement du Patriarcat, la Propagande avait envoyé les religieuses de saint Joseph de l'Apparition pour tenir l'école paroissiale. Ce fut la première congrégation religieuse admise en Terre Sainte. Leur école atteignit bientôt le chiffre de trois cents enfants. Dans leur maison, elles tenaient aussi un hôpital fondé par le Patriarche en 1856. Plus tard, M. le comte de Piellat leur fit construire l'Hôpital Saint-Louis, qui fut ouvert en 1882.

En 1884, elles joignirent à l'école une salle d'asile dont elles supportent tous les frais, et, la même année, elles songèrent à la construction d'un orphelinat, au sujet duquel M. Coderc écrivait aux *Missions :* « Mgr le Patriarche n'avait pas la pensée de faire un orphelinat, ses ressources ne le lui permettant pas. Mais il n'est pas rare que ceux qui amènent un enfant menacent de le conduire chez les protestants si on ne l'accepte pas. Alors Monseigneur pria les Sœurs de saint Joseph de le prendre. Ainsi le nombre de ces enfants s'est peu à peu accru jusqu'à quarante. Comme elles se trouvent entassées les unes sur les autres au détriment de leur santé, la Supérieure actuelle, qui est une femme de cœur, ne pouvant voir sans peine cet état de choses, a résolu de leur bâtir une maison... »

Les religieuses de Notre-Dame de Sion étaient venues en 1856, avaient bâti le pieux sanctuaire de l'Eccè-Homo, qui fut consacré le jour de la fête de saint Vincent de Paul en 1903 et érigé peu après en Basilique ; elles avaient élevé, auprès de ce sanctuaire, un orphelinat et un pensionnat.

Les Sœurs du Rosaire, fondées en 1880 par un prêtre du Patriarcat, se préparaient à diriger les écoles dans les missions de l'intérieur.

Les Sœurs Franciscaines venaient d'être appelées, en cette même année 1886, par les Pères de Terre Sainte, et mises à la tête d'un orphelinat de filles, tenu jusque-là par des personnes du monde.

Sur le Mont des Oliviers, les Carmélites se donnaient à la vie contemplative.

C'étaient là les seules communautés de femmes existant alors à Jérusalem.

De plus en plus préoccupée de savoir par quelles œuvres elle devrait débuter, Sœur Sion continuait de prier avec une confiance inébranlable, qui ne fut point trompée. Un effendi, dont le fils était malade depuis deux mois, ayant entendu parler de l'arrivée des sœurs, qu'on disait être « de grands médecins venus de Paris », vint les prier d'aller voir l'enfant. Sœur Sion prit avec elle une compagne, priant Dieu, chemin faisant, de bénir cette première visite aux malades. Le petit être était très souffrant, épuisé par une fièvre brûlante, et semblait condamné. Elle prescrivit une potion qu'elle composa elle-même, comptant plus sur le secours de Dieu que sur ses propres lumières, et elle fit prendre la potion à l'enfant qui fut bientôt soulagé ; huit jours après il était remis.

Cette guérison inattendue fit quelque bruit. Un personnage important, le cheikh Yusef, en entendit parler ; il venait de perdre son père et un de ses fils de la même maladie, et son plus jeune enfant venait d'en être atteint. Toute la famille était plongée dans le chagrin, et la mère, au désespoir, avait juré par Mahomet qu'aucun médecin ne mettrait le pied chez elle. L'état de l'enfant empirait de jour en jour, l'affliction et les préjugés de la mère le privant des secours de la médecine. Lorsqu'elle apprit la guérison que nous venons de rapporter, elle envoya chercher les Filles de la Charité, qui répondirent aussitôt à son appel, récitant le chapelet le long du chemin. L'accueil fut des plus sympathiques. L'enfant agonisait pour ainsi dire. Sœur Sion fit la consultation devant la famille réunie qui regardait et écoutait, suivant avec anxiété les moindres mouvements ; elle prescrivit des remèdes qu'elle prépara encore, mettant toute sa confiance en Celui qui avait guéri les infirmes de la Judée et de la Galilée. Le lendemain la sainte messe fut entendue à l'intention du petit malade. Les Sœurs se disposaient à aller prendre de ses nouvelles, lorsque à la première heure on vint leur dire qu'il avait passé une bonne nuit; les parents renaissaient à l'espérance, et huit jours après l'enfant était hors de danger. La joie était dans tous les cœurs; on bénissait les Filles de la Charité, ces « oiseaux blancs venus de Paris pour soigner les Turcs ». L'œuvre de la visite des malades était fondée.

Cette œuvre est une des gloires de saint Vincent de Paul. Jusqu'à lui, les Œuvres et les Congrégations s'étaient partagé la vie des pauvres. Chacune avait pris, pour y porter remède, une de leurs privations et de leurs souffrances. Saint Vincent fit sa communauté à son image; il lui confia *toutes* les misères humaines comme il les avait toutes adoptées. Saint François de Sales lui-même avait reculé devant cette vie religieuse au milieu du monde, qu'il avait destinée d'abord à ses filles de la Visitation. Saint Vincent de Paul eut plus de foi dans son œuvre. Il donna à ses filles, comme il le dit lui-même, « pour monastère les maisons des malades; pour cellule, une chambre de louage; pour cloître, les rues de la ville, ou les salles des hôpitaux; pour grille, la crainte de Dieu; et pour voile, la sainte modestie ». Dieu lui a donné raison. Après plus de deux cents ans, la Communauté qu'il a fondée est plus florissante que jamais; les vocations y abondent, les novices lui arrivent de toutes parts, son action s'étend jusqu'aux extrémités de la terre. Partout où paraissent les Filles de la Charité, les orphelins leur disent : ma mère; les pauvres les appellent : ma sœur; le vieillard les veut au chevet de son lit pour bien mourir. On sait la parole de cet iman de la grande mosquée de Constantinople qui, longtemps spectateur des soins donnés par les Sœurs de charité aux malades musulmans, et se sentant près de sa fin, faisait demander trois d'entre elles et leur disait : « Je n'ai pas voulu quitter cette terre sans avoir revu ce qu'elle a de meilleur. »

M. Étienne l'avait dit dans un rapport resté célèbre, qu'il rédigeait deux ans avant la naissance de Sœur Sion :

« Pour frapper l'esprit des Orientaux, ce n'est pas assez du zèle apostolique, des vertus et de la prédication : il faut des œuvres. Les Turcs ne discutent pas, mais ils voient. Sourds à un raisonnement, ils sont sensibles à un bienfait, et la reconnaissance est la voie la plus sûre pour les conduire à la vérité. Ils voient quelque chose de surnaturel dans une fille qui a traversé les mers et tout sacrifié pour venir panser leurs plaies et soulager leurs douleurs. Il est même arrivé à quelques-uns de demander ingénument aux Filles de la Charité si elles étaient descendues du ciel. En voyant les marques de vénération et de reconnaissance qu'ils prodiguent à leurs bienfaitrices, on se demande naturellement si celles-ci ne sont pas destinées par la Providence à opérer un rapprochement si longtemps désiré entre les Turcs et les chrétiens. »

Quelles actions de grâces Sœur Sion ne rendit-elle pas à Notre-Seigneur pour la protection visible qu'il donnait à ses premiers débuts! L'horizon s'était éclairci, les œuvres commençaient à se dessiner. Sur ces entrefaites, Mgr Bracco revint de sa visite pastorale à l'île de Chypre et aux missions de Galilée. Les Sœurs allèrent lui faire visite et furent l'objet d'un accueil très paternel. Il s'informa de ce qu'elles faisaient depuis leur arrivée. Elles répondirent qu'elles allaient voir les malades à domicile. Mgr en fut étonné; il se récria, objectant qu'il était inouï que les femmes allassent seules chez les Turcs, que cela ne s'était jamais vu à Jérusalem, où elles ne paraissent presque pas en public. Voyant que Sœur Sion, loin de s'effrayer, le suppliait au contraire de la laisser continuer son œuvre de miséricorde, il lui offrit un Kawas ou janissaire pour accompagner et garder les Sœurs dans leurs courses. Elle refusa cette proposition si aimable, disant que les Filles de la Charité avaient été créées et formées par saint Vincent pour la visite des malades à domicile, que c'était là leur œuvre principale et que, du haut du ciel, ce bienheureux Père les protégeraït à Jérusalem comme il protégeait ses filles dans le monde entier. Alors le Patriarche lui donna toute liberté.

D'ailleurs les Turcs se montraient reconnaissants du bien que les Sœurs étaient heureuses de leur faire. Le cheikh Yusef, après la guérison de son fils, les autorisa à passer toutes les fois qu'elles le voudraient par la mosquée d'Omar pour abréger leur route. Grande faveur! car jamais un chrétien ne pouvait se montrer là sans être accompagné d'un janissaire et d'un soldat. Un jour, un des chefs de la mosquée, ignorant l'autorisation donnée, voulut s'opposer au passage des Sœurs. Aussitôt il en fut sévèrement repris par un des anciens, vénérable vieillard, qui lui dit : « Les Sœurs sont comme ces ruisseaux bienfaisants qui portent la fécondité partout où ils passent, et c'est une bénédiction pour la ville de les voir circuler dans les rues. » Un autre jour, un pèlerin s'étant aventuré sur l'esplanade de la mosquée, se vit aussitôt entouré par une troupe qui lui aurait fait un mauvais parti, lorsque les Sœurs arrivèrent. L'une d'elles s'avança vers le groupe menaçant : « Comment, dit-elle, c'est ainsi que vous traitez mon frère ! » Aussitôt le calme se fit, un homme sortit des rangs et fit ses excuses, ajoutant que si l'on avait su que cet homme était le frère des Sœurs, on ne lui aurait pas dit mot. Prenant ainsi ce pèlerin sous leur protection, les Sœurs lui firent traverser la mosquée en toute sécurité.

Autre trait de la sympathie que Sœur Sion inspirait à tous. On sait qu'à Jérusalem on passe huit mois de l'année sans pluie. Pendant l'hiver, chacun recueille l'eau dans ses citernes, et quand la provision touche à sa fin, il faut acheter l'eau à prix d'argent, comme s'en plaignait Jérémie dans ses Lamentations : « Nous avons bu notre eau pour de l'argent » (v, 4). Pas de cours d'eau, pas de fontaines. Ce n'est qu'en 1900, lors du vingt-cinquième anniversaire de l'intronisation du sultan Abd-ul-Hamid que deux fontaines monumentales furent établies, mais uniquement pour apaiser la soif des passants. Or, comme les Sœurs n'avaient pas d'eau à la maison, le Directeur de la musique militaire eut la bonté de leur en faire porter gratuitement par deux soldats pendant trois mois.

L'œuvre de la visite à domicile s'étendit peu à peu aux villages environnants. Quel bien ne fit-elle pas à

Béthanie, Siloë, Aboudis, Betekso, etc., à ces pauvres fellahs (paysans), privés jusqu'alors de secours dans leurs maladies! « Tout d'abord, raconte une sœur, ces naïfs villageois nous regardaient avec stupeur, se demandant s'ils avaient affaire à des hommes ou à des femmes; notre costume excitait leur curiosité; ils venaient furtivement toucher nos vêtements, notre cornette, croyant que c'était du papier. » Mais à cet étonnement succéda bientôt le sentiment de l'admiration et de la reconnaissance pour la bonté et la charité que Sœur Sion leur témoignait; témoin cette pauvre femme dont elle avait guéri le fils et qui courait après elle, un agneau dans ses bras, lui disant : « Tiens, c'est tout ce que j'ai, je t'en prie, accepte-le, tu me feras plaisir. » La bonne Mère bénissait et remerciait Dieu tout le long de la route de pouvoir procurer sa gloire et l'honneur de sa chère Communauté.

Peu de temps après elle écrivait elle-même : « Quatorze villages sont actuellement visités, et même les rudes et sauvages bédouins de la vaste plaine de Jéricho nous font plus d'une instance pour que les Sœurs leur portent secours. Les pauvres gens de la campagne sont heureux de voir arriver les Sœurs. Les courses se font à âne ou à cheval, et lorsque, de loin, on aperçoit les cornettes, ce sont partout des cris de joie : el Hakim! el Hakim! (disent les enfants), les médecins! les médecins!

« On s'empresse, on s'attroupe, et les consultations commencent en plein air. Ce sont des femmes qui apportent leurs enfants sur leurs épaules suivant la mode du pays, des vieillards qui se traînent appuyés sur un bâton et qui demandent des toniques pour les fortifier et, au besoin, les rajeunir; ils ne doutent en rien de la science des Sœurs. Ce sont des maux d'yeux à soigner, des dents à arracher, des blessures à panser, morsures de chameau ou piqûres de serpent, de scorpion, etc. Chacun s'en va content en bénissant les Sœurs. Puis commence la visite des infirmes qui n'ont pu sortir de leur demeure. Ils sont étendus sur une pauvre natte, grelottant de fièvre sous une couverture en lambeaux, auprès d'une jarre d'huile, d'un petit tas de blé, en compagnie d'animaux domestiques, vaches, chèvres, moutons, poules, âne, chameau. A ce dernier on a ménagé une ouverture dans la muraille pour qu'il puisse allonger le cou au dehors, ce qui est très curieux.

« L'heure du départ est pénible de part et d'autre; ces pauvres fellahs voudraient retenir les Sœurs chez eux, et ne peuvent comprendre qu'elles ne s'installent pas dans tous les villages où, disent-ils, rien ne leur manquerait. Hélas! il leur manquerait un tabernacle! »

« *Il leur manquerait un tabernacle!* » Voilà bien l'écho d'une parole comme de M. Étienne. Après la guerre de Crimée, une riche Anglaise, remplie d'admiration pour le courage et le dévouement héroïques dont les Filles de la Charité avaient fait preuve sur les champs de bataille, voulut doter son pays d'une Congrégation semblable et alla prier M. Étienne de lui communiquer les Règles de la Communauté. — « Je le veux bien, dit-il, mais vous ne réussirez pas. — Pourquoi? — Il vous manque l'Eucharistie. »

La clef du tabernacle était pour Sœur Sion, comme pour toutes les âmes célestes, la clef du paradis, témoin cette exclamation qui termine la lettre suivante, écrite moins de quatre mois après son arrivée à Jérusalem, à l'une de ses anciennes compagnes : « Je ne m'attendais nullement à ce que vous ayez si tôt votre changement... Soyez généreuse, ne vous attristez pas outre mesure; je vais plus loin, ne vous demandez même pas pourquoi on vous a retirée de M.; vous perdriez le mérite accordé aux âmes qui se soumettent dans la joie de leurs cœurs aux épreuves par lesquelles voudra les faire passer un Père, qui n'afflige en ce monde que pour nous épargner et nous faire miséricorde en l'autre. Soyez bien convaincue que, quelque grands que puissent être nos maux, ils ne sauraient entrer en comparaison avec ceux que notre divin Sauveur a soufferts. Courage donc! la voie la plus sûre est celle des tribulations et des souffrances. Il faut monter au Calvaire en portant tous les jours notre croix, si nous voulons espérer monter au Thabor. Allons! ma bonne sœur, ne cherchez pas de consolations auprès des créatures, elles sont incapables de nous soulager; allez directement confier votre chagrin au bon Maître, vous trouverez, dans son divin Cœur, le baume pour toutes vos douleurs. Soyez une fille bonne et dévouée comme vous l'avez toujours été, une compagne édifiante; Dieu sera content de vous, et vous serez ma consolation de loin comme de près... Nous avons le bonheur d'avoir la sainte Réserve! »

Elle l'avait en effet depuis la fête de saint Vincent de Paul. Jusque-là, il fallut aller chaque matin à la messe à l'église patriarcale qui était assez éloignée. Les exercices de piété se faisaient devant une petite statue de la Sainte Vierge, que l'on conserve encore comme une relique précieuse, comme le témoin des premières larmes et des premières souffrances. Mais à l'approche de la fête du saint Fondateur, Sœur Sion s'ingénia à dresser un oratoire; une alcôve donnant sur la chambre la mieux éclairée fut transformée en un pieux sanctuaire. M. le chanoine Coderc envoya ce qui était nécessaire pour la célébration du saint Sacrifice, et Mgr Poyet se réserva la joie d'y dire la messe ce jour-là et tous les jours suivants. Mgr Bracco y vint célébrer le lendemain et, à partir de ce jour, Notre-Seigneur habita sous le même toit que les pieuses servantes des pauvres.

VI

Dispensaire. — Bethléem. — Les lépreux.

M. Coderc écrivait aux *Missions catholiques,* à la
date du 25 août 1886 : « Voici bientôt quatre mois
que nous avons à Jérusalem une nouvelle communauté religieuse, celle des Filles de la Charité. Si j'ai
tant tardé à vous parler de cette fondation, c'est que
je voulais voir à l'œuvre ces bonnes filles de saint
Vincent, afin de pouvoir vous en dire quelque chose.

« Triple est le but de la fondation : 1° ouvrir un
dispensaire pour soigner les malades et visiter à domicile ceux qui ne peuvent venir au dispensaire;
2° faire un hôpital pour les incurables; 3° enfin une
crèche pour les enfants abandonnés. Pour réaliser
ces deux derniers projets, il est indispensable de
bâtir une maison appropriée aux besoins de ces œuvres. En attendant, nos Sœurs se contentent de s'occuper du soin des pauvres et de la visite à domicile,
et comme leur réputation les avait déjà précédées à
Jérusalem, elles se sont trouvées de suite débordées
par le travail, et il a fallu demander du renfort.
Deux nouvelles Sœurs vont bientôt s'adjoindre aux
cinq qui ne peuvent suffire à l'ouvrage. Le dispensaire est ouvert à 7 heures du matin, et jusqu'à midi,
quatre Sœurs sont occupées à donner des soins aux

malades qui se présentent. M. le Consul de France a exprimé le désir que les remèdes fussent donnés gratis à tout le monde; ils le sont en effet, mais on calcule qu'il en faudra pour 9.000 francs environ. Dans l'après-midi, les quatre Sœurs partent deux à deux pour la visite des pauvres à domicile, et ne rentrent que le soir à 6 heures, sans avoir pu contenter tous ceux qui les appellent. Dire tout le bien qui s'opère dans ces visites serait chose longue et difficile; la prudence d'ailleurs nous impose le silence. »

La visite des malades à domicile ayant fait en partie la réputation des Sœurs, il fallut, pour perfectionner l'œuvre et la soutenir, établir un dispensaire, y faire la distribution gratuite des remèdes prescrits dans la visite, et y traiter les malades atteints de maux légers qui pouvaient venir eux-mêmes à la consultation. Aujourd'hui le dispensaire forme un bâtiment à part auquel est jointe une pharmacie; plusieurs Sœurs y sont occupées toute la matinée. « Dès que la porte s'ouvre, vers 7 heures du matin, écrit Sœur Sion, une foule empressée s'y engouffre et le remplit instantanément. Les uns prennent les médicaments sur place, d'autres les emportent. C'est par centaines que l'on peut compter chaque jour les personnes qui s'y présentent; des malades amenés de loin, attachés sur des ânes ou juchés sur des chameaux arrivent et s'étendent à la porte du dispensaire, avec la confiance que les remèdes et les soins des Sœurs les guériront. Il s'en trouve quelquefois des villes lointaines de Naplouse, de Gaza, du Salt, etc.

« L'entretien du dispensaire demande une dépense considérable : c'est une incessante distribution de médicaments, non seulement en ville, mais dans les

villages. Il y a des moments de l'année où la fièvre
sévit sur des localités entières : c'est d'abord la saison des premières figues, et alors à la fièvre se joi-
gnent les maux d'yeux; puis c'est l'automne, car
alors les citernes sont presque à sec, et on n'a plus
que de la mauvaise eau. A ces époques, un des plus
vaillants fellahs se dévoue et vient chercher des pur-
gations et autres remèdes dans des jarres qui, à son
arrivée, sont bientôt vides. Puis il faut en abondance du sulfate de quinine, dont on fait une grande
consommation dans les pays chauds. Il y aurait de
gracieuses et édifiantes histoires à relater sur le dispensaire, où tant de pauvres gens ont été guéris.
Leur reconnaissance s'exprime en termes familiers à
l'Arabe du désert, ou en dons venus de leurs champs
et de leurs modestes troupeaux. La discrétion re-
tient ma plume, dont les touchants récits réjouiraient
cependant plus d'un cœur dévoué aux missions de
Palestine. »

A peine installée à Jérusalem avec la perspective
d'une belle moisson, dont elle commençait à recueillir
les premiers fruits, Sœur Sion, entraînée par l'élan
généreux de son cœur, conçut le dessein d'une fondation à Bethléem, et communiqua ses idées à son
Supérieur général, qui lui fit une réponse favorable. D'un commun accord, les autorités ecclésiastique et civile la chargèrent de s'occuper de cette
seconde fondation; elle prit les informations nécessaires pour en assurer le succès, et chercha une maison au milieu de cette bourgade qu'elle a toujours
beaucoup aimée. La vue de Bethléem lui causait les
plus douces émotions. « Tout est riant sur ces col-

lines, disait-elle; après dix-neuf siècles on croit encore entendre les cantiques des anges annonçant la paix aux âmes de bonne volonté. Là, c'est la naissance; à Jérusalem, c'est la croix, c'est la mort; moi, je suis pour la croix. » Vers les premiers jours de l'automne, elle vit arriver la future supérieure de Bethléem, sœur Marmier, nièce de l'illustre académicien de ce nom, accompagnée d'une autre sœur. Elle leur fit le plus fraternel accueil dans sa petite maison du Mont Sion, qu'elle mit toute à leur disposition jusqu'au jour de l'inauguration de l'hôpital de la Sainte Famille qui eut lieu le 19 mars 1887.

L'hiver de 1886-87 fut très rigoureux à Jérusalem. La neige abondait; les pluies, le vent violent rendaient les visites aux malades assez pénibles à quelques sœurs. Mais la Supérieure, loin de se plaindre, ne laissait rien paraître de ce qu'elle endurait; sa ferveur lui faisait toujours rechercher ce qui coûtait le plus à la nature; elle savait que c'était le plus sûr moyen d'attirer les bénédictions du Seigneur sur sa chère mission et elle ne se trompait pas.

En cette même année 1887, elle commença à donner à la fête et à l'octave de saint Viencent de Paul un éclat qui alla toujours croissant depuis. C'était aussi la fête de Mgr Bracco, patriarche de Jérusalem. Ce jour-là, il assistait pontificalement à la messe chantée dans sa cathédrale. Toutes les Communautés se faisaient une joie d'y assister, pour venir ensuite offrir leurs vœux au pieux Prélat et recevoir sa bénédiction. Pour ce motif, il ne pouvait venir que le lendemain célébrer la messe chez les Sœurs. Mais le soir de la fête, il y avait foule dans leur chapelle dont tous les abords étaient envahis.

Le R. Père Germer-Durand, supérieur des Augustins de l'Assomption, y fit le premier panégyrique de saint Vincent de Paul, et les élèves des Frères exécutèrent au salut des chants très harmonieux. Il était beau de voir ainsi rapprochés ces deux types du dévouement : les Filles de la Charité et les Frères des écoles chrétiennes. Ils sont du même siècle, du siècle de Louis le Grand. Saint Vincent de Paul et saint Jean-Baptiste de la Salle les ont formés sous la même discipline, vêtus avec la même simplicité et jetés dans les deux mondes pour le service des âmes.

Une œuvre nouvelle ne devait pas tarder à occuper le zèle de Sœur Sion. Nous lisons dans la vie de sœur Rosalie : « Le mal a beau varier, multiplier ses formes, la Fille de la Charité est plus habile, plus ingénieuse que lui ; qu'il soit ignorance ou ténèbres dans l'enfance, maladie à l'hôpital, blessure sur les champs de bataille, crime dans la prison, esclavage en Afrique, barbarie au désert, la Sœur est toujours là, prête à le combattre et à en triompher. » A cette nomenclature, il manque la plus effroyable des misères humaines dans l'ordre physique : la lèpre.

Sœur Sion disait que son cœur saignait chaque fois qu'elle voyait, hors la porte de la ville, cette file de lépreux accroupis, demandant l'aumône, exposant aux regards des passants et sous un soleil brûlant, d'horribles plaies. Et encore ceux qui étaient là étaient les moins malades. Elle s'informa de leurs habitations, se rendit compte de leurs besoins et s'intéressa avec une tendresse maternelle à leur malheureux sort. C'était un bonheur pour elle d'aller les visiter dans leurs huttes bâties sur les rochers de Siloë et, tant qu'elle en eut la force, elle fit joyeusement ce petit voyage : c'était une diversion à ses accablantes sollicitudes. Les lépreux lui rendaient. en affection et en reconnaissance, les soins qu'elle leur donnait ou leur faisait donner par les Sœurs. Lorsque de loin ils l'apercevaient, c'étaient des cris de joie à la léproserie : Er-raïssé! la Supérieure! Ce séjour de la douleur était transformé à leurs yeux. Laissons encore parler Sœur Sion : « C'était un navrant spectacle à voir que ces horribles plaies, couvertes de poussière, répandant une odeur infecte, et, sans le moindre adoucissement, la douleur, rien que la douleur, l'affreuse douleur! Nous fûmes saisies de compassion à la vue de tant de misère et d'un si triste abandon, et nous nous vouâmes à leur service. On commença par aller visiter les plus infirmes à la léproserie de Siloë, dans ces pauvres chambres d'où la contagion éloignait tout commerce avec les vivants, et où jamais une parole d'encouragement et d'affection ne venait rompre le silence et atténuer l'isolement du malheureux lépreux. Nous pansâmes ces membres pourris avec de bons remèdes, du linge blanc et fin venu de France et, peu à peu, à l'aide de spécialités applicables à la lèpre, et aussi avec un peu de propreté, nous eûmes la consolation de remarquer, au bout de quelque temps, une amélioration sensible. Ce mal incurable fut désormais soulagé, cerné dans ses progrès, qui ne sont plus aussi rapides ni aussi douloureux. Parfois il se rencontre des opérations à faire, c'est un pied à amputer, une oreille à détacher, un doigt à séparer, des dents à arracher. Les Sœurs n'hésitent pas et opèrent les lépreux sans la moindre répugnance, dès qu'il y a espoir d'adoucir leurs maux. Un jour il y avait là un prisonnier condamné aux fers. La lèpre dont il avait porté le germe au cachot s'était développée; on lui rendit la liberté et on l'envoya à la léproserie. Les Sœurs demandèrent et obtinrent du tribunal qu'on lui ôtât les fers qu'il portait aux pieds; mais les chairs avaient en partie recouvert les fers; il fallut, à l'aide du rasoir, couper ces excroissances nauséabondes.

« Les lépreux nous ont toujours témoigné la plus sincère gratitude; nous avons été les premières à nous intéresser à leur triste position. Chaque année les pèlerins français tiennent à honneur de leur servir un dîner et de leur donner un peu de linge. Aussi l'époque du pèlerinage est-elle impatiemment attendue. Le dîner est préparé à l'Hospice et porté là-bas, tout prêt à être distribué. Ce sont les dames, les demoiselles qui, en tabliers blancs, présentent les plats les uns après les autres, et cela, avec une joie qui se reflète sur leurs visages; on y lit leur bonheur de faire une si sainte action. Le dessert n'est pas oublié, ni le café, ni même un peu de tabac si agréé de l'Arabe. Ce sont des cris de joie, des remercîments, des bénédictions à l'adresse de nos chers compatriotes, qui se retirent touchés de ce qu'ils ont vu et entendu.

« La petite colonie des lépreux vit en parfaite harmonie. Leur chef, qui est nommé par la municipalité, est toujours très bien obéi; il est le dépositaire des recettes que ses compagnons recueillent pendant la journée. Tout est mis en commun, même le linge et la charpie que nous leur portons; — et il en faut! car, à cause de la contagion, on est obligé de jeter les linges qui ont servi, au lieu de les faire laver. — Un trait choisi entre bien d'autres prouve combien ils sont fidèles à cette loi de communauté. Le chef était gravement malade. Il dit à sa femme d'aller chercher les Sœurs, ajoutant que, pendant la nuit, il avait vu en songe la Supérieure à ses côtés et que sa présence le soulageait parce qu'elle lui avait mis au cou une médaille de Setti-Mariam (Notre-Dame Marie); — c'est ainsi qu'ils appellent la très sainte Vierge. — On vint nous avertir; nous y allâmes et, en nous voyant, cet homme nous tendit les bras en disant : « C'est cette Sœur que j'ai vue; il faut qu'elle me « donne une médaille comme celle qu'elle avait. » Nous lui mîmes au cou la médaille miraculeuse, après la lui avoir fait baiser, ce qu'il fit avec la conviction qu'il guérirait. Il guérit en effet. A la visite suivante, ne voyant plus la médaille, je lui demandai où elle était; il me répondit qu'elle n'était pas pour lui seul, que ses compagnons lui avaient dit : « Puisqu'elle te « protège, il faut nous la prêter et que chacun la porte « à son tour pendant une journée. » Nous vîmes en effet, avant de nous retirer, la chère médaille attachée au turban d'un de ces lépreux pour passer le lendemain sur celui d'un autre.

« Dans l'expression de leur reconnaissance, ils nous confondent parfois en nous disant qu'ils ne sont que pourriture et le rebut de la société, dignes du mépris de tous, mais que nous au contraire nous les aimons, nous les visitons, que les chrétiens seuls ont bon cœur et ont pitié des pauvres délaissés, que nous irons certainement au ciel avec Mahomet sans passer par le *puits des âmes*. L'être le plus dégradé a toujours un sentiment de gratitude pour celui qui lui donne une marque d'intérêt.

« Afin que nous n'ayons pas à porter et à rapporter chaque fois les remèdes, ils ont mis à notre disposition une petite chambre que nous avons fait blanchir et que M\ᵍʳ Poyet, qui s'intéressait aux lépreux comme un père à ses enfants, vint bénir en personne ainsi que les médicaments.

« L'histoire de la léproserie de Jérusalem ne serait pas sans intérêt ni sans attraits, surtout depuis que les Sœurs s'en occupent. Peut-être qu'un jour il sera permis et possible de publier ce que peut la charité sur des âmes d'infidèles ignorants et abrutis par le vice. Les Sœurs visitent les lépreux deux fois la semaine et plus souvent s'il y en a d'alités. Quand ils sont plus souffrants, on s'empresse, sous la pluie ou sous un soleil de feu, de franchir la vallée de la Géhenne, en passant près d'Haceldama, et de voler à Siloë, sur ce rocher écarté qui porte la léproserie, et qui est si cher aux Filles de la Charité. Nous n'avons qu'un désir, offrir aux Lépreux de Jérusalem une demeure convenable, où tous les secours spirituels et temporels pourraient satisfaire et consoler ces pauvres malheureux. Espérons que nos projets se réaliseront un jour ! »

Terminons ce chapitre par cette réflexion d'un pèlerin de distinction, qui a publié ses souvenirs : « Jamais le dévouement pour le prochain et l'abnégation de soi-même ne me parurent plus admirables qu'en ces femmes vouées à l'affreuse besogne de soigner les lépreux. Jamais non plus je ne compris mieux de quoi un chrétien est capable avec la grâce de son Dieu, et quel héroïsme verse en une âme la vocation religieuse. »

VII

Les enfants abandonnés. — La maison des Abyssins. — Le Salt. — L'ouvroir.

Le 6 janvier 1887, tandis que les Sœurs faisaient l'oraison du soir, un violent coup de marteau donné à la porte les fit tressaillir. Une d'elles alla voir ce qui se passait; elle trouva sur le seuil de la porte comme un paquet de chiffons d'où semblaient sortir des vagissements; elle apporta le paquet à Sœur Sion : il contenait une petite fille transie de froid. Ce fut une joie pour son grand cœur de voir cette petite créature que la divine Providence lui envoyait comme pour lui dire : Ne doutez plus, voilà encore une œuvre à entreprendre. Elle alla déposer l'enfant au pied de l'autel pour la consacrer au Seigneur comme les prémices de l'Œuvre et fit cette prière que, depuis, elle a redite si souvent : « Mon Dieu! je vous en supplie, qu'aucun de ces petits malheureux ne périsse, permettez qu'on les amène ici, je les recueillerai tous. »

Elle ne sut que plus tard l'histoire de cette enfant. Abandonnée au détour d'une des ruelles qui avoisinent le Cénacle, elle avait déjà une partie de la tête mangée par un chien, lorsqu'un passant, en entendant ses petits cris, fut touché de pitié et eut la pensée de la porter aux Sœurs. M. Ledoux, consul général de France, la plaça sous la protection de la France et lui donna le nom de sa propre fille. L'Œuvre était fondée.

C'était pour Sœur Sion un présent du ciel; et Dieu sembla la confirmer dans cette idée, en permettant que l'arrivée de cette sorte de présents coïncidât toujours avec les fêtes les plus chères à la maison, les fêtes de la Très Sainte Vierge, de saint Joseph, de saint Vincent, du bienheureux Perboyre, etc.

Cette œuvre fit ressortir les trésors de tendresse renfermés dans le cœur de la bonne Mère. Après avoir fait donner le baptême à ces petites créatures, elle leur procurait une nourrice, se les faisait apporter souvent pour se rendre compte par elle-même du soin qu'on en prenait. Elle pleurait amèrement lorsqu'elle apprenait qu'un de ces petits êtres était mort; quelquefois autour d'elle, on riait de ses larmes, on lui disait que pour ces petits anges la mort est un gain; mais le cœur parlait plus haut que tous les raisonnements.

« Un jour, raconte Mme Motais-Avril dans son beau livre *Jérusalem et ses merveilles*, j'arrivais dans le nouvel établissement des Sœurs par une porte qui n'était pas close, et j'entrais dans un grand vestibule à l'extrémité duquel parut sœur Joséphine, une sœur Syrienne qui est très entendue dans les soins à donner aux malades, et qui dirige le dispensaire. Elle marchait avec précipitation, ses mains serraient fortement son tablier replié sur elle. Nous nous croisons : « Que craignez-vous donc qui s'envole, ma sœur? » lui dis-je en riant. Sans me répondre, elle ouvre le tablier. Je ne riais plus. Un petit être, qui ne comptait encore que des minutes d'existence, commençait à faire entendre de faibles vagissements. « Oh! je veux être sa marraine, » dis-je à la sœur. — « Oui, » me répondit-elle, et elle s'enfuit avec le léger fardeau qui venait d'être jeté à la porte de son dispensaire.

« Le rendez-vous pour le baptême avait été fixé à deux heures à l'église de Saint-Sauveur. — C'est la seule église paroissiale qu'il y ait à Jérusalem. — Deux Sœurs accompagnaient l'enfant, qui était portée sur les bras d'une femme requise pour la circonstance. Lorsque tout fut préparé pour la cérémonie, le R. Père Curé me demanda quel nom je voulais donner à la petite. « Père, lui répondis-je, je veux qu'elle ait un beau nom de famille, celui de Marie et quatre noms de baptême qui me sont chers. » Le prêtre sourit, car ordinairement on ne donne qu'un seul nom. Toutefois, je vis avec bonheur qu'il avait compris ma pensée, parce qu'à chaque fois qu'il prononçait ces noms, il le faisait d'une voix forte et onctueuse, comme pour appeler l'attention de Dieu sur eux, afin de donner le bonheur à ceux qui les avaient portés ; il me semblait que le Ciel m'en renvoyait l'écho. Lorsque l'enfant fut devenue chrétienne, je la portai sur l'autel de la sainte Vierge, — usage adopté par les Sœurs, — je me penchai sur elle, et je parlai à cette petite que déjà j'aimais, des êtres chéris dont elle portait les noms... Cette journée fut délicieuse pour moi, je bénissais Dieu, je remerciais les Sœurs.

« Le lendemain matin, de très bonne heure, je fus pour la voir. Mais la douce Vierge, sa mère, venait de l'appeler, et elle avait obéi. La petite messagère que Dieu m'avait envoyée était partie, emportant sur ses ailes d'ange ses noms accompagnés de mes plus chers et plus douloureux souvenirs, avec les noms de celles qui l'avaient recueillie. Je m'attristai. Mais lorsque je vis l'enfant à la chapelle, pourquoi n'avouerais-je pas que je remerciai Dieu d'en avoir fait un ange? Sœur Sion et les Sœurs, avec leur cœur de mère, s'étaient plu à embellir la petite enveloppe de son âme. Elles l'avaient revêtue de blanc; ses cheveux noirs comme l'ébène, étaient entourés d'une couronne de boutons de roses; son visage et ses mains étaient blancs comme le lys qui était posé sur son cœur. Le P. Curé vint la chercher. Une gaze rose fut posée sur le petit corps. Le cercueil, découvert selon l'usage, fut porté sur les bras d'un homme à l'église et, de là, au cimetière où l'enfant repose à l'ombre du Cénacle.

« Tu as porté là-haut des nouvelles de la terre, chère petite, oh! viens parfois m'en apporter du Ciel. Tu étais destinée à prier pour mes morts, tu continueras ta mission là-haut, tu es remplacée pour ceux qui restent.

« Huit jours après, en effet, la Supérieure m'apprit que l'enfant partie en avait envoyé une autre. Je la nommai encore. Sa forte constitution me fait espérer qu'elle représentera longtemps près de Dieu ceux que je lui ai confiés. »

Les Œuvres se développaient; le nombre des Sœurs augmentait. Il fallait, sans plus tarder, songer à se procurer un plus vaste local. Il n'était pas facile d'en trouver un convenable dans l'intérieur de la ville. Sœur Sion n'épargna point ses peines pour cela; que de pas, de démarches, de maisons visitées! Enfin elle s'arrêta à une maison assez vaste et de construction récente qui appartenait aux Abyssins. Sa première demeure, nous l'avons dit, était la propriété des Arméniens. N'était-ce point par un secret dessein de la Providence que les Filles de la Charité étaient, dès l'abord, mises en relations avec les différentes communions séparées de l'Église? Nous nous rappelons, à ce propos, une parole remarquable du R. Père Tondini, Barnabite, au Congrès eucharistique de Reims en 1894 : « Le plus grand coupable de ce qui s'est passé en 1204 à Constantinople est saint Vincent de Paul, qui eût dû paraître avec ses admirables Sœurs de Charité longtemps avant la quatrième croisade. Ses enfants ont, du moins, pris à tâche de réparer cette *faute* en s'employant à couvrir cette ville d'hôpitaux, d'asiles de bienfaisance et de Sœurs de Charité. »

La nouvelle maison était située dans le voisinage de la huitième station de la voie douloureuse; mais dans quel état de malpropreté et de dégradation se trouvait ce pauvre immeuble! Il est probable que, depuis sa construction, il n'avait pas reçu un coup de balai. M. Coderc, qui veillait paternellement sur les intérêts de la Communauté, alla le visiter. Il trouva les chambres, les cours, les escaliers dans un état si lamentable, qu'il n'hésita pas à dissuader Sœur Sion de se fixer là. Il ne connaissait pas encore son dévouement qui ne se rebutait de rien, ni le talent d'organisation dont elle était douée et qui lui faisait entreprendre sans faiblir des travaux qu'on pouvait croire au-dessus des forces d'une femme. Elle avait fait ses plans, placé chaque office dans telle ou telle partie de la maison; sans retard, elle passa le bail et se mit à l'œuvre. Elle fit percer des fenêtres dans les chambres, qui ne recevaient de jour que par la porte, fit placer des dalles, établit des communications avec une maison voisine qui fut louée en même temps ; les murs furent blanchis à la chaux. Enfin, après un travail de quinze jours, la maison n'était plus reconnaissable ; elle était transformée, éclairée, avait pris un air joyeux qui excitait l'admiration de tous les visiteurs. M. Coderc avait peine à en croire ses yeux. « Quelle tête d'homme vous avez ! disait-il ; un architecte n'aurait pas aussi bien réussi ; vous devez être bien fatiguée après un pareil surmenage. » Sœur Sion lui répondit en souriant avec la parole de saint Augustin : « Quand on aime, on fait tout sans peine, ou bien la peine elle-même est aimée. » En effet, ses sueurs furent une source féconde de bénédictions pour les Œuvres qui progressèrent visiblement au contact, pour ainsi dire, du Calvaire, car, de la terrasse de la nouvelle demeure, on voyait de tout près le dôme majestueux du Saint Sépulcre, le regard embrassait toute la voie douloureuse et les autres sanctuaires de la ville sainte ; en face on avait le Mont des Oliviers d'où l'âme suivait Notre-Seigneur montant au ciel. La récréation du soir se passait sur la terrasse ; l'air y était doux à respirer après les étouffantes journées de l'été. L'union des Sœurs était parfaite. L'esprit de foi de Sœur Sion augmentait et se manifestait de plus en plus au milieu des souvenirs encore si vivants du passage du Sauveur ; il l'excitait à une ferveur, une générosité qu'elle s'efforçait constamment de communiquer autour d'elle, et dont elle ne devait pas tarder à donner de nouvelles preuves, car la tribulation allait venir.

La fièvre sévit sur les Sœurs et sur les enfants; la Supérieure ne fut pas épargnée et souffrit même davantage, à raison de sa forte constitution; mais elle pensait plutôt à ses compagnes qu'à elle-même, et elle s'oubliait pour leur donner les soins que réclamait leur état. On dut fermer le dispensaire pendant plusieurs jours, presque toutes les Sœurs étant alitées. L'intéressante clientèle s'en étonnait, ne comprenant pas que la maladie atteignît aussi les médecins. Le fourneau de la cuisine ne fut plus allumé pendant cette période. Quant à sœur Sion, elle se fit tour à tour garde-malade, pharmacienne, etc., pour remettre tout son monde sur pied. Avec l'aide de Dieu, elle y réussit; la fièvre disparut et chacune reprit son office avec plus de courage qu'avant la maladie.

La bonne Mère écrivait alors à l'une de ses anciennes compagnes : « Ma bonne sœur N., comme vous me le dites, les croix ne nous manquent pas; mais aussi il faut que vous sachiez que nous sommes voisines du Calvaire, il est juste que nous partagions un peu les douleurs de notre bon Maître. Dernièrement, nous avons été éprouvées par la maladie; toutes, nous avons eu la fièvre. Elle avait fixé sa demeure chez nous pendant environ deux mois, et chaque jour il y avait quatre Sœurs au lit. N'allez pas croire que nous avions perdu notre gaieté; au contraire, nous répétions à qui mieux mieux : Vive Jésus! vive sa croix! »

C'est ici le lieu de rendre hommage au dévouement de M. le Docteur A. Savignoni. Après avoir soigné les malades de son mieux, lorsque Sœur Sion parla d'acquitter sa dette envers lui, il répondit énergiquement : « Comment, ma Mère, vous voulez que j'accepte un salaire pour avoir soigné vos Sœurs quelques jours, quand vous nous donnez nuit et jour de si beaux exemples de charité envers les pauvres! Oh! non, jamais. Au contraire je m'engage, dès ce moment, à vous soigner gratuitement, ainsi que tout le personnel de votre hospice. » Le bon docteur a tenu parole; il s'est montré, pour Sœur Sion, dévoué comme un fils pour sa mère, l'a soignée sans rétributions pendant douze ans, et à sa mort, il a porté le deuil comme s'il eût été de la famille.

Sœur Sion se reposait d'une fatigue par une autre, d'une œuvre accomplie par l'entreprise d'une œuvre nouvelle. Mgr Bracco, juste appréciateur du bien qu'elle avait déjà fait, aurait voulu doter d'un hôpital la ville du Salt, au delà du Jourdain. Il s'en ouvrit à la Supérieure qui, de son côté, ne demandait pas mieux que de faire connaître le nom et la charité de saint Vincent de Paul aux peuplades qui avoisinent le désert. Elle partit donc vers la fin de janvier 1888 avec deux compagnes, sous la conduite de M. le chanoine Coderc.

Ce voyage ne pouvait se faire qu'à cheval. Elle passa par Saint-Sabas, monastère situé au bord du torrent du Cédron, à trois heures de Jérusalem, y vénéra la demeure de saint Jean Damascène, et cette laure si célèbre, qui avait été un foyer de lumière pour l'Orient, et qui, hélas! devint plus tard le foyer du schisme. De là, elle visita les bords de la mer Morte, et, après deux jours de voyage, arriva au Salt, l'ancienne Ramoth-Galaad, ville d'environ quinze mille âmes. Pendant près de deux semaines qu'elle y demeura, elle employait ses journées au service des malades. Sa dignité, sa prestance, et plus encore sa charité, lui avaient attiré la sympathie de tous. On la vénérait comme une reine : « el-malaké », c'était l'expression dont se servaient les Bédouins pour la désigner.

A son retour, elle fit un rapport à ses Supérieurs. Mais l'heure d'une fondation dans ces contrées n'avait pas encore sonné.

En attendant, Sœur Sion, portant sa sollicitude sur les jeunes filles vivant dans le monde, résolut d'établir un ouvroir externe, où l'on apprendrait les travaux à l'aiguille, la lingerie, le raccommodage, la confection, etc. Elle donna même aux jeunes apprenties un léger salaire afin d'encourager les enfants, et de les préserver de l'influence protestante qui use, à Jérusalem, de toutes sortes de moyens et dispose d'importantes ressources pour séduire les âmes.

Peu à peu l'Œuvre grandit, le nombre des jeunes filles s'accrut, elles eurent la joie de venir en aide à leurs familles par leurs petites épargnes. Mais le bien matériel ne fut pas le seul résultat obtenu, car Sœur Sion ne négligeait rien pour le bien spirituel des jeunes filles. Au travail elle ajouta des prières, des lectures pieuses, des instructions solides, qui se partageaient le cours de la journée; puis, chaque année, elle leur faisait donner une retraite, bienfait inappréciable et si bien goûté de toutes.

A l'occasion de cette retraite, la salle de l'ouvroir était transformée en chapelle. La bonne Sœur préparait elle-même les jeunes ouvrières à leur confession générale, s'efforçant de compléter l'instruction religieuse de celles qui, pour une raison ou pour une

autre, n'avaient eu que peu de temps à fréquenter
l'école. Dieu seul sait combien de consciences elle a
éclairées, redressées, pacifiées. Pendant la retraite,
non seulement elle ne retranchait rien du salaire
des ouvrières, mais elle voulait que toutes prissent
chez elle le repas de midi, afin qu'elles pussent éviter
tout obstacle au recueillement et mieux profiter de
ces jours de salut. Elle se faisait une joie de les
servir elle-même.

L'ouvroir devint ainsi comme un patronage avec
« quatre portes de sortie : une mauvaise, par où on
ne passe guère, le renvoi; et trois bonnes, la vocation religieuse, le mariage chrétien et la mort chrétienne » (1). La vocation religieuse n'était pas chose
rare parmi ces jeunes filles, dont plusieurs sont
entrées soit au Bon Pasteur, soit chez les Sœurs du
Rosaire, soit dans d'autres Congrégations. Mais,
qu'une jeune fille fût appelée au mariage ou à la
vie religieuse, la bonne Mère se faisait toujours
un plaisir d'offrir une partie du trousseau, sans
compter les conseils et les encouragements qu'elle
leur prodiguait. Elle ne perdait jamais de vue ses
enfants, venait au secours du jeune ménage s'il était
dans la détresse, s'informait si l'on restait fidèle au
devoir, aimait à fournir la robe d'un nouveau-né.
Ainsi plusieurs jeunes épouses, devenues l'édification
de leur paroisse, ont fait la consolation de Sœur Sion,
dont elles bénissent aujourd'hui la mémoire. Et
lorsque quelqu'une de ces jeunes ouvrières devait
paraître devant Dieu, elle faisait généreusement le
sacrifice de sa vie, et mourait avec joie. On en a vu

(1) Mgr d'Hulst.

une, en effet, qui non seulement vit arriver la mort sans regret, mais qui demanda à es compagnes de chanter autour de son lit de douleur le *Magnificat,* le *Tantùm ergò,* afin de rendre son âme à Dieu au chant des cantiques si chers à sa piété.

VIII

L'Œuvre des Jeunes Économes. — Les vieillards.

Les résultats consolants dont nous venons de parler ne suffisaient point à la charité communicative de Sœur Sion; le don de soi, dont elle donnait si bien l'exemple, lui avait toujours paru bien supérieur à l'aumône matérielle. Elle fit donc appel aux jeunes filles des meilleures familles, et les engagea à donner aux pauvres un peu de leur temps en venant travailler pour eux quelques heures chaque semaine. Son zèle fut béni. Elle trouva des ouvrières de bonne volonté qui consentirent à confectionner des vêtements pour les pauvres. Les personnes aisées et celles qui ne pouvaient travailler donnaient une cotisation annuelle et avaient le titre de Membres honoraires de l'Œuvre. Ainsi fut fondée l'Association dite des Jeunes Économes, qui avait pris naissance à Paris au siècle dernier. C'est une de ces œuvres, où le génie de la femme chrétienne se montre peut-être plus encore que partout ailleurs. La pensée qui lui a donné naissance a été de faire des enfants riches les protectrices des enfants pauvres, soit par le travail personnel soit par une cotisation mensuelle. Des mères chrétiennes eurent même la pensée de faire inscrire leurs enfants sur la liste des bienfaiteurs des pauvres en même temps qu'elles étaient inscrites sur les registres du baptême.

A Jérusalem, l'Œuvre gagna en peu de temps la sympathie de tous. Le Patriarche, Mgr Bracco, accepta d'en être le Président.

Le 15 août 1888, Sœur Sion rendait ainsi compte des commencements de l'Œuvre au Directeur des Filles de la Charité, à Paris :

« Je suis certaine que vous partagerez la consolation que nous venons de goûter pendant l'octave de la fête de saint Vincent, et qui nous vient de sa paternelle bonté. Nous avons pu réunir chez nous les jeunes filles latines pour fonder à Jérusalem l'Association jusqu'ici inconnue des Jeunes Économes, qui, partout où elle est établie, est un puissant auxiliaire pour garantir la jeunesse contre l'esprit du monde, et l'habituer de bonne heure à l'amour de Dieu, des pauvres et du travail. Après en avoir conféré avec nos Sœurs, nous être demandé si la chose était possible dans un pays où les habitudes sont si différentes de celles des villes européennes, après surtout y avoir bien réfléchi devant Dieu, nous avons pensé que cette inspiration venait de Lui, qu'Il voulait cette œuvre et qu'Il la bénirait. Animée d'une sainte confiance, je suis allée soumettre mes petits projets à notre saint Patriarche, en lui demandant sa paternelle approbation. Son Excellence nous a accueillies avec sa bienveillance ordinaire, et n'a vu, dans la proposition que nous lui soumettions, qu'un moyen très efficace de faire du bien, non seulement aux pauvres, mais aux jeunes personnes, en leur apprenant à se dévouer pour les pauvres et à pratiquer cette charité qui est le point essentiel de la vie chré-

tienne. Une autre raison, qui, pour être secondaire,
n'est pas moins appréciable, c'est que cette petite
œuvre développera chez nos Jeunes Économes
l'amour du travail, l'esprit d'ordre et d'économie
dans la famille, et leur rendra, par conséquent, un
immense service pour l'avenir.

« Nous nous retirâmes bien contentes, bien heureuses de ces encouragements et de l'autorisation
de notre premier Pasteur, et nous tombâmes à
genoux, en passant devant l'église, pour remercier
Notre-Seigneur de ce premier succès et lui demander de le bénir. Ce n'est pas tout ; comme paroissien-
nes, nous dépendons des RR. Pères Franciscains, et,
en cette circonstance, nous nous sommes bien rap-
pelé les conseils de saint Vincent : « Vous êtes des
« Sœurs de paroisse, consultez M. le Curé. » Nous
voilà aux pieds du Révérendissime Père Custode, qui
partage, comme Monseigneur, nos vues, nos sentiments sur notre œuvre future, et nous promet de nous
en voyer ou de nous faire connaître les familles pauvres qui mériteront de bénéficier les premières du
travail de nos jeunes personnes.

« Maintenant que nous étions en règle avec nos
pasteurs, ayant leur bienveillante autorisation, il ne
manquait plus que de faire connaître nos intentions
aux familles latines à même de nous envoyer nos
premières associées. La chose était facile ; nos Sœurs
employées à la visite des malades à domicile se
chargèrent volontiers de la commission. Leur demande fut écoutée. Dès la première séance, dix-huit
associées étaient présentes, se faisant inscrire, avec
une pieuse émulation, à la pensée que le bon Dieu
les appelait, elles aussi, à seconder la mission des

Sœurs auprès des pauvres; ce qu'elles considéraient déjà comme un honneur, même avant d'être initiées à leurs nouvelles obligations.

« Elles viennent un jour par semaine travailler trois heures à la couture, qu'une de nos Sœurs leur prépare. Le dimanche, après les offices, elles viennent aussi, soit pour le catéchisme, soit pour une petite leçon de français, à laquelle elles font honneur par leur assiduité et leur attention.

« D'une séance à l'autre le nombre augmente. Quarante sont inscrites, des meilleures familles latines de Jérusalem. Différentes bonnes personnes nous ont remerciées, félicitées. Un honnête négociant nous trouvant un jour à faire emplette d'étoffes, voulut contribuer à la bonne œuvre et nous offrit incontinent une petite somme pour payer les premiers frais. Quelques jours après, une pieuse personne compléta le premier paiement, heureuse de pouvoir faire du bien autour d'elle sans être connue.

« Déjà plusieurs mères de famille désireraient, d'après ce qui leur est répété par leurs fillettes, prendre part à la leçon de travail; mais nous leur avons dit que, pour le moment, elles se bornent à envoyer leurs enfants et que, plus tard, nous verrons si nous pouvons ajouter une seconde branche à l'arbre que nous venons de planter, et puis une troisième en accueillant les jeunes musulmanes un autre jour que les chrétiennes. La femme d'un cheikh, qui est bon pour nous, nous a offert ses deux filles dont l'une, âgée de treize ans, est fiancée. Cette pauvre mère nous confierait avec une véritable satisfaction ses enfants, comprenant que nous leur donnerions de bons conseils et les formerions au travail et à tout ce qu'il

6

est nécessaire de savoir à une bonne épouse et à une bonne mère de famille. A cette jeunesse musulmane, que de bonnes leçons peut donner une pauvre Fille de la Charité par sa patience, son dévouement, son abnégation qui la fait se sacrifier pour les pauvres! Non, elle n'y restera pas indifférente, elle se rappellera souvent ce que peut la charité inspirée par Dieu, et elle y répondra par une fidèle reconnaissance. Elle comprendra, en effet, que c'est pour son bien, pour son intérêt, qu'on s'occupe de son avenir, et qu'on tâche de le lui ménager plus heureux et plus libre, tout en lui enseignant la soumission.

« Voilà donc ce qui se présente pour le moment, ce qui nous occupe, ce qui nous fait bénir le bon Dieu de ce qu'il veut bien nous utiliser à quelque chose dans cette sainte Jérusalem, sa patrie, celle de ses apôtres, celle de la foi. Oh! que nous sommes indignes de ces précieuses faveurs, et combien, toutes, tant que nous sommes, nous devons nous humilier et nous regarder, plus que les autres, comme des servantes inutiles! C'est bien notre sentiment; puisse-t-il, à mesure que nos œuvres augmentent, se développer et nous tenir de plus en plus reconnaissantes envers Dieu!

« Nos enfants vont bien. Le jour de l'Ascension, nous reçûmes trois petits garçons, dont l'un, quelques semaines après, est allé au ciel. J'éprouve, chaque fois qu'il meurt un de ces enfants, une véritable affliction ; je voudrais les voir nombreux et bien portants, chose qui n'est pas encore possible, car nous ne faisons que commencer. Il faut du temps, de la patience, pour arriver au terme de nos désirs. Si nous voulions recueillir de petits, tout petits orphelins de père ou de mère, mais ayant une famille, notre maison serait remplie; nous refusons d'accepter ces sortes d'enfants, parce qu'ils ne répondent pas au but de notre œuvre, qui n'est que pour les enfants abandonnés. Ce serait trop commode de nous laisser, pendant deux ou trois ans, des enfants maladifs par suite du manque de soins, et puis de les reprendre bien portants au prix d'un simple *merci*. Nous n'arriverions ainsi à aucun résultat et nos aumônes s'en iraient sans profit pour personne, et sans que nous puissions même nous rendre compte du bien opéré.

« L'œuvre si intéressante des vieillards est commencée depuis le 19 mars. L'exiguïté de notre local ne nous permet pas encore de recevoir les hommes; nous ne saurions où les loger. Pour l'instant, ce sont les femmes seules qui nous viennent, et, parmi elles, deux aveugles, une infirme. Le nombre en est encore restreint; mais lorsque la Providence nous aura donné une maison, nous ne serons pas embarrassées pour la remplir.

« Maintenant, comme au début de notre séjour à Jérusalem, ce qui est le point central de notre mission, son but le mieux déterminé parce qu'il est surtout celui pour lequel notre bon Père saint Vincent nous a instituées, ce qui nous occupe le plus, c'est sans contredit la visite des malades à domicile et le dispensaire. Dans cette saison de si fortes chaleurs, où nos Sœurs auraient le plus besoin de repos, nous sommes accablées de besogne. Nous ne pouvons souvent répondre à toutes les personnes qui nous demandent près des malades. Nous sommes accueillies avec un empressement et une confiance

qui ne laissent rien à désirer, soit de la part des
malades, soit de la part de leurs familles. Les uns
et les autres voient en nous les envoyées d'Allah,
de Dieu, et s'en tiennent fidèlement à nos prescrip-
tions, nous demandant parfois des miracles... Nous
admirons leur foi supérieure, dans un certain sens,
à la nôtre. Le nombre des pauvres et des malades,
qui se présentent le matin au dispensaire, est allé
quelquefois à plus de cinq cents. On croirait ce chiffre
exagéré ; il n'est cependant que la pure vérité, car
dès six heures jusqu'à midi, nous sommes quatre
ou cinq occupées à panser toutes sortes de maux,
à donner des remèdes ou des consultations. Si l'on
n'y mettait ordre, ce serait une confusion, car chacun, plus pressé que son voisin, voudrait être servi
en arrivant.

« Il manquerait quelque chose à ces pages, si je
ne vous parlais de notre chère fête de saint Vincent,
et mon cœur souffrirait de ne pouvoir rendre un
hommage affectueux et filial à notre bon Père, à
qui nous devons, après Dieu, le bonheur de nous
dévouer aux pauvres de Jésus-Christ. Comme les
années précédentes, nous n'avons fêté saint Vincent
que le 20, le 19 étant un jour de solennité au Patriarcat et fête du Patriarche. Nous avons dû y prendre
part, assister aux offices présidés par Monseigneur,
et que l'on a rendus aussi solennels que possible.
Le lendemain, à 7 heures, Monseigneur, accompagné
de deux prêtres, vint dire la messe dans notre petite
chapelle. C'est la première fois qu'il célébrait dans
la chapelle actuelle. L'affluence était nombreuse,
notre cour d'entrée était convertie en chapelle, ainsi
que les chambres latérales qui, pendant les offices

de ce jour, furent toujours remplies. Une foule de personnes que nous n'avions pas invitées, venaient, pieuses et recueillies, demander la protection du Père des pauvres. M. le Consul, son chancelier et son drogman nous ont honorées de leur présence, ainsi que plusieurs religieux ou ecclésiastiques des différentes Communautés de Jérusalem. A l'issue de la messe, le R. P. Jérôme, Vicaire de la Custodie, nous a édifiées autant qu'intéressées par le charme de sa parole simple et suave, sur la vie et les œuvres de saint Vincent. Pendant l'octave, nous avons eu la bénédiction tous les soirs, et chaque jour, deux sermons par les Pères Dominicains, qui se sont prêtés avec un intérêt tout fraternel, à notre pieuse fête. Les élèves des Frères des Écoles chrétiennes se sont chargés des chants, et rien ne manquait pour que tout fût aussi bien que possible. Puisse notre âme retirer de cette sainte solennité des fruits de vie éternelle! Puisse cette fête nous aider à mieux pratiquer les vertus qui sont le fondement de notre chère vocation, nous faire aimer Dieu par-dessus tout et de plus en plus en nous aimant les unes les autres, et répandre autour de nous le parfum de la charité de Jésus-Christ! »

Mais, « qui ne connaît les peines inséparables de toute œuvre entreprise pour la gloire de Dieu? Le démon s'agite et il sait trouver partout des auxiliaires. Les persécutions ouvertes ne sont pas toujours les plus dangereuses; les mépris, les calomnies, les contradictions découragent les plus fervents. On est jaloux du bien qui se fait, on souffre à la vue de ceux qui ont plus de dévouement, et on ne manque pas de donner à leurs actes des interpré-

6.

tations mauvaises, qui frappent droit au cœur les
personnes les plus vertueuses, et font échouer les
plus nobles efforts » (1). L'esprit de ténèbres, dont
Dieu a permis que le souffle traverse un moment
l'atmosphère lumineuse et limpide où ses saints
vivent et respirent, ne peut voir d'un œil tranquille
le bien s'opérer sans encombre. Il sait qu'en soula-
geant les corps on arrive aux âmes, que les bonnes
œuvres sont les fleurs qui annoncent et préparent
les fruits, qu'elles aplanissent les sentiers du Sauveur, et qu'elles démontrent la vérité en forçant de
croire à l'amour. Sœur Sion fut blâmée ; ses intentions si droites et si pures furent mal interpré-
tées, même par des personnes qui auraient dû se
réjouir de la voir inspirer à de jeunes âmes l'amour
du pauvre et l'oubli de soi. La calomnie la poursuivit
de ses traits acérés, et l'Œuvre des Jeunes Économes, encore à son début, sembla un moment près
de sa ruine. Loin de se laisser abattre par cette
tempête, l'énergique et digne fille de saint Vincent
de Paul n'en eut que plus de courage et de confiance ;
et elle se dit que son œuvre, étant marquée par la
croix, ne périrait pas, mais qu'au contraire elle pros-
pérerait et ferait beaucoup de bien. Forte de cette
espérance, elle tint bon et continua. Parfois, elle
n'avait qu'une seule jeune fille aux heures du travail
pour les pauvres ; mais elle ne s'inquiétait point de ce
qui se passait ou se disait au dehors, et pratiquait
ces deux mots qui sont la devise d'une famille vénérée à Jérusalem : « Laissez dire, Laissez dire »
(Blason de la famille de Nicolaï). Sa confiance ne fut
pas trompée ; par sa bonté, par sa patience, elle

____

(1) Mgr Besson.

triompha du mauvais vouloir de quelques-uns ; les jeunes filles revinrent peu à peu, et depuis lors, l'Œuvre n'a cessé de prospérer. Chaque année, plus de cinq cents vêtements sont confectionnés et distribués entre cent vingt ou cent trente familles pauvres. Il ne reste qu'à appliquer à cette Association une parole de Mgr d'Hulst à propos d'une Œuvre analogue : « En nous rappelant tous les obstacles accumulés sur notre chemin, nous dirons de cette Œuvre, qu'apparemment le diable n'en voulait guère. Et en constatant son succès final, nous dirons que le bon Dieu la voulait très fort. »

Plus d'une fois, les *Échos de Notre-Dame de France* ont parlé de cette Œuvre. Dans le numéro de février 1902, on lit : « Le 27 décembre, les Filles de la Charité nous invitaient à prendre part à la fête des Jeunes Économes. Ce n'est point la première fois que nous parlons de cette fête célébrée chaque année ; mais il y a toujours quelque chose à en dire. C'est la fête d'une œuvre, sur laquelle on trouve d'intéressants détails dans les *Échos* de février 1900, et qui remonte à 1888. Elle est composée de membres actifs et de membres honoraires. Les jeunes filles de la ville qui se réunissent chaque mardi à l'hospice Saint-Vincent de Paul, chez les Filles de la Charité, en forment les membres actifs. Elles donnent leur temps et leur travail à la confection de vêtements pour les pauvres.

« Les membres honoraires fournissent les ressources nécessaires pour l'activité de l'Œuvre, au moyen d'une cotisation annuelle versée de bon cœur, au jour de la réunion générale qui a lieu le 27 décembre.

« L'œuvre des Jeunes Économes est connue des pauvres qu'elle secourt, et des riches qui sont heureux d'en faire partie, pour bien placer leurs aumônes et participer aux mérites de l'Association.

« Mgr le Patriarche est le président et ne manque, ainsi que M. le Consul général de France, aucune réunion. Son Excellence le gouverneur de la ville et le Président de la municipalité se font un honneur de se compter parmi les membres les plus généreux de l'Œuvre. Les prêtres du Patriarcat et les religieux des différentes Communautés en font tous partie. L'association a secouru, dans le cours d'une année, 145 familles, confectionné, puis distribué 436 vêtements.

« La réunion générale des Jeunes Économes se fait dans la salle de théâtre, où les petits enfants de *maman Sion* savent si bien divertir les pèlerins de la Pénitence. La meilleure société de Jérusalem y vient assister à la séance récréative donnée par les jeunes orphelins à cette occasion. »

La lettre de Sœur Sion, que nous avons citée plus haut, parlait d'une œuvre en faveur des vieillards délaissés. Pressée de demandes, elle avait soumis le cas à ses Supérieurs, sans l'assentiment desquels elle ne voulait rien entreprendre. Ceux-ci approuvèrent le projet et autorisèrent la location d'une maison voisine : c'était la troisième. Il fallut établir une communication avec le bâtiment principal, et faire des réparations qui s'imposaient, avant d'admettre les nouveaux hôtes. Comme Sœur Sion voulait commencer l'œuvre le jour de la Purification de la sainte Vierge, le 1er février 1889, elle passa toute la journée à laver la salle et les cours, malgré une neige abondante. C'est bien elle qui, comme l'a dit saint François de Sales, regardait son prochain dans la poitrine du Sauveur; ou qui plutôt, comme saint Vincent de Paul, voyait Jésus-Christ lui-même dans le pauvre. Avec quelle ferveur, quel esprit de foi elle travaillait, disposait les lits et les meubles de ce nouvel asile! Elle ne sentait ni la fatigue, ni la rigueur de la saison, et elle disait à quelqu'un qui se plaignait de la neige et du froid : « Touchez mes mains et voyez si j'ai froid; je suis brûlante. » Oui, en effet, elle brûlait en même temps de l'amour de Dieu et de l'amour des pauvres, et ce feu intérieur se faisait sentir au dehors.

Aux enfants déjà recueillis s'adjoignirent à cette époque plusieurs aveugles et infirmes. Elle les soignait avec une sollicitude toute maternelle. Quand ils étaient souffrants, on la voyait passer les nuits auprès d'eux, et ne rien négliger pour les arracher à la mort; plusieurs personnes, témoins de ce dévouement, en étaient touchées jusqu'aux larmes.

IX

**Vie de communauté. — Mgr Piavi.
Les fêtes du bienheureux J.-G. Perboyre.**

« Notre bonne Mère, écrit une des compagnes de Sœur Sion, voyait avec reconnaissance comment Dieu l'aidait, la protégeait au milieu des difficultés inséparables d'une fondation. Le travail ne manquait pas ; nous étions heureuses, sous sa direction, de nous dépenser pour nos chers maîtres, les pauvres. Chaque dimanche, elle nous conduisait au Calvaire, qui était son refuge, sa consolation. Il faisait beau la voir au pied de l'autel du Crucifiement, entendre la sainte messe avec une angélique ferveur. Souvent elle nous suggérait ce que nous devions demander à Notre-Seigneur, dans ce lieu sanctifié par l'effusion de son sang. Ses premières prières étaient toujours pour nos supérieurs et les deux familles de saint Vincent de Paul.

« Elle goûtait vivement la Liturgie ; sa dévotion, qui aimait à s'en nourrir, y gagnait en solidité et en lumière. Une fête était pour elle ce que veut l'Église : une halte sainte où l'âme reprend son élan, une joie céleste de la terre. Après s'y être disposée d'esprit et de cœur, elle en jouissait, mais surtout elle en profitait en se pénétrant du sentiment propre à chacune d'elles, avec une grande souplesse d'âme.

« Le dimanche était bien, pour elle, le jour du Seigneur. Après la messe matinale, nous assistions à la grand'messe à l'église patriarcale. Elle ne voulait pas qu'on y manquât. Le soir, elle nous ramenait au Saint-Sépulcre, pour y faire notre oraison et suivre la procession qui a lieu chaque jour aux différents sanctuaires de la Basilique. Elle chantait de tout son cœur ces belles hymnes et son exemple nous excitait à chanter aussi. La bénédiction du Très Saint Sacrement terminait ce pieux exercice, et nous rentrions pleines de courage pour passer saintement la semaine. O dimanche de mes premières années à Jérusalem, je ne vous oublierai jamais! Votre souvenir est uni à la mémoire de celle qui savait si bien nous faire apprécier le bonheur de vivre et de travailler sur les traces du divin Maître.

« Que dire du Carême qui, dans le monde chrétien, est marqué par des prières, des prédications plus fréquentes, mais qui est remarquable à Jérusalem par les offices pontificaux des samedis et des dimanches?

« La Semaine Sainte surtout était pour notre Mère et pour nous, un moment de rénovation, une vraie retraite. Les offices l'attiraient, et son recueillement, même au milieu des foules, édifiait ceux qui en étaient témoins. Nous faisions la communion du Jeudi-Saint, au Saint-Sépulcre, de la main de notre vénéré Patriarche; la belle cérémonie de ce jour durait toute la matinée. Après le dîner, notre Mère nous conduisait au Cénacle, pour faire une visite d'action de grâces dans ce lieu béni où le divin Sauveur, ayant aimé les siens jusqu'à l'excès, institua, dans un repas d'adieu, son sacrement d'amour, et envoya à ses Apôtres l'esprit consolateur. En passant, nous entrions dans la maison d'Anne et de Caïphe, puis nous suivions la voie de la Captivité pour aller à Gethsémani faire un fervent chemin de croix dont notre Mère lisait elle-même les prières.

« A 5 heures, nous nous retrouvions au Saint-Sépulcre, pour y passer la nuit en adoration et en prières. Qu'elle était heureuse de faire l'Heure-Sainte dans l'édicule, près de Notre-Seigneur caché au Saint Sacrement de son amour! C'est là qu'elle traitait avec Lui des affaires qui la préoccupaient. Elle obtenait ce qu'elle désirait, et c'est à cette nuit bénie qu'on pourrait faire remonter le succès de toutes ses entreprises. Elle recommandait à Notre-Seigneur toux ceux à qui elle s'intéressait, déposait leurs noms dans le saint Tombeau, et priait avec non moins de ferveur pour tous ceux qui lui donnaient occasion de souffrir. Que de grâces de protection toute parti-culière n'a-t-elle pas ainsi obtenues! Quelle nuit de délices, et qui se renouvela pour elle jusqu'en 1900, époque où sa santé ne lui permit plus de telles fatigues.

« Le lendemain, elle nous conduisait au Calvaire pour assister au chant si émouvant de la Passion et à l'adoration de la Croix, et le soir, à 3 heures, elle ne manquait pas de s'y retrouver encore pour adorer le Sauveur à l'heure même où il expira sur la Croix. Cette pratique est passée en usage, et chaque année, les Sœurs la continuent avec tout le personnel valide de l'Hospice.

« Le jour de Pâques, afin d'imiter les saintes femmes qui, de grand matin, dit l'Évangile, se rendaient au tombeau, on allait, dès 3 heures du matin et même plus tôt, au Saint-Sépulcre, pour y faire la sainte communion et entendre la messe. On y retournait encore dans la journée et pendant la semaine. »

C'est que, comme l'a dit un pieux écrivain, ami dévoué des Œuvres de Sœur Sion (1), « si ce n'est point là la basilique de nos rêves, c'est indiscutablement, quand on l'a vue, la Basilique par excellence où la présence du Saint-Sépulcre explique tout. La première impression d'étonnement dissipée, on ne la conçoit plus sous une autre forme ; on l'aime, telle quelle, avec sa disposition étrange et ses ramifications indéfinies, et l'on s'y attache jusqu'à ne plus pouvoir la quitter. C'est que, abstraction faite des souvenirs qu'éveille chacun de ses moindres angles, elle abrite trois monuments, trois perles, devant lesquelles on s'arrête avec bonheur : le Calvaire, la pierre de l'Onction et le Saint-Sépulcre ».

L'année 1889 fut marquée par un grand deuil et une grande joie. Le 19 juin, veille de la Fête-Dieu, Mgr Bracco, patriarche de Jérusalem, expirait après de longues souffrances. Son pontificat, béni de Dieu et fécond en œuvres de zèle, avait duré seize ans. Sœur Sion avait pu l'assister pendant les derniers jours de sa maladie.

Le 8 septembre suivant, Mgr Piavi, appelé à lui succéder, faisait son entrée solennelle à Jérusalem. Obligé de s'absenter deux mois pour les affaires de

(1) M. l'abbé J. Condamin, professeur à l'Université catholique de Lyon.

la Délégation de Beyrouth, il revint définitivement au mois de novembre. Il avait, dès l'abord, voué à Sœur Sion une estime, une confiance, un dévouement qui ne se sont jamais démentis. Peu de temps après sa première visite, il lui écrivait : « Ma Révérende Mère, bien que je n'aie pu encore, depuis mon arrivée, prendre une connaissance approfondie des œuvres de la ville et du diocèse, j'ai cependant été frappé, dès l'abord, du bien que votre Communauté a déjà opéré et qu'elle opère tous les jours. C'est pourquoi je n'ai pas voulu tarder davantage à vous exprimer ma satisfaction. Je bénis toutes les œuvres que vous avez entreprises : hospice des vieillards et des incurables, œuvre des enfants abandonnés, visite des malades à domicile non seulement dans la ville, mais dans les villages environnants, assistance des lépreux et distribution des remèdes au dispensaire. Je les bénis d'autant plus volontiers, que la plupart de ces œuvres n'existaient point encore avant votre arrivée ici, et que, seules, les généreuses filles de saint Vincent de Paul pouvaient les entreprendre; ces œuvres étant de celles qui exigent une vocation spéciale et un courage plus qu'ordinaire. Soyez assurée que je serai, pour votre Communauté, un protecteur et un père... »

M\ :sup:gr Piavi a tenu parole. L'œuvre des Jeunes Économes en particulier lui doit une profonde reconnaissance. Un Évêque, a-t-on dit, ne crée pas seulement ce qu'il fait de sa main, mais encore ce qu'il bénit, ce qu'il approuve, ce qu'il encourage. Chaque année, le 27 décembre, sans se laisser arrêter ni par la mauvaise saison, ni par les travaux multipliés des derniers jours de l'année, ni même par la souffrance, il vint à l'Hospice présider la réunion générale de l'Œuvre, entraînant sur ses pas l'élite de la société de Jérusalem.

Or, en ce même mois de novembre, qui avait vu l'arrivée de l'éminent Prélat, une grande joie était donnée à la double famille de saint Vincent de Paul, je veux dire la béatification de l'illustre martyr Jean Gabriel Perboyre. Pour donner plus de solennité aux fêtes célébrées à cette occasion, sœur Sion attendit l'arrivée à Jérusalem du neuvième pèlerinage de pénitence et le triduum fut fixé aux 23, 24 et 25 mai 1890. Nous en emprunterons le récit à l'une de ses lettres :

« A cause de l'exiguïté de notre chapelle, et pour donner à la fête toute la magnificence qu'elle méritait, le Révérendissime Père Custode de Terre Sainte, sur notre demande, a mis à notre disposition la grande et belle église de Saint-Sauveur, se chargeant de l'ornementation et du luminaire. Nous l'avons respectueusement remercié, en lui disant combien nous étions sensibles à la faveur qu'il daignait nous accorder, et que nous étions sûres à l'avance d'obtenir de sa charitable condescendance. La toile où était représenté le Bienheureux en croix fut placée au-dessus du maître-autel. L'artiste avait réussi à donner au martyr l'expression de la douleur la plus sentie. Il semblait qu'à sa vue on comprenait mieux la valeur des souffrances, et le prix de toutes les belles vertus qui sont comme les fleurs du christianisme, et qui s'appellent l'abnégation, le renoncement et le sacrifice.

« Dès la veille du premier jour, un salut solennel donné par M. le Vicaire général remplaçant Mgr le

Patriarche, alors en tournée pastorale, fut l'ouverture de ces trois jours de prières et de grâces, que nous attendions depuis longtemps et dont se réjouissait avec nous la pieuse et modeste population latine de Jérusalem. Les pèlerins français, au nombre de 330, partagèrent notre joie et notre amour envers le Bienheureux ; et leur fidélité à suivre les belles cérémonies de ces trois jours, ne servit pas peu à nous édifier, ainsi que toute la colonie française.

« Dès 4 heures du matin, de nombreuses messes étaient célébrées à Saint-Sauveur jusqu'à la grand'-messe, qui se disait à 8 heures. Chaque soir du triduum, panégyrique du Bienheureux. Le premier jour ce fut le R. P. Estrate, supérieur des prêtres du Sacré-Cœur à Bethléem, qui le prononça. Les Pères de Sainte-Anne chantèrent solennellement les Vêpres en musique, et rehaussèrent l'éclat de la cérémonie par la bonne exécution des chants, et surtout par un entrain tout fraternel. C'est avec un cœur tout français qu'ils répondirent si grandement à notre invitation, et qu'ils unirent leurs louanges aux nôtres pour célébrer la gloire du saint martyr. C'étaient des frères fêtant et priant un frère.

« Le lendemain, la grand'messe fut célébrée par le R. P. Curé, et le soir, le panégyrique prêché par le R. P. Savignol, Dominicain, faisant partie du pèlerinage. L'église, si vaste pourtant, ne pouvait contenir toute l'assistance. On priait, ou chantait avec ferveur et tous voyaient, dans le Bienheureux, un frère, un ami tout-puissant pour obtenir ce qu'on lui demandait.

« Le troisième jour, solennité de la Pentecôte, le R. P. Custode officia pontificalement, et le soir, le

R. P. Laurent, Franciscain, monta en chaire et, d'une voix toute vibrante d'amour de Dieu, nous parla pendant plus d'une heure avec une grande éloquence et une onction pénétrante. La vénération des reliques du martyr clôtura ces grandes et saintes solennités.

« Notre Très Honoré Père avait bien voulu nous envoyer de beaux reliquaires renfermant quelques parcelles des reliques du Bienheureux, pour les offrir en témoignage de gratitude à Mˢʳ le Patriarche, au Révérendissime Père Custode, et un plus simple pour la maison, puis des images, des médailles, que nous distribuâmes et qui furent pieusement recueillies, ainsi que des exemplaires de la vie du Bienheureux qu'un ami, M. C..., fit venir de Paris pour être donnés aux Communautés françaises. Rien ne manquait pour rendre la fête complète et étendre le culte de notre saint martyr. La grâce avait touché nos cœurs; toutes, nous nous sentions animées d'une grande confiance envers lui; nous ne nous lassions pas de le prier, de l'invoquer comme un frère, à la gloire duquel nous désirions coopérer, afin de la partager un jour au ciel. »

A ce récit nous ajouterons que, pendant ces fêtes, un enfant de Jérusalem, qui était très gravement malade, fut subitement guéri par l'intercession du Bienheureux Jean-Gabriel. Les parents, en reconnaissance, lui firent porter les livrées du martyr pendant plusieurs années, une robe rouge comme celle qu'il avait pendant son supplice. Chaque année dans la suite, à la fête du Bienheureux, ils renouvelaient cette robe et venaient la faire bénir à la chapelle des Filles de la Charité.

X

A la recherche d'un terrain. — Le firman.

Tout en étant convenablement logées dans la maison des Abyssins, les Sœurs souffraient fréquemment de la fièvre à cause de l'insalubrité du quartier. D'ailleurs, le personnel des pauvres, des enfants, des vieillards augmentait, et le local devenait absolument insuffisant. Il tardait à Sœur Sion de pouvoir acheter un terrain pour y bâtir un hospice. Cette idée la préoccupait sans cesse; mais comment faire, sans ressources, pour payer un emplacement dont le prix avait de quoi effrayer les plus fortunés? Dans cette circonstance, comme dans beaucoup d'autres, elle fut admirable de confiance; elle priait avec ferveur et elle fut exaucée.

L'histoire des Saints de Palestine rapporte que saint Théodose le Cénobiarque, établi d'abord sur le chemin de Bethléem, se demandait en quel endroit il élèverait définitivement son monastère, et il priait Dieu de le lui faire connaître par quelque signe sensible. Dans cette intention, il prit l'encensoir et se transporta en différents endroits du désert, qu'il croyait les plus propres à son dessein; espérant que Dieu ferait allumer miraculeusement les charbons dans celui qu'il aurait choisi pour y être servi par ses religieux. Après qu'il en eut parcouru plusieurs sans effet, étant revenu à peu de distance de sa grotte, il vit tout à coup la flamme s'allumer dans l'encensoir et la fumée de l'encens s'élever avec elle, et, ne pouvant plus douter de la volonté de Dieu, il commença à jeter dans ce lieu les fondements d'un monastère qui devint bientôt le plus considérable de la Palestine.

Ce n'est pas avec un encensoir éteint, mais avec un cœur brûlant d'amour pour Dieu et pour les âmes, que Sœur Sion cherchait où elle pourrait s'établir. Dans ses sorties, elle examinait les terrains à vendre à proximité de la ville; puis adroitement elle y plaçait la médaille miraculeuse ou la médaille de saint Benoît, pour déterminer le ciel à manifester sa volonté. Un seul de ces terrains lui semblait convenable (c'est celui où s'élève actuellement l'hospice); mais il était convoité par plusieurs, ce qui en faisait monter le prix et en rendait l'acquisition difficile. Pleine d'espoir pourtant, Sœur Sion ne cessait de dire à ses compagnes : « Prions, nos Sœurs, faisons des sacrifices, et nous obtiendrons les fonds nécessaires pour cette acquisition. » Elle a raconté alors que, chaque fois qu'elle faisait le chemin de la croix, à la sixième station, elle se sentait saisie par la pensée que son Supérieur général avait entre les mains la somme nécessaire pour payer le terrain.

Chose remarquable! c'est aussi à la sixième station, que Notre-Seigneur donnait à sœur Apolline les assurances que Rome serait favorable aux démarches de M. Étienne concernant le scapulaire de la Passion.

Sœur Sion écrivit donc au Supérieur général pour

lui demander la somme voulue. Ses deux premières lettres restèrent sans réponse. Mais, un matin, en sortant de la messe, elle dit toute joyeuse à ses Sœurs : « Je suis sûre qu'une personne a déposé entre les mains de notre Très Honoré Père une somme pour l'achat de notre terrain ; je vais lui écrire de nouveau. » Cette fois le Supérieur répondit : « Ma fille, achetez votre terrain, la Providence y a pourvu. »

Sans perdre de temps, elle fit toutes les démarches nécessaires pour se mettre en possession de l'emplacement qu'elle avait en vue, pendant que sa Communauté multipliait les prières et les sacrifices pour obtenir une heureuse issue. L'acquisition était si difficile, qu'il fallut l'intervention personnelle du Gouverneur de Jérusalem pour décider les propriétaires à la vente de l'immeuble. Ce Gouverneur était Son Excellence Réchad-Pacha ; il venait, depuis quelques semaines seulement, de succéder à Raouf-Pacha, qui avait su se maintenir treize ans dans l'exercice de ses fonctions. Ayant étudié le droit à Paris, et parlant parfaitement le français, il ne passa cependant qu'un an à Jérusalem. On eût dit que la Providence l'y avait amené et maintenu, juste le temps voulu pour l'accomplissement de ses desseins. Dès l'abord, ayant conçu une profonde estime pour Sœur Sion, il se montra un père pour elle dans ces circonstances. Il se rendit en personne chez les propriétaires du terrain, pour mettre un terme aux tracasseries et accélérer la vente. « Ce terrain nous coûte de l'or, disait gaiement la bonne Mère, mais c'est de la *Terre Sainte*. » Dieu seul sait, en effet, ce qu'il lui coûta de soucis et d'ennuis. Il lui fallut toute son expérience

des affaires, toute son intelligence, toute l'énergie de
son caractère, et surtout toute sa confiance en Dieu,
pour triompher de difficultés sans cesse renaissantes,
et suscitées par des hommes pour qui la parole donnée n'était qu'un jeu.

Mgr Piavi lui écrivit alors : « Je vous félicite d'avoir
acheté un terrain près de la ville, où vous pourrez
bâtir un hospice et donner plus de développement à
vos œuvres. J'ai le plus vif désir de vous voir élever
promptement un bel édifice, où il vous sera donné
d'exercer mieux encore votre ministère de charité et
de zèle ; et j'ai la confiance que votre maison, située
non loin du Calvaire et du Saint-Sépulcre, attirera
les bénédictions du ciel sur vous et sur votre Congrégation tout entière, ainsi que sur les innombra-
bles œuvres qu'elle entreprend au loin pour la gloire
de Dieu et le salut des âmes. »

Sœur Sion avait, au plus haut degré, le sentiment
de la reconnaissance. Elle alla sans tarder remercier
S. E. le Gouverneur, qui fut très touché de sa démarche, et qui y répondit par un nouveau bienfait.
« Ma Sœur, lui dit-il tout paternellement, vous avez
votre terrain, vous êtes satisfaite, et je le suis avec
vous ; si je puis vous être utile, je suis tout à votre
disposition. » Encouragée par ces bienveillantes paroles, elle demanda la permission de commencer un
mur d'enceinte et une citerne. « Une citerne, un mur
d'enceinte, qu'est-ce que cela ? répondit-il ; demandez
plutôt votre firman. » On sait que le firman est un
ordre émané du Sultan, accordant certaines immuni-
tés avec la permission de construire. Elle objecta
qu'elle n'osait ambitionner une pareille faveur, quand
tant de Communautés arrivées avant elle ne l'avaient

pas encore. « Elles ne l'ont pas, reprit le Gouverneur, parce qu'elles n'ont pas été appuyées. Allez, faites votre plan, je veux être votre père, et, si j'appuie votre demande à Constantinople, avant trois mois vous aurez votre firman. »

Sœur Sion se retira. Heureuse de la proposition du Gouverneur, elle en fit part aussitôt à M. le Consul général de France qui parut s'en réjouir et la pressa même de l'accepter. Au fond il pensait, comme il l'a avoué plus tard, que cette démarche n'aurait pas plus de résultat que diverses demandes qu'il avait faites depuis longtemps pour d'autres communautés, et qui étaient restées jusque-là sans réponse. La Supérieure connaissait le proverbe : « Il faut battre le fer pendant qu'il est chaud. » Elle retourna chez le Gouverneur prendre les instructions nécessaires pour la rédaction des pièces qui devaient être revêtues de l'approbation du Conseil d'administration. Pour lui faciliter ce sérieux travail, Son Excellence eut la bonté de lui envoyer son secrétaire, qui écrivit, avec ses données, et rédigea en termes officiels, l'acte important qui devait arriver jusqu'à Sa Majesté Impériale, et qu'on appelle en Orient *Mazbatat.* Il lui donna le conseil de demander le firman pour un établissement de charité destiné à recevoir quatre cents indigènes, ainsi que pour une église et un clocher, et de dresser un vaste plan, car, le firman obtenu, on peut rester en deçà des mesures, mais non les dépasser.

Dans la suite, elle aimait à raconter ces détails, qu'elle donnait comme une preuve de la bonté de Dieu ; on ne se lassait pas de l'entendre. Elle ajoutait avec émotion que S. E. Réchad-Pacha avait été une providence pour la maison. De fait, comme le firman, une fois accordé, exempte, à l'avenir, du paiement des impôts, il est passé en usage de faire quelques présents aux membres de l'Administration ; or, le Gouverneur dispensa Sœur Sion de cet usage et, de leur côté, ces messieurs jurèrent qu'ils n'accepteraient rien. La pièce officielle se couvrit de paraphes et de cachets, et fut renvoyée au Gouverneur qui devait signer le dernier.

Avant de le faire, il fit appeler Sœur Sion et lui demanda si elle avait donné quelque gratification. Elle répondit négativement ; au fond, sa pensée était qu'elle avait manqué en ne le faisant pas, car elle ignorait les démarches de Son Excellence auprès des membres du Conseil, et la promesse qu'ils avaient faite. Le Pacha, la fixant jusqu'à l'intimider, elle et sa compagne, réitéra sa question d'un ton plus accentué : « Avez-vous donné de l'argent à quelqu'un de ces Messieurs ? » Elle était loin de se douter qu'elle avait été calomniée, et que, la veille, soit pour entraver l'affaire, soit pour quelque autre motif, on était venu dire au Gouverneur qu'elle avait donné quelques milliers de piastres pour obtenir un assentiment unanime des membres du Conseil. Aussi était-il indigné, croyant à la réalité du fait. — C'est une chose étrange, mais enfin la nature humaine est ainsi faite, qu'on voit souvent les hommes les mieux intentionnés, même les plus parfaits, accueillir la calomnie avec faveur, et ne permettre à l'accusé de se défendre, que quand ils se sont fait de lui une opinion irrévocablement défavorable. — Sous ce regard scrutateur et à cette seconde question qui l'étonnait et l'inquiétait, Sœur Sion répondit encore qu'elle n'avait rien donné. Une troisième fois, le Pacha lui dit : « Je sais, ma sœur Supérieure, que vous avez été bien généreuse, vous avez donné largement ce qu'il fallait; allons, ne rougissez pas, il n'y a pas de mal à cela. » Pour elle, soupçonnant un piège dans ces paroles, elle eut recours à sa pratique habituelle dans les cas embarrassants; les mains dans ses larges manches, elle pressait son crucifix sur son cœur, lui demandant de l'inspirer, puis elle répondit avec assurance : « Pardon, Excellence, je n'ai rien donné. J'ai eu tort, et je comprends votre reproche indirect; mais je ne voulais pas le faire sans votre avis et sans savoir de vous ce qu'il fallait donner; je suis prête à le faire. » La simplicité et la franchise de cette réponse rassurèrent le Pacha; il comprit que, la veille, on l'avait trompé, et que la Sœur disait vrai. Alors il apposa sa signature, qu'il aurait rigoureusement refusée si ses ordres n'avaient pas été exécutés.

Nous ne saurions dire ce qu'éprouva Sœur Sion sous le regard scrutateur du Gouverneur qui doutait de son innocence; elle-même ne s'en rendit compte qu'après le dur interrogatoire qu'il lui avait fait subir, et dont elle garda le souvenir toute sa vie. Lui-même lui fit des excuses pour l'avoir involontairement mise à la torture, lui exprima ses regrets de la peine qu'il lui avait faite, et se montra encore plus dévoué qu'auparavant.

Les pièces étant prêtes, il l'avertit qu'il ne s'agissait plus que d'avoir, à Constantinople, une personne de confiance, haut placée, qui pût se charger de les présenter ou de les faire arriver à Sa Majesté le Sultan pour obtenir son approbation.

La Providence y avait pourvu dans la personne de

Mgr Bonetti, archevêque de Palmyre, délégué du
Saint-Siège à Constantinople, et qui appartenait à la
famille de saint Vincent de Paul. Missionnaire à Sa-
lonique pendant vingt-sept ans, il avait été, en 1887,
envoyé à Constantinople, pour y remplir ces fonctions délicates, dans lesquelles il avait su se concilier la sympathie de tous. Sa Majesté le Sultan
daignait laisser voir le charme qu'exerçait sur sa
personne le vénérable représentant du Saint-Siège.
Des audiences répétées, de hautes distinctions ho-
norifiques en sont restées l'irréfragable témoignage.
L'ambassadeur de France à Constantinople, S. E. M.
Paul Cambon, a dit de lui : « J'appréciais ses hautes
qualités d'intelligence et de cœur; j'aimais sa franchise et, dans les circonstances les plus délicates, je
l'ai toujours trouvé plein de ressources pour dénouer
les difficultés. Il avait toute l'ardeur d'un missionnaire avec la prudence d'un administrateur éprouvé. »
Mgr Bonetti est mort le 19 août 1904, les armes à la
main, comme il l'avait désiré. Quelques mois avant sa
mort, déjà atteint par la souffrance, il disait : « Ce
n'est pas la fin, il me reste encore beaucoup à faire ».

Tel était l'homme que Dieu avait ménagé pour
appui à Sœur Sion. A la demande qu'elle lui adressa,
son Supérieur général avait bien voulu joindre sa
recommandation. C'était assez pour qu'il fît sienne
la cause qui lui était confiée. Cependant, dès le début, cette importante négociation eut ses épreuves;
la malveillance qui avait cherché à en empêcher le
succès auprès du Gouverneur de Jérusalem, s'exerça
jusqu'à Constantinople. Un moment, Mgr Bonetti
crut que tout allait échouer. Le vénéré Prélat écrivit
qu'il ne voyait plus clair dans cette affaire et ne com-

prenait pas quelles machinations étaient venues mettre des entraves au moment où tout était sur le point de réussir.

Et pourtant on aurait dû se souvenir du crédit que les deux familles de saint Vincent de Paul avaient mérité à la cour de Constantinople, surtout depuis la guerre d'Orient, où les Lazaristes et les Sœurs avaient rendu à l'armée turque des services inappréciables. M. Eugène Boré était alors Supérieur des Lazaristes à Constantinople, et devait devenir leur Supérieur général, vingt ans plus tard, en 1874. Le Sultan Abdul-Medjid, père du Sultan actuel, l'appelait souvent pour lui demander conseil, et se plaisait à lui répéter : « Je n'ai pas de meilleurs sujets que les catholiques. Vos religieux ont appris aux hommes l'obéissance au devoir, et vos religieuses ont appris aux hommes et aux femmes la pratique de la charité. Vous êtes un juste. Mon peuple vous appelle avec raison l'*homme de la prière*. Tout ce que vous demanderez ne vous sera jamais refusé. »

Mais ces souvenirs étaient loin, et nul ne songeait à les évoquer. Cependant, alors que le succès de l'affaire paraissait désespéré, seule ma Sœur Sion était pleine de confiance, et elle écrivait à Mgr Bonetti : « Je vous en prie, Monseigneur, ne désespérez pas, n'abandonnez pas ce que vous avez si bien commencé. Tournez vers le cap de Bonne-Espérance et allez de l'avant; vous verrez que le bon Dieu viendra à votre aide; nous allons bien prier. Voici la nuit du Jeudi-Saint qui approche, nous la passerons tout entière en adoration et en prières au Saint-Sépulcre, près du Reposoir de Notre-Seigneur, et il nous exaucera. »

Dans les conjonctures difficiles, Sœur Sion ne priait jamais seule. Comme saint François Xavier, qui attribuait tous ses succès à la prière des enfants, elle avait aussi une confiance aveugle dans la prière des petits. On la voyait prendre dans ses bras ces innocentes créatures dont sa maison se peuplait peu à peu, les porter devant le tabernacle et devant l'image de Marie; là, elle mettait sur leurs lèvres naïves les paroles de la demande qu'elle adressait. Le nombre des grâces qu'elle a ainsi obtenues est inouï; de tous côtés, dans les causes difficiles, on recourait à elle en lui demandant la prière des enfants.

Sa foi fut récompensée. L'affaire du firman fut reprise avec une ardeur nouvelle, et Dieu, qui ne se laisse pas vaincre en générosité, bénit les démarches de son fidèle serviteur, et exauça les ferventes supplications de Sœur Sion et de ses compagnes. Sa Majesté Abdul-Hamid apposa sa signature sur le long parchemin qui le suppliait, au nom des Filles de la Charité, de les autoriser à bâtir à Jérusalem un vaste hospice pour y recueillir les malheureux de toute nation et de toute religion.

Cette bonne nouvelle arriva à Jérusalem le 13 juin 1890. C'était la fête du Sacré-Cœur, et elle coïncidait cette année avec celle de saint Antoine de Padoue, dont la protection avait été bien des fois sollicitée pour le succès de cette affaire. La communauté était à dîner, quand, tout à coup, un peu avant midi, retentit un grand coup de marteau donné à la porte extérieure. Ne sachant ce qui arrivait à cette heure inusitée, une Sœur alla ouvrir et revint tout émotionnée, portant un télégramme qu'elle remit à la

Supérieure. Il venait de Constantinople et portait ces mots : « Firman désiré obtenu. » Ce fut un cri de joie unanime. Spontanément on se rendit à la chapelle pour chanter le *Magnificat* en action de grâces, avec les enfants et les vieillards réunis. Les larmes étaient dans tous les yeux. Sœur Sion chantait pleurant de joie et, plus d'une fois, les versets du cantique furent interrompus par les sanglots. On bénissait Dieu et l'illustre Prélat qui avait été assez fortuné pour obtenir cette faveur à la maison de Jérusalem. Quelques jours après, arrivait une lettre de Mgr Bonetti racontant les détails de l'heureuse issue de cette affaire. Il terminait ainsi : « Ah! ma chère fille, il faut que vous ayez bien prié et fait bon nombre de sacrifices, car jamais affaire aussi épineuse, aussi difficile. Je suis encore sous le coup de la surprise de l'avoir vue si bien réussir, quand tout semblait contraire. J'ai en main d'autres causes, d'autres demandes bien moins importantes que la vôtre : depuis des années j'y travaille, et je me demande encore quand j'en verrai la fin. Remerciez bien le Seigneur qui vous a ainsi couverte de sa protection puissante. »

Il y avait à peine trois mois, en effet, que les pièces officielles avaient été expédiées par le Gouverneur. La foi ardente de Sœur Sion avait attiré le succès. C'était là un fait sans précédent à Jérusalem. Aussi, dès que la nouvelle en arriva à la Municipalité, ce fut comme un coup de foudre qui surprit tout le monde et le Pacha lui-même, qui, tout en l'espérant, ne s'attendait pas à un si prompt dénouement, alors qu'il faut parfois des années pour obtenir de moindres faveurs.

La reconnaissance est le culte des grandes et belles âmes. Sœur Sion n'oublia jamais le service que Mgr Bonetti lui avait rendu, et elle ne négligea aucune occasion de lui témoigner sa gratitude. Quant à Sa Majesté, la bonne Mère attendit le moment où l'Empire allait célébrer le vingt-cinquième anniversaire de son intronisation, et elle lui fit offrir par Mgr Bonetti un riche album, où se trouvaient représentés tous les monuments historiques de Jérusalem et de la Palestine.

Mais à la médaille il y a un revers. Le Consul de France fut péniblement impressionné lorsqu'il sut que Sœur Sion avait obtenu son firman sans faire passer sa demande par le consulat. Il crut voir, dans ce procédé, un mépris de son autorité, et pendant plusieurs années, il lui fit durement expier ce succès. Le Procureur général des Lazaristes étant venu à Jérusalem, il lui demanda le changement de la Supérieure; mais à Paris, on ne crut pas devoir se rendre à son désir. Bientôt après, dans une affaire assez critique, le consul, toujours sous le coup du même mécontentement refusa sa protection à Sœur Sion, qui, Dieu aidant, trouva un autre moyen de se tirer d'affaire.

Cependant, avec le temps, le consul ne put s'empêcher de reconnaître la droiture, le grand caractère, la générosité de cette femme extraordinaire, et il revint à de meilleurs sentiments. Il alla même jusqu'à lui demander pardon de lui avoir fait tant de peine, ajoutant bonnement qu'il avait promis au bon Dieu de ne plus jamais lui en faire. Il tint parole, et, jusqu'à sa mort qui arriva en janvier 1898, il se montra plein de bienveillance, sembla prendre à

cœur de faire oublier le passé, et quand eut lieu
l'inauguration de l'hospice, il se chargea de le pa-
voiser et ne voulut être surpassé par personne en
bons offices et en témoignages de dévouement.

Quant à ceux qui avaient suscité contre elle les
oppositions auxquelles nous avons fait allusion,
Sœur Sion ne s'en vengea que par des bienfaits.
L'un d'eux ayant été mis en prison, ce fut elle qui
avança la somme nécessaire pour le délivrer. Vraie
Fille de la *Charité*, elle pensait qu'il faut toujours
rendre le bien pour le mal, et nous la verrons plus
d'une fois encore mettre en pratique ce conseil du
divin Maître.

XI

L'hospice se bâtit. — L'hôpital municipal.

Munie de son firman, Sœur Sion mit de suite la main à l'œuvre, et fit creuser les fondations de l'Hospice conformément au plan qu'elle avait soumis à l'approbation des Supérieurs. Le terrain renfermait une carrière; on en tira la pierre, et l'on commença par faire une immense citerne, chose de première nécessité à Jérusalem.

Le 19 octobre 1890, eut lieu la bénédiction de la première pierre de l'établissement. Ce fut un jour de joie pour la vaillante servante des pauvres qui allait voir s'élever peu à peu un asile spacieux pour les vieillards délaissés, les enfants abandonnés et tant d'autres misères.

A partir de ce moment, elle fit de cette construction sa principale occupation. Jamais elle ne quittait le chantier, mesurant les pierres, surveillant les ouvriers, veillant à l'exécution de son plan, sans tenir compte des rayons d'un soleil brûlant, auquel elle restait exposée tout le long du jour. On la voyait de loin, assise au milieu de la chaux et des blocs de rocher, et surveillant activement les travaux. Elle connaissait le prix et les différentes qualités de la pierre, et traitait elle-même avec les fournisseurs. Sa dignité, son savoir-faire leur inspirait une certaine crainte et déjouait leurs petites ruses, dont elle se défiait avec sa prudence ordinaire, toujours dans l'intérêt des pauvres. « Ah! ma Mère, lui disait l'architecte, vous gagnez dix francs par jour en surveillant vous-même vos travaux! » Ces paroles l'encourageaient à ne point se ménager. Elle se fatigua beaucoup pendant les dix-huit mois que dura la construction de la première aile de l'hospice; les deux courses qu'elle faisait chaque jour, l'une vers midi, à la grande chaleur, l'autre le soir, pour rentrer à la maison, ne tardèrent pas à diminuer ses forces. Elle ne quittait le chantier qu'après les ouvriers, quand ils avaient mis les outils en ordre, et que tout était préparé pour recommencer leur travail du lendemain. Elle revenait alors accablée de lassitude.

Sur ces entrefaites, le Vicaire général de Mgr Piavi, Don Pasquale Appodia, fut promu à l'Épiscopat et nommé Auxiliaire de Jérusalem. Lui aussi fut toujours plein de bienveillance pour les Filles de la Charité et leurs Œuvres. Sacré au Saint-Sépulcre le dimanche 8 mars 1891, il voulut célébrer sa première messe d'Évêque pour Sœur Sion.

En même temps Dieu réservait une autre récompense aux fatigues de sa servante. A ce moment, la Municipalité faisait construire un bel hôpital pour les musulmans. Chaque fois que Sœur Sion passait devant ce bâtiment, elle priait Dieu du fond de son cœur, lui exprimant le désir que cet hôpital fût confié à ses soins. Poussée par un secret pressentiment, elle disait : « Nos Sœurs, prions bien, soyons à notre devoir; la Providence élargira le cercle de notre charité. » Elle ne se trompait pas.

Son zèle infatigable pour les malheureux, son dévouement si constant envers les lépreux, sa compassion sans égale pour tous ceux qui souffraient, avaient étonné les plus indifférents et lui avaient concilié l'estime générale. Lors donc qu'au Conseil d'Administration fut posée la question : A qui confier le nouvel hôpital ? d'un commun accord les yeux se portèrent sur les Filles de la Charité.

Ce choix si spontané et si unanime nous remet en mémoire une page remarquable du bel ouvrage *La Vierge Marie dans l'histoire de l'Orient chrétien* : « N'est-ce pas Marie qui rend puissantes auprès des Arabes et des musulmans les Filles de la Charité qui desservent les hôpitaux? Ah! elles n'ont point cette puissance, les diaconesses du protestantisme. Ces femmes ont peut-être quelques-unes des vertus de leur état, la modestie, la douceur, une certaine tendresse pour les maux de l'humanité; mais, l'efficacité de leur action laisse beaucoup à désirer. Il y a je ne sais quoi de passif, de craintif, de subalterne dans leurs vertus; elles semblent plus servantes que sœurs. Elles soignent les corps, on dirait qu'elles n'osent pas soigner les âmes. C'est que, pour aller à la conquête des âmes à travers les soins du corps, il faut l'assistance de Marie, il faut ce triple don qu'elle communique à chaque Sœur de charité : l'armure de sa virginité, l'intrépidité de son amour, la bénédiction de son sourire. L'Orient commence à avoir la claire vision que, si la femme est mieux douée pour soulager la souffrance, il est bien nécessaire que Marie la lui amène. »

Le gouverneur de Jérusalem était alors S. E. Ibra-him-Hakki-Pacha, homme déjà avancé en âge et qui partageait les sentiments de son prédécesseur, Réchad-Pacha. La détermination du Conseil fut si prompte, que le jour même où la question fut traitée à la réunion du Conseil, la demande fut formulée. Le Président, Sélim-Effendi, en retournant à sa demeure, rencontra deux Sœurs qui faisaient la visite des malades. Il arrêta son cheval, et les pria de dire à la Supérieure, que le Conseil comptait sur trois Filles de la Charité pour le service de l'Hôpital qui allait s'ouvrir, et que lui-même ne tarderait pas à venir lui en faire la demande officielle. Les Sœurs rentrèrent toutes joyeuses et s'empressèrent de communiquer la nouvelle à Sœur Sion, qui en remercia Dieu de tout son cœur. Comme le temps manquait pour soumettre le cas aux Supérieurs et solliciter leur approbation, et prévoyant que la demande pouvait lui être faite d'un moment à l'autre, elle alla demander conseil à Mgr le Patriarche. Le Prélat, ne voyant, dans cette proposition, qu'un nouveau moyen de soulager plus de misères, lui conseilla d'accepter, prenant sur lui toute responsabilité. Il envoya même un télégramme aux Supérieurs de Paris, les engageant à ne pas refuser et à donner sans hésiter trois Sœurs pour l'Hôpital municipal, ce qu'ils firent en exprimant au Patriarche toute leur gratitude.

Dès que les actes officiels furent rédigés, Sœur Sion fut nommée Directrice de l'hôpital et chargée de l'organisation. Elle se mit aussitôt à l'œuvre, dirigeant les travaux, surveillant les nombreux ouvriers occupés dans le vaste bâtiment. Sous son habile direction, on les vit redoubler d'activité et de courage. Elle avait l'œil et la main à tout, comme pour son propre compte. N'ayant en vue que le soulagement des pauvres, elle mettait son bonheur à leur préparer des salles et des lits pour les recevoir dans leurs maladies. En voyant cet esprit d'ordre et d'économie joint à un dévouement sans bornes, le Président de la Municipalité multipliait ses visites à l'hôpital, se sentait ému, et ne pouvait retenir son admiration.

L'inauguration avait été fixée au dimanche 10 mai. Le 7 mai le gros travail était terminé, mais il fallait encore nettoyer les appartements et mettre tout en ordre, et l'on n'avait pour cela que trois jours. Il y avait de quoi se décourager à la vue d'une telle besogne à faire en si peu de temps. Sœur Sion, au contraire, électrisa ses compagnes par sa vaillance, se mit résolument avec elles à laver les salles et les corridors, à tout approprier, à faire les lits et à mettre chaque chose à sa place. Pendant trois jours et trois nuits, on travailla sans prendre de repos. L'étonnement du Président était à son comble.

La distribution des pièces de l'édifice avait été laissée au soin et à l'expérience de la Supérieure, qui fut si bien inspirée que jusqu'à ce jour, depuis quinze ans, on n'a eu à faire aucun changement dans la maison. A vrai dire, il eût été impossible de mieux faire.

Le dimanche fixé, tout était prêt; le nouvel hôpital était pavoisé aux couleurs ottomanes et françaises. La cérémonie de l'inauguration commença à 1 heure après-midi et se termina à 6 heures. Elle fut présidée par S. E. le Gouverneur, assisté de Sélim-Effendi, Président de la Municipalité, des membres du Conseil, des représentants de toutes les religions, sans excepter le grand Rabbin. Tous les dignitaires prirent place. « Et la Supérieure des Sœurs? » demande-t-on. En même temps on entend une voiture. « La voici! » Aussitôt la musique militaire de jouer. Mais trois Sœurs étaient seules dans la voiture. « Notre Supérieure n'est pas là, » dit l'une d'elles. Et la musique se tut. Un moment après, elle arrivait; alors la musique de la saluer, et mille voix de crier : « Vivent les Sœurs de Charité! » Les soldats présentent les armes; la foule se presse, les janissaires ont peine à frayer un passage aux Sœurs. Enfin elles montent le grand escalier, et les voilà à la porte de la salle. Le Président, qui faisait visiter l'hôpital à plusieurs dignitaires, quitte ces Messieurs, vient au-devant des Sœurs, et les présente au Gouverneur qui les attendait pour commencer les réceptions. A leur arrivée tous se lèvent.

« Soyez les bienvenues, mes Sœurs, dit le Pacha dans un excellent français; je suis trop ému de l'aspect que vous avez donné à cette maison, dans laquelle vous travaillez depuis trois jours seulement, pour pouvoir vous féliciter comme je voudrais le faire.

— Excellence, nous avons fait notre devoir, dit Sœur Sion.

— Je suis dans l'enthousiasme, reprend le Pacha, et nous ne pouvons que nous féliciter de notre choix. Vous êtes ici chez vous, Mesdames, c'est vous qui commanderez, et j'exige que vous soyez obéies. Trouvez-vous assez convenables les appartements qui vous sont destinés? ajoute-t-il en s'adressant à la Supérieure.

— Nous nous serions contentées de beaucoup moins, répond celle-ci.

— Moi, je trouve qu'ils ne sont pas dignes de vous, Mesdames; vous en aurez au Paradis de bien plus beaux en réserve. Madame la Supérieure, trouvez-vous que les salles soient assez aérées?

— Excellence, je trouve qu'il y a trop d'air. Je crains que, l'hiver, les malades ne soient incommodés. Si vous le trouvez bon, on pourrait faire de doubles fenêtres.

— Ce sera fait, ma Sœur; demandez tout ce que vous croyez utile, pour vous et pour vos malades, vous l'aurez. Oui, je vous le promets, tout ce que vous me demanderez, vous l'aurez. N'est-ce pas, Messieurs? » dit le Pacha en se tournant vers son entourage.

Un signe de profond et sympathique assentiment fut la réponse de l'assemblée.

« Trouvez-vous qu'il manque quelque chose ici, ou trouvez-vous toutes choses comme vous le désirez, Messieurs? ajouta le Pacha.

— Pour moi, dit le grand Rabbin, ce que je trouve de plus beau dans cet hôpital, ce sont les Filles de la Charité; depuis cinq ans que nous les voyons à l'œuvre, elles ne se sont jamais démenties; elles sont des mères et des sœurs pour tous, quels qu'ils soient.

— Vivent les Filles de la Charité! » crie-t-on de tous côtés, dans les salles, les corridors, la cour; l'émotion est à son comble.

Après cette présentation, le pacha rentre au divan pour prendre part à une cérémonie selon les usages de sa religion. Allah! Allah! disaient les assistants en ouvrant les bras et en appelant la bénédiction de Dieu sur les Sœurs et sur les malades. Puis le fils du Président de la municipalité prononce un discours dans lequel il remercie Sa Majesté le Sultan, au nom de toute la population, d'avoir bien voulu favoriser la construction de cet hôpital. Il remercie également Raouf-Pacha qui en eut la première idée, puis le Gouverneur actuel, Ibrahim-Pacha, qui vient de la mettre à exécution. Il termine son discours en remerciant Sœur Sion et toutes les Sœurs, du grand acte de charité qu'elles viennent d'accomplir en acceptant la mission qui leur est confiée.

Impossible de dire ce qu'avait de grandiose, d'imposant et aussi de touchant, cette solennité.

La Supérieure demanda au Pacha près duquel elle était placée, la permission de se retirer avec ses religieuses. Elle leur fut accordée, à condition qu'elles resteraient dans un appartement voisin. Pendant quelques instants, elles furent seules et se mirent à dire leur chapelet. Elles en avaient récité trois dizaines lorsqu'un drogman vint demander à Sœur Sion de vouloir bien recevoir le médecin militaire. Sur sa réponse affirmative, le médecin se présenta : « Madame ma Sœur, dit-il, je vous prie de vouloir bien employer votre crédit auprès du Pacha pour m'obtenir huit lits, afin que nos pauvres soldats soient bien soignés. »

Ensuite seize docteurs de la ville, invités à assister à l'inauguration, furent présentés par le médecin de l'hôpital au Pacha et aux Sœurs, lesquelles avaient repris leur place dans le grand salon. Les chefs musulmans, Grecs, Arméniens, etc., les rabbins, vinrent successivement leur adresser leurs félicitations. La conversation devint générale pendant quelques instants ; puis le Président de la Municipalité pria Sœur Sion de vouloir bien faire visiter l'hôpital à tous les docteurs, ce qu'elle fit avec une grâce et une amabilité qui leur faisaient dire : « Si nous n'avions pas été témoins de cette réception, nous n'aurions pu croire ce qu'elle a été. »

C'est alors qu'on appela la Supérieure pour saluer le Gouverneur qui allait se retirer.

Celui-ci lui exprima de nouveau ses remercîments et ses félicitations. « Excellence, répondit-elle, nous sommes bien encouragées par vos bontés, vous pouvez compter sur notre dévouement et sur tous nos services. — Il y a longtemps que cela nous est connu, » reprit le Pacha.

Alors le Président fait rassembler tout le personnel de l'établissement devant les Sœurs. Une scène bien émouvante commence. Il fait jurer aux médecins d'abord, aux pharmaciens ensuite, respect aux Sœurs ; aux infirmiers, cuisiniers, portiers, jardiniers, respect et obéissance. Chacun vint selon son rang, et jura, dans la langue et selon le mode de sa nationalité, ce qu'on lui demanda. Et quand le dernier se fut retiré : « Mes Sœurs, dit-il, je vous confie cette maison, vous êtes chez vous ; je n'ai pas besoin de vous demander d'être des mères au milieu de vos enfants. »

Ainsi se passa cette mémorable journée. Le dixième pèlerinage de pénitence, présidé par Mgr Dénéchau, évêque de Tulle, était alors à Jérusalem ; quelques pèlerins seulement assistèrent à cette cérémonie parce que la place manquait. Ceux qui en furent témoins racontèrent ce qu'ils avaient vu, et bientôt les journaux catholiques reproduisirent à l'envi le récit de cette fête. Cela se comprend : le contraste, hélas ! était trop frappant avec les laïcisa-

tions qui affligeaient la France. « Est-il possible,
ajoutaient-ils, de n'être pas ému de cet hommage
rendu par les représentants de presque tous les peuples civilisés aux qualités de notre nation, dans la
personne de ces pieuses et vaillantes missionnaires?
La gloire militaire est sans doute une grande chose,
et nulle race n'y est plus sensible que la nôtre; mais
si l'on réfléchit à tout ce qu'il faut de vertus pour
égaler celles de la Supérieure de l'Hospice de Jérusalem, les épithètes banales ne suffisent pas pour
dire la gloire que procure à la France, en même
temps qu'à l'Église, cette grande chrétienne, cette
grande française. »

Sœur Sion dirigea toujours l'hôpital avec une
rare prudence qu'elle communiquait à ses Sœurs.
Son autorité était respectée de tous; elle tâchait de
tout concilier, d'apaiser les différends qui surve-
naient parfois entre les employés, voulant, pour le
bien de tous, que la plus parfaite entente régnât
entre eux. Elle avait une grande bonté pour les malades. « Ces pauvres gens, disait-elle, viennent ici
pour être bien soignés, il faut les servir avec un
esprit de paix et de douceur qui les édifie; leur
faisant sentir qu'ils sont chez eux, et que les Sœurs
sont leurs mères toujours promptes à les soulager et
à les consoler dans leurs peines. »

Au début, il fallut une grande patience aux Sœurs
pour obtenir l'observation du règlement, pour habituer à coucher dans un lit les fils du désert, les
Bédouins habitués à dormir sous la tente, près des
chameaux et des chèvres. C'était pour eux un dur
sacrifice de quitter, d'échanger avec le linge propre
de l'hôpital, leur âba, ce grand manteau qui les

couvre de la tête aux pieds, et qui leur sert en toute saison soit contre les chaleurs de l'été, soit contre les rigueurs de l'hiver; de quitter le turban ou le käffié flottant pour un mince et vulgaire bonnet de coton. Sœur Sion s'y prenait avec douceur, et sa bonté obtenait tout ce qu'elle voulait.

C'était jour de fête à l'hôpital lorsque, s'arrachant à ses occupations, elle venait passer quelques heures au milieu de ses chers malades. Dès qu'on l'apercevait, les portes s'ouvraient tout au large; les employés allaient à sa rencontre avec un visage épanoui qui témoignait de leur contentement et lui faisaient leur plus gracieux salut. Elle se voyait bientôt entourée de tout le personnel qui, suspendu à ses lèvres, l'écoutait comme un oracle. Tout ce qu'elle disait était bien reçu. On était heureux de la voir visiter les salles, s'approcher maternellement de chaque lit, s'informer avec une touchante sollicitude des pauvres malades et de ce qui les concernait, les consoler tous par ses bonnes paroles, ce qui leur faisait dire qu'il y aurait un ciel à part pour les Sœurs. Dans leurs lointains villages, ces pauvres gens n'avaient jamais vu la charité s'incliner si familièrement vers la natte qui leur sert de couchette.

La fête de saint Vincent de Paul ne passait pas inaperçue à l'hôpital; un goûter était servi à tous les infirmes avec la traditionnelle tasse de café à la turque. Le père des pauvres, l'organisateur de la charité, saint Vincent, était béni par tous ces fils de l'Islam avec une respectueuse vénération, et la bonne « Raïssé » (Supérieure) avait sa part dans leurs souhaits de bonheur.

Les Turcs étaient édifiés du genre de vie des

Sœurs, de leur réserve dans leurs rapports avec le monde. Un iman leur dit un jour : « J'approuve beaucoup votre règle qui ne vous permet pas de sortir seules, mais toujours deux ensemble, ni d'accepter des rafraîchissements dans les maisons que vous visitez. Toutes les religieuses ne font pas ainsi; il y en a que rien ne distingue des personnes du monde que leur costume. »

Sœur Sion profitait de ces réflexions pour engager ses Sœurs à veiller beaucoup sur elles, puisque rien n'échappait à l'œil de ceux qu'elles visitaient. Elle leur recommandait le silence et la modestie dans les rues. « Notre costume attire l'attention, disait-elle, il ne faut pas perdre notre prestige; nous en avons besoin pour faire le bien auquel nous sommes appelées à Jérusalem et en Palestine. Restons toujours « des oiseaux blancs », puisque nous avons été saluées de ce nom en arrivant, par les enfants de la Ville sainte. Vivons saintement à l'ombre des blanches ailes de notre chère cornette, qui est l'emblème de la pureté et de la charité. »

Tout en visitant l'hôpital, elle observait, sans que cela parût, si chacun était à son devoir. Au commencement, le personnel du service laissait à désirer; les infirmiers n'étaient pas formés au travail; ce n'est que peu à peu en voyant agir les Sœurs, qu'ils se résignèrent à toucher au balai, à laver les vitres, les salles, etc. Le bon cuisinier, tout en fumant sa cigarette, se contentait de surveiller ses casseroles quand elles étaient sur le feu; sa femme, par complaisance, venait quelquefois à son aide. Après le dîner, tous deux ne manquaient pas de faire la sieste, le mari étendu sur une table, la femme, sur le plancher, tandis que les marmites attendaient qu'on vînt les frotter et les porter à leur place. Ils se remettaient sur pied dès qu'une Sœur paraissait, et, sur son injonction de mettre tout en ordre avant de se reposer, le bonhomme se frottait les yeux en disant : « C'est fort tout de même! j'étais sergent et je commandais à des hommes, et maintenant il faut que j'obéisse à des femmes! — Quel chagrin! répondait la Sœur; pensez que c'est à des hommes que vous obéissez, et faites votre travail. » Sœur Sion savait encourager tous les employés; elle ne faisait guère de visite sans leur donner quelque récompense, qui les mettait de bonne humeur et les disposait à mieux obéir aux Sœurs.

Les prisonniers malades excitaient surtout sa pitié. Un jour, un de ces malheureux, enfermé depuis longtemps, était tombé dans un état de faiblesse extrême par suite des privations et des souffrances qu'il avait endurées. Le Docteur constatait qu'il n'y avait aucun espoir de guérison. Ce pauvre homme demandait en grâce qu'on le mît en liberté, afin qu'il pût revoir son village et mourir au milieu de sa famille. Touchée de compassion, Sœur Sion adressa au Gouverneur une supplique, demandant la grâce du prisonnier. Le Pacha apposa sa signature par complaisance pour la Supérieure et expédia la pièce au Sultan, ne comptant pas trop sur la réussite. Mais, chose surprenante dans un pays où la solution des questions se fait longtemps attendre! quinze jours étaient à peine écoulés que la réponse arrivait, apportant le pardon et la liberté au prisonnier. Il partit en bénissant sa bienfaitrice, qui eut le regret d'apprendre son décès peu de temps après. Du moins il avait eu la consolation de mourir au milieu des siens.

Dix ans après l'installation des Sœurs à l'hôpital, Sœur Sion écrivait ce court compte rendu :

« Les Sœurs ont la direction générale de l'hôpital. Elles ont la haute main sur le service des malades, la cuisine, la lingerie ; elles surveillent les infirmes et les domestiques, qu'elles peuvent renvoyer s'ils ne font pas leur devoir.

« L'hôpital est de quarante lits ; l'administration ne laisse manquer de rien les malades. On reçoit tous ceux qui se présentent, de quelque religion et de quelque nationalité qu'ils soient. Les Latins y sont visités par le Curé de la paroisse. Les prêtres ont toute liberté pour administrer les sacrements ; lorsque l'on porte le saint viatique, Notre-Seigneur est reçu par tous avec le plus grand respect.

« Pour les enterrements des catholiques, la croix traverse les corridors de l'hôpital et ne trouve sur son passage que des témoignages de profonde vénération.

« Les Sœurs passent la journée à l'hôpital et reviennent à la maison chaque soir, pour en repartir le lendemain après la messe. Elles restent la nuit à l'hôpital lorsqu'il y a des malades à veiller, ce qui se présente assez souvent.

« Depuis plus de dix ans que nous dirigeons l'établissement, nous n'avons qu'à nous louer des bontés des administrateurs, et des rapports de respectueuse cordialité qui les unissent ensemble pour la bonne tenue de la maison et le profit des malades. Ces Messieurs nous honorent de leur confiance, de leur estime et de leur dévouement. »

XII

**Nooes d'or des parents. — Voyage en France.
Maladie.**

Le 14 juillet de cette même année 1891, les parents de Sœur Sion célébraient le cinquantième anniversaire de leur mariage. Il est écrit au livre du Lévitique : « Vous sanctifierez la cinquantième année, car c'est une année de jubilation. » Cette date, divinement choisie dans la durée des temps, reste sacrée et chère au monde. Lorsque après cinquante années une œuvre humaine subsiste encore, une fête s'établit pour en rappeler la fondation et remercier Dieu des grâces reçues dans ce demi-siècle. Lorsque cinquante ans d'union ont identifié deux vies dans une seule, les époux chrétiens reviennent s'agenouiller ensemble au pied des autels, demander et recevoir une nouvelle bénédiction.

Mais à Houplines, la fête n'eût pas été complète sans la présence de celle qui avait attiré tant de bénédictions sur sa famille. On sut que cette année même elle était appelée par ses Supérieurs à venir à Paris pour suivre la retraite des Supérieures, et l'on retarda la fête jusqu'au jour où elle pourrait y assister. Sœur Sion partit de Jérusalem au mois de novembre. A Jaffa elle tomba malade, mais elle ne laissa pas pour cela de s'embarquer. Cependant, arrivée à Smyrne, elle ne put continuer le voyage; elle descendit chez les Filles de la Charité et se mit au lit. Le mal empira et, un jour, arriva à Jérusalem un télégramme annonçant qu'elle avait reçu l'Extrême-Onction. On juge de la consternation des Sœurs. D'instantes prières furent adressées au Ciel, et bientôt un mieux se déclara. Après cinq semaines d'arrêt, elle put reprendre son voyage et arriva à Paris au commencement de 1892.

L'amour est mendiant, a-t-on dit. Son amour des pauvres la porta sur divers points de la France, pour y susciter des amis et des bienfaiteurs à l'hospice qu'elle voulait élever. « Nous avons eu le bonheur, écrit un de ces derniers, de voir la Sœur Sion au printemps, à Angers, et, dès le premier regard, son aspect imposant confirma tous les éloges que l'on avait faits d'elle. D'une taille élevée, la noblesse et la douceur de son visage, la distinction de son air et de sa parole, ce je ne sais quoi à la fois aimable et décidé qui caractérise les dignitaires de l'Ordre et qui leur donne, si j'ose m'exprimer ainsi, comme un reflet de loyauté martiale (bien naturel, du reste, puisque le saint fondateur leur a prescrit d'aller sans crainte partout où il y a des souffrances, *même sur les champs de bataille*). Tous ces précieux dons se trouvent réunis chez la Sœur Sion, et font juger de son cœur et de sa haute intelligence. Aussi sans être surpris de la merveilleuse moisson qu'elle a déjà recueillie à Jérusalem, on conçoit que, dans la force de l'âge et des talents, elle veuille offrir de nouvelles gerbes au divin Maître qui l'a tant favorisée.

« Or, la première de ces gerbes ne sera pas d'un

mince volume, car il ne s'agit rien moins que d'un hospice général dont les fondements sont à peine hors de terre.

« Ce qui encourage la Sœur Sion dans sa nouvelle entreprise, ce sont les témoignages de sympathie et d'admiration qu'elle reçoit de bien des côtés. En effet, le renom de ses bienfaits ne se borne pas au théâtre de son apostolat, il s'étend au loin, très loin... »

Avant de revenir en Orient, il lui fut permis de faire une visite rapide à sa famille. Ce jour-là fut choisi pour la célébration des noces d'or. Descendue à l'hospice d'Armentières, elle partit de bon matin pour Houplines, accompagnée de sa sœur, directrice de l'hôpital militaire de Valenciennes. Sa bonne mère avait cinq neveux prêtres, qui tous étaient là unis au clergé de la ville et à plusieurs autres prêtres amis de la famille. Une messe solennelle fut chantée. Au repas qui la suivit, dans une salle tout enguirlandée de fleurs, Sœur Sion et sa sœur étaient l'une à droite, l'autre à gauche des vénérés jubilaires, dont les deux petites-filles, aujourd'hui Filles de la Charité, et qui étaient venues du pensionnat pour la circonstance, récitèrent un charmant dialogue. M. le chanoine Rohart, professeur à la Faculté de théologie de Lille, prononça un émouvant discours de circonstance. On remarqua que Sœur Sion, pendant le dîner, ne touchait à rien; pour rester fidèles à la règle de saint Vincent qui ne permet pas aux servantes des pauvres de prendre part à de pareils festins, elle et sa sœur avaient pris leur repas en particulier. « Ne t'en fais pas de peine, disait-elle à son père attristé, je parlerai de Jérusa-

lem. » Et, de fait, elle en parla d'une façon si intéressante, que les convives étaient suspendus à ses
lèvres. Le soir même elle disait adieu à ses parents
et revenait à l'hospice d'Armentières, pour, de là, se
rendre à Paris, puis à Marseille.

Le paquebot des Messageries s'arrêtait à Naples;
elle en profita pour revoir la bonne mère Lamartinie,
qui était assistante à la maison centrale de cette
ville. Une grâce inespérée l'y attendait. Cette mère
tant aimée, étant sur le point de partir pour Rome,
prit Sœur Sion pour compagne. Mais aller à Rome
sans voir le Vicaire de Jésus-Christ eût été un
trop grand sacrifice; la divine Providence vint au-
devant de ses désirs. Une audience de Sa Sainteté
Léon XIII devait être donnée à un groupe de pèlerins. L'heure venue, plusieurs dames manquèrent à
l'appel; leur place fut donnée aux Filles de la Charité, qui eurent aussi le bonheur d'assister à la messe
du Saint-Père. Avec quelle sainte avidité Sœur Sion
profita de cette grâce! Elle aimait à raconter qu'elle
ne perdait pas un mouvement de Léon XIII, et
qu'elle avait été frappée de la piété avec laquelle il
récitait le *Salve Regina* après la messe. « On eût
dit qu'il voyait Marie en personne, » disait-elle.

Elle arriva à Jérusalem le Mardi saint, 10 avril
1892, amenant avec elle une jeune Sœur, sur laquelle elle avait fondé les plus belles espérances,
sœur Cécile Lefebvre, des environs de Valenciennes.
Mais Dieu devait lui en demander bientôt le sacrifice.

Peu après son retour, elle adressa à **M.** Bettem-
bourg, Procureur général de la Congrégation de la
Mission, un long et intéressant rapport sur ses œu-

vres. En terminant, elle lui disait : « Nous ne pouvons que bénir et remercier la Providence de sa maternelle assistance. C'est grâce à son secours que nous pouvons faire du bien. C'est à son inspiration que des dons pour fondations de berceaux d'enfants, de lits de vieillards, de cellules de lépreux, nous sont remis. Nous habitons une petite maison de louage et nous sommes bien à l'étroit. Il y a deux ans, nous fîmes l'acquisition d'un terrain près de la porte de Jaffa ; nous avons commencé à bâtir notre hospice, une aile est à peine achevée. Les travaux vont lentement et se proportionnent à nos ressources ; tout est bien cher à Jérusalem. Il nous tarde d'être chez nous, de pouvoir installer nos enfants, nos vieillards, dans des appartements bien exposés, où ils pourront respirer l'air de la campagne et jouir de la vue des montagnes qui bornent notre horizon. Cette satisfaction nous sera réservée l'année prochaine. La patience obtient tout. Espérons que nos désirs se réaliseront ; espérons que l'hospice Saint-Vincent de Paul sera bien l'asile du pauvre, soit qu'on l'y reçoive à sa naissance, soit qu'il y vienne pour terminer ses jours écoulés au milieu des épreuves, et pour profiter de ce repos en se préparant à bien mourir.

« Je crois que vous serez heureux d'apprendre que nous venons d'acquérir une langue de terrain contiguë au nôtre. C'est encore un coup de la Providence qu'il serait trop long de raconter ici. »

Cependant elle n'attendit pas à l'année suivante, comme elle l'écrivait au Procureur général, pour s'établir dans la nouvelle construction. Dans la maison qu'elle occupait au centre de la ville, le manque d'air lui occasionnait de continuelles insomnies, elle qui avait tant besoin de repos après ses laborieuses journées. On lui conseilla de ne pas différer davantage à quitter cette habitation. Elle se rendit à cet avis et fit commencer le déménagement. Il fallut le faire à dos d'ânes et de chameaux, l'étroitesse des rues de la ville ne permettant pas d'employer d'autres moyens de transport. Que de soins ne prit-elle pas pour préparer avant tout la chapelle provisoire, puis les dortoirs, la cuisine, le réfectoire, le parloir, tout ce qu'exige enfin une communauté! Une maison voisine fut louée pour y placer les petits garçons, les vieillards et le dispensaire. Elle veillait à tout et se multipliait pour l'installation des divers offices. Le 19 juillet 1892, fête de saint Vincent de Paul, la Communauté prit possession du nouveau local, avant 4 heures du matin, dans le silence et le recueillement. Le Rév. Père Joseph de Rome, secrétaire de la Custodie de Terre Sainte, devenu depuis secrétaire général de l'Ordre des Frères Mineurs, attendait à l'autel; il avait voulu célébrer le premier le saint Sacrifice et placer sous la protection de saint Vincent l'entrée des Sœurs dans la nouvelle maison.

Malgré le changement de domicile, malgré l'air plus pur de la campagne, Sœur Sion n'allait pas mieux; ses fatigues avaient eu raison de ses forces et de sa santé. Un mois après son installation, elle dut s'aliter et souffrir une douloureuse maladie qui dura onze mois. Trois médecins lui conseillaient une opération; mais la pieuse malade n'était pas de cet avis; elle se confiait en Dieu avec cet abandon qui est, a-t-on dit, la région suprême de la grâce, le troisième ciel de l'amour, la pâque de l'âme, son immolation d'un côté, mais sa consommation divine de l'autre, qui est enfin la source de la paix et de la joie. Pendant ses longues nuits sans sommeil, malgré les ardeurs de la fièvre, elle ne voulait pas même prendre un peu d'eau, pour ne pas être privée du bonheur de faire la sainte communion le matin.

« Lorsque j'arrivai à Jérusalem, écrit une de ses compagnes, je trouvai ma Sœur Sion au lit depuis de longs mois. En voyant sa sérénité, sa gaieté au milieu de ses cruelles douleurs, j'éprouvai pour elle, dès ce moment, une sorte de vénération, qui ne fit que s'accroître lorsque je pus constater davantage sa grandeur d'âme, sa générosité. Accablée par la souffrance, réduite à une inaction forcée dans ce pauvre lit, elle si active et chargée d'une mission encore à ses débuts et qui avait tant besoin de secours, elle ne laissait jamais paraître le moindre ennui, mais s'efforçait au contraire de nous égayer toutes. Quand elle nous voyait tristes, elle se mettait à chanter, sachant bien que sa forte voix ferait diversion à nos chagrins. Son couplet favori était alors :

> Debout sur le mont du Calvaire
> Où Jésus expirait,
> Debout, près de la Croix, sa Mère,
> Sa tendre Mère pleurait. »

Mgr Piavi vint la voir souvent pendant cette maladie, pour s'édifier, disait-il, autant que pour la bénir et encourager sa Communauté.

Les médecins avaient prescrit à la malade de faire quelques sorties en voiture. Son bon père, ayant eu vent de cette prescription, fit aussitôt l'achat d'une voiture confortable et l'envoya à sa fille. Mais celle-ci était dure pour elle-même, et le présent paternel n'était jamais mis à contribution que quand il était question de rendre service au prochain.

Une nuit que la malade traversait une crise douloureuse et inquiétante, les Sœurs envoyèrent le nègre qui leur servait de portier chercher un prêtre au Patriarcat. Il vint donc, demanda un prêtre pour la Supérieure, puis il disparut. Celui qui reçut ce message, sans demander de quelle Supérieure il s'agissait, alla éveiller un prêtre chargé d'une autre maison religieuse. Celui-ci pensa naturellement à cette maison, courut appeler le Confesseur ordinaire, et tous deux partirent dans une direction différente de celle de l'hospice. De loin, voyant une lumière briller à une fenêtre, ils ne doutèrent plus qu'il n'y eût en effet quelque chose de grave. Ils hâtèrent le pas; mais ils trouvèrent la porte close. Le portier, réveillé en sursaut, leur dit que tout le monde se portait bien, et que personne ne réclamait leur ministère. Ils s'en revinrent donc anxieux, et attendirent qu'on vînt les appeler de nouveau; mais la crise, qui avait duré une heure, était passée; personne ne revint, et ce n'est que le lendemain que le mystère s'éclaircit.

XIII

Secours providentiel.

Les douleurs les plus grandes, les tristesses les
plus amères sont pour les âmes les plus saintes, quoiqu'elles soient moins redevables à la justice divine.
« Il faut que la croix qui est l'arbre de vie, écrivait
le P. Olivaint, soit plantée dans toute la Communauté
pour réparer les fautes et attirer les grâces. Mais le
vrai sol où la croix doit s'enfoncer d'abord est le
cœur du Supérieur. Là est son privilège, à lui d'être
victime ; il est Supérieur surtout pour cela. »

A la souffrance corporelle, s'étaient jointes pour
Sœur Sion les inquiétudes et les angoisses. Au commencement de l'année 1893, elle se trouva dans la
détresse ; les ressources faisaient défaut pour l'entretien de son personnel. C'est alors que, de son lit de
douleur, elle fit appel à la charité de ses compatriotes
par l'entremise des *Missions catholiques,* bulletin
hebdomadaire de l'Œuvre de la Propagation de la foi.
Sa lettre est du 13 mars :

« Il y a sept ans, dit-elle, que nos vénérés Supérieurs me confièrent la fondation de la Mission de Jérusalem. Une somme de deux mille francs me fut
remise en même temps au nom d'une ancienne enfant
trouvée de la rue Denfert, fruit de ses économies.

pour que l'Œuvre qui l'avait recueillie et élevée dans de si généreux sentiments fût fondée à Jérusalem. Je fus émue jusqu'aux larmes en apprenant le désintéressement et la générosité de cette pauvre ouvrière.

« Depuis la petite enfant à moitié dévorée par les chiens, qu'on nous apporta peu de temps après notre arrivée au mont Sion, nous avons recueilli, jusqu'à ce jour, cent soixante-cinq enfants. Le plus grand nombre sont au ciel, et les autres grandissent et bénissent leurs bienfaiteurs. Il en vient assez souvent; ce sont pour la plupart des enfants de Bédouins qui mènent la vie nomade. Nous sommes connues de toute la Palestine, et l'on sait qu'au petit hospice de saint Vincent, il y a un toit et un morceau de pain pour les délaissés.

« Jusqu'à ce moment, les deux sexes ont toujours été séparés; mais il importe encore de séparer les petits d'avec les grands, soit le jour, soit la nuit. Lorsque les nourrissons nous reviennent, ils souffrent d'être en contact avec les aînés, qui sont toujours bruyants et sans attention pour les cadets. Il nous faut une crèche, qui réunira ces chers petits en les isolant des autres, et où l'on pourra leur donner tous les soins que réclame leur âge.

« Avant de penser à m'adresser à l'Œuvre de la Propagation de la foi, déjà si chargée, j'aurais voulu trouver un moyen de me procurer la somme de 25.000 francs qui nous est nécessaire; mais, impossible! Mes efforts sont restés infructueux près de tous ceux à qui je me suis adressée. Pourtant, je l'espère, ma confiance en la charité de l'Œuvre par excellence, la Propagation de la foi, sera justifiée. »

Ce fut le premier appel de Sœur Sion. Dans la

suite, les *Missions* publièrent plusieurs de ses lettres, qui provoquaient d'admirables actes de charité et d'abnégation. « La Providence ne vous fera pas défaut, lui avait dit M. Coderc, elle vous enverra peu à la fois, mais toujours à temps. » Dès la semaine qui suivit la publication de sa lettre, on lisait, dans la liste des aumônes faites pour la propagation de la foi : « A Sœur Sion, pour baptême d'enfants abandonnés, un vieux domestique, 500 francs. » Quelques fondations de lits ou de berceaux furent faites. Le nom des fondateurs était gravé sur une plaque de marbre destinée à être placée au-dessus du lit, et une prière était récitée pour eux chaque jour à la chapelle après la messe, par les deux plus jeunes enfants, garçon et fille. On envoya aussi du linge, de petites robes. Tout cela était reçu avec reconnaissance. Mais tout cela ne suffisait pas pour la détresse du moment ; c'est alors que la Providence se montra d'une façon merveilleuse. Le fait est authentique. Sœur Sion en envoya le récit aux *Missions catholiques* pour la plus grande gloire de Dieu et l'édification des lecteurs. Nous le transcrivons ici :

« Nous étions au mois de mars, le mois de saint Joseph, père et pourvoyeur de la sainte Famille ; nous devions près d'un semestre de farine à notre fournisseur. Chaque semaine, j'étais menacée de ne plus me voir livrer de pain, si je ne faisais droit à ses légitimes réclamations. J'étais dans l'impossibilité de lui donner, même le plus petit acompte, sur la somme de cinq mille francs que nous lui devions. Dans quelle angoisse je me trouvais alors, Dieu seul le sait.

« Ne prévoyant aucun secours humain pour nous tirer d'embarras, je m'adressai à saint Joseph. Je tâchai de communiquer à mes compagnes et aux enfants l'espoir qui m'animait, en leur disant que la prière humble et confiante obtient tout, que la vraie confiance est celle qui espère d'autant plus en Dieu, que toutes choses lui manquent davantage.

« Donc, depuis quelques jours, la chapelle, je pourrais dire la maison, retentissait d'*Ave Maria* qui se répétaient avec une angélique ferveur. Comme les Apôtres au Cénacle, nous persévérions dans la prière, avec une foi si ferme et si résolue qu'aucun doute ne venait affaiblir notre confiance.

« Enfin, l'heure de la Providence était venue; c'était au déclin du jour de la fête de saint Joseph, on était à la chapelle. Un de nos vieillards s'y trouvait avec les autres; c'était un pèlerin français qui était chez nous depuis quelques jours; son air souffreteux et sa mise sordide avaient pleinement plaidé en faveur de son admission dans l'Hospice. Il se leva de sa place et dit à une de nos Sœurs : « Allez donc « chercher la Mère, et qu'elle vienne voir à la cha- « pelle, devant saint Joseph, s'il n'y a rien, car, après « tant d'invocations et de persévérance, il pourrait s'y « trouver quelque chose. »

« Ma compagne vint aussitôt me faire la commission. Je me rendis à son invitation, plutôt par condescendance, par respect pour le bon pèlerin, que par conviction de ce qu'il avait dit. Les Sœurs me portèrent du lit à la statue de saint Joseph et là, j'aperçus une liasse de papiers. La prendre et l'ouvrir fut tout un, et je comptai, en me retournant vers mes Sœurs, un, deux, trois, quatre beaux billets de banque de mille francs. Je ne pouvais en croire mes yeux.

« Une explosion de cris de joie, d'actions de grâces, s'échappa de tous les cœurs. Spontanément on entonna le *Magnificat*. Jamais les voix ne furent plus justes, plus à l'unisson.

« Cependant il restait à savoir qui avait déposé si mystérieusement ce trésor, qui n'était pas tombé du ciel comme la manne au désert. Le fait était d'autant plus singulier qu'aucun étranger n'était entré dans la chapelle. Nous étions à nous interroger les unes les autres, lorsque le pauvre pèlerin français demanda à me parler, et voici ce qu'il me confia avec une admirable modestie. Je lui laisse la parole, tenant à reproduire le fait dans toute son intégrité :

« Ma Mère, je me suis mis en route une après-midi
« pour Bethléem et, tout en cheminant, je pensais à
« la somme que je portais sur moi et que je destinais
« depuis longtemps à quelque sanctuaire dans la
« Ville sainte. J'étais venu à pied pour accomplir
« mon projet et remettre intact le fruit de mes éco-
« nomies, lorsque, tout d'un coup, je me sentis, non
« pas terrassé comme saint Paul sur le chemin de
« Damas, mais subjugué par une force invisible qui
« m'arrêta aussitôt, sans qu'il me fût possible de lui
« résister ni de faire un pas de plus vers Bethléem.
« En même temps j'entendis une voix intérieure qui
« me disait : Tu penses à donner tes épargnes à un
« sanctuaire, et mes membres souffrants manquent
« de pain. D'abord je ne me rendis pas compte de ce
« qui se passait, ni de la signification des paroles qui
« m'impressionnaient. Je n'avais nullement envie de
« revenir sur mes pas. Il le fallut cependant et, en
« regagnant la ville sainte, en apercevant l'hospice
« de saint Vincent de Paul, l'écho de la prière des

« petits enfants que j'avais entendue tant de fois,
« *Mon Dieu, donnez du pain à maman Sion,* me
« revint à l'esprit. Ce fut à l'instant toute une révé-
« lation. C'était là que je devais consacrer mes éco-
« nomies gagnées à la sueur de mon front. Je revins
« plus vite que je n'étais parti et, entrant à la cha-
« pelle où il n'y avait personne, je déposai le don
« que vous y avez trouvé. Peu après on vint dire le
« chapelet : j'étais resté là, ma Mère, pour être
« témoin de votre surprise et, voyant que vous ne
« paraissiez pas, je vous fis appeler, désirant termi-
« ner la solennité de la fête de saint Joseph par un
« triomphe en son honneur. Je remerciai le bon
« Dieu de m'avoir éclairé et si pratiquement inspiré.
« Acceptez mes quatre mille francs pour vos enfants,
« et que cette aumône m'obtienne miséricorde pour
« l'heure de ma mort ! »

« Après une pareille ouverture de cœur, dont j'é-
tais plus qu'émue, je remerciai, les larmes aux yeux,
notre bienfaiteur dont les sentiments étaient si élevés, si généreux. Il avait voulu que ce fût secret, et
personne ne le sut dans la maison.

« Ce n'est pas tout encore. Le lendemain il reprit
le chemin de Bethléem, ne voulant pas renoncer à
son pèlerinage à la Crèche. Mais, ô surprise ! arrivé
au même point d'où il était revenu la veille, le même
saisissement se renouvela avec les mêmes paroles :
« Tu penses à donner tes épargnes à un sanctuaire
« et mes membres souffrants manquent de pain. »
« Ah ! me dit-il, à son second retour, j'étais cloué
« sur place. C'est que j'avais retenu un billet de
« mille francs, que je réservais à mon sanctuaire,
« voulant accomplir ma première intention et donner

« des deux côtés. L'homme propose et Dieu dispose.
« Cette fois aussi je fus vaincu et ramené à l'hos-
« pice, auprès de saint Joseph, pour vider toute ma
« bourse. »

« C'étaient cinq mille francs que nous devions et
cinq mille francs que nous recevions.

« Voilà le fait, tel qu'il s'est passé, tel que je l'ai
entendu de la bouche de cet étrange pèlerin, qui,
sans bruit, sans ostentation, a fait pour l'amour de
Jésus-Christ cet acte d'héroïque charité.

« Il ne nous reste plus qu'à bénir la mémoire de
ce pieux bienfaiteur, qui, à l'exemple de saint Benoît
Labre, vivait d'aumônes, de privations, mendiant son
pain pendant ses voyages, ce que j'ai pu constater
par l'inspection de la grande besace qu'il me remit
en arrivant : elle était pleine de vieilles croûtes sèches
et moisies dont il se nourrissait. Tout ce qu'il possédait était consacré aux œuvres de charité, il ne se
réservait que la consolation de faire du bien aux
malheureux. »

XIV

**Congrès eucharistique. — S. E. le Cardinal
Langénieux. — Guérison.**

Tandis que Sœur Sion était condamnée à l'immobilité sur son lit de douleur, un événement mémorable se passait à Jérusalem : nous voulons parler du Congrès eucharistique. Son Éminence le Cardinal Langénieux, Légat du Saint-Siège, le présidait, entouré de vingt-sept évêques. Toutes les nations, tous les rites y étaient représentés. On se rappelait alors ces paroles qu'un illustre auteur (1) avait écrites quelques années plus tôt :

« Dans les moments les plus vulgaires de l'histoire humaine, l'Orient et l'Occident semblent s'oublier. — Dans les moments les plus solennels de l'histoire humaine, l'Orient et l'Occident se regardent. — Dans les moments décisifs, l'Orient et l'Occident se touchent. — L'Orient et l'Occident s'appellent. S'ils s'unissaient, l'Occident entrerait dans le repos, l'Orient dans le travail. Les fils de Noé se retrouveraient en présence, à genoux sous la même bénédiction. »

Si l'heure n'était pas décisive, elle fut du moins solennelle. Nous n'entrerons pas dans le détail des fêtes qui furent célébrées à cette occasion. Pendant

(1) Ernest Hello.

les trois jours qui précédèrent le Congrès, le Très Saint Sacrement resta exposé dans l'église patriarcale. Le R. Père Durand, des Pères du Saint Sacrement, l'apôtre des enfants, aimait, dans ces circonstances, la prière des petits. Son appel fut entendu. Chaque jour l'autel de l'Exposition était entouré d'enfants, parmi lesquels ceux de saint Vincent se partagèrent une partie des heures fixées dans le programme.

S. E. le Cardinal vint voir sœur Sion et la bénir. Il fit plus; il voulut en personne visiter ses protégés, les lépreux. Mgr Péchenard envoya à la *Croix de Reims* un récit émouvant de cette visite inoubliable. Nous ne saurions mieux faire que d'emprunter à sa plume les détails de cet épisode du Congrès.

« Dans la matinée du samedi 20 mai, le Congrès tenait sa séance ordinaire dans l'église de Saint-Sauveur, et l'on avait écouté avec une vive attention un intéressant rapport, écrit dans une langue toute cicéronienne, du Révérendissime Père Custode (le R. Père Jacques Ghezzi, aujourd'hui évêque de Civita-Castellana), lorsque le Cardinal, se levant pour féliciter l'orateur, annonce qu'il est obligé de se retirer parce qu'un autre devoir réclame sa présence au dehors.

« Ce devoir, c'est la visite aux lépreux.

« Depuis huit jours que le Légat est à Jérusalem, il n'a fait visite à personne. Tout entier à l'accomplissement de sa mission, il ne s'est occupé que de la gloire et des intérêts de son Maître, et n'a visité que Lui dans son Sacrement.

« Après Jésus, il veut voir ses amis, les pauvres, les misérables, les rebuts du monde, les lépreux en un mot. Pour les Patriarches, les évêques, les puissants du monde, ils attendront la fin du Congrès, mais les lépreux auront les honneurs et seront visités sans retard. — Allez, disait Jésus aux disciples de Jean, qui lui demandaient les signes de sa mission divine, allez et annoncez à Jean que les lépreux sont purifiés et les pauvres évangélisés.

« Il est, au-dessous de Jérusalem, à la rencontre des profondes vallées de Josaphat et d'Hinnon une construction grossière, antique, basse, à peine éclairée par quelques baies ouvertes à tous les vents, et dont le seul aspect serre le cœur le moins sensible. C'est la maison des lépreux.

« Dans ce réduit infect, divisé à l'intérieur en cinq compartiments, ils habitent quarante, hommes, femmes et enfants. Point de lits, mais de méchantes nattes qu'ils étendent sur la terre nue; point de meubles, mais des silos ou grandes urnes placées au milieu, et dans lesquelles ils entassent pêle-mêle ce qu'ils ont glané dans les champs, ou les reliefs de table qu'on leur jette aux portes de la ville.

« Ils peuvent sortir pour errer et mendier dans la campagne et dans les villages, mais l'entrée de Jérusalem leur est interdite. L'administration musulmane leur fournit le pain et l'eau; quant au reste, s'ils désirent autre chose, ils se le procurent comme ils peuvent.

« Deux fois la semaine, les Sœurs de saint Vincent, qui desservent l'hôpital municipal, viennent les visiter au nom de Jésus-Christ, leur apporter quelques provisions et leur parler du bon Dieu dans la langue qu'ils comprennent.

« Dans les premières années de nos pèlerinages

français, ces malheureux assiégeaient les pèlerins aux portes de la ville et dans les alentours. Leur aspect misérable et repoussant, parfois même leurs menaces, devenaient un sujet d'effroi pour les personnes plus délicates et plus sensibles. La direction obtint qu'ils cesseraient leurs importunités et promit en retour qu'il leur serait servi chaque année, aux frais du pèlerinage, un copieux repas, et que leur vestiaire serait renouvelé.

« C'est cette promesse du pèlerinage, que le Cardinal veut lui-même accomplir, en allant servir de ses mains et combler de sa générosité ces infortunés parias.

« De Saint-Sauveur à la léproserie, par la vallée de Josaphat, la distance est d'environ trois kilomètres, et le chemin, surtout au fond de la vallée, est très rocailleux et inaccessible aux voitures.

« Il était dix heures du matin, et le soleil était brûlant. Le Cardinal, vêtu de la *cappa magna* qu'il portait au Congrès, monte à cheval et part escorté d'une centaine de personnes. Plus de deux cents autres, prévenues à temps, l'ont devancé à la léproserie.

« Nous descendons dans la vallée de Josaphat, au milieu des tombeaux juifs qui couvrent tout un flanc de la montagne. Nous passons au pied de Siloë, ce village étrange dont les habitations, étagées sur les rochers, ne sont que des cavernes précédées d'un mur qui fait façade. Tous les habitants sont des musulmans fanatiques et même dangereux; cependant ils nous regardent passer avec calme, et leurs gestes trahissent même des sentiments d'admiration pour le Légat qui s'abaisse vers les misérables. Nous jetons un regard sur la piscine de Siloë, où l'aveugle-né fut guéri, et sur le beau figuier qui marque le lieu précis où le prophète Isaïe fut scié sous les yeux de l'impie Manassé; et nous arrivons au puits de Néhémie, où fut rallumé miraculeusement, au retour de la captivité, le feu sacré qui y avait été enfoui.

« C'est en ce lieu profond, au centre d'une petite plate-forme, que les lépreux attendent le Cardinal. Ils sont accroupis en demi-cercle, au nombre de trente-huit. Les loques qui les couvrent à peine laissent voir les plaies hideuses qui mangent leurs chairs. Plusieurs d'entre eux ont perdu les doigts des mains sous l'action de ce mal rongeur; ils lèvent tristement leurs moignons pour implorer la pitié. Plusieurs autres sont devenus aphones, et ne peuvent plus pousser que des cris plaintifs. Deux femmes, douloureux spectacle, tiennent entre leurs bras des enfants nés en ces tristes lieux. Ces petits êtres sourient avec gentillesse, ne soupçonnant pas le mal dont ils portent le germe, et qui bientôt va les dévorer.

« Deux tables sont dressées à quelques mètres de là, l'une chargée de pain, de viande et de petites douceurs, l'autre, de linge et de vêtements neufs. C'est merveille de voir quels regards de convoitise ces infortunés portent de ce côté.

« Le Cardinal met pied à terre et s'avance vers les lépreux. Ceux-ci le contemplent avec une respectueuse curiosité, lèvent les yeux au ciel et posent la main à terre, puis sur leurs cœurs, en signe d'une profonde révérence. Ils crient : Allah! Allah! et poussent des exclamations arabes, dans lesquelles nous reconnaissons le nom souvent répété de la France.

« Le Cardinal leur adresse quelques paroles de consolation, qu'une Sœur de saint Vincent de Paul leur traduit en arabe, et, du doigt, il leur montre le ciel. A la joie qui brille sur leurs visages et dans leurs yeux, nous devinons combien ils sont heureux et reconnaissants d'être l'objet d'une si noble visite. Par des paroles expressives, par de petits sons aigus et par une émouvante pantomime, ils appellent les bénédictions d'Allah sur leurs bienfaiteurs et sur notre patrie. Nos cœurs se gonflent d'émotion, et nous laissons couler nos larmes.

« Cependant le Cardinal s'est ceint d'un tablier. Il se met à genoux et lave les pieds de plusieurs d'entre eux. Puis il parcourt le grand hémicycle, dépose une abondante portion dans la vaste écuelle placée devant chaque lépreux, et lui remet le vêtement neuf qui lui est destiné. Des prêtres, des dames même imitent son exemple et achèvent de leur offrir les divers mets du festin.

« Tandis qu'ils les portent à leurs lèvres, le Cardinal, se retournant vers la couronne de pèlerins qui l'entoure, leur rappelle les bontés de Dieu à leur égard, et leur montre l'obligation qui s'impose à eux de lui en témoigner leur gratitude par la sainteté croissante de leur vie.

« Soudain un enfant s'approche; c'est un orphelin adopté par les Filles de la Charité. Il traduit en un langage plein de cœur la reconnaissance des pauvres lépreux, et, en leur nom, il offre au Cardinal un joli bouquet de fleurs.

« Après ces scènes si attendrissantes et si profondément édifiantes, le Cardinal remonte à cheval et rentre à Jérusalem par la vallée de la Géhenne et par la porte de Jaffa, escorté de tous les pèlerins, que l'émotion rend presque silencieux. »

Nous l'avons dit, Sœur Sion ne put prendre part aux fêtes du Congrès. Aux résultats de ces solennelles assises, elle ne put apporter d'autre concours que celui de la souffrance patiemment et joyeusement supportée, concours qui, joint à celui de la prière, est toujours le plus efficace. Trente-six de ses compatriotes du Nord, dont quinze prêtres, étaient du nombre des Congressistes. Sa nièce, Mademoiselle Léonie Sion, qui s'y trouvait aussi, dut visiter les Lieux Saints sans avoir le bonheur d'être dirigée par sa bien-aimée tante dans ses pieuses stations.

M. le Docteur Récamier, de Paris, qui faisait partie du pèlerinage, vint voir la malade, et il confirma la sentence des médecins de Jérusalem, qu'elle ne guérirait pas sans une opération. Que les desseins de Dieu sont impénétrables! Quelques jours après le pieux docteur s'alitait pour ne plus se relever. Pendant sa maladie, il disait : « C'est un grand bonheur de souffrir, dans les lieux mêmes où Notre-Seigneur a souffert et est mort pour nous. » Le 25 mai, il rendait son âme à Dieu. Sœur Sion, au contraire, qui, selon toutes les prévisions humaines, devait mourir avant lui, allait reprendre une nouvelle vie. Dieu allait faire, en sa faveur, un miracle semblable à celui dont elle avait été l'objet dans les premières années de sa vocation. Saint Vincent de Paul qu'on invoquait sans cesse, manifesta enfin son pouvoir; la redoutable tumeur s'ouvrit sans aucun secours humain, et, le jour de la fête de ce père des pauvres, Sœur Sion se leva d'elle-même et se rendit à la chapelle pour remercier Dieu et le saint fondateur.

XV

Une conversion. — Charité de sœur Sion.

Des grâces bien supérieures à celles que nous venons de raconter étaient réservées à Sœur Sion. Au milieu des épreuves, des croix, des ennuis de tout genre, qu'elle supportait avec une patience inaltérable, Dieu la consolait en l'associant à la gloire de l'apostolat. Il lui donnait d'opérer un bien qu'il n'est pas toujours au pouvoir du prêtre de réaliser; bien sublime, mais difficile, souverainement agréable à Dieu, car nul autre ne rapproche davantage de ce pasteur aimable et miséricordieux, qui court après la brebis égarée, et qui a dit de lui-même : « Je ne suis pas venu appeler les justes, mais les pécheurs. » Elle avait soif du salut des âmes, et lorsqu'elle avait le bonheur d'en arracher une aux griffes de Satan, ce qui lui arriva souvent, elle en versait des larmes de joie.

Jamais ces heureuses conquêtes n'ont été divulguées, et la prudence ne pourrait permettre de les faire toutes connaître. Il suffit que Dieu et ses Anges en aient été témoins et les aient consignées dans le livre de vie. Néanmoins, pour la gloire de Dieu, nous raconterons ce qui suit.

Une pauvre femme schismatique était très malade

dans sa demeure. Dans leurs visites à domicile, les Sœurs la découvrirent et lui portèrent des secours. Mais la maladie allait s'aggravant chaque jour, et bientôt elle ne laissa plus d'espoir de guérison. Un soir cette femme dit aux Sœurs : « J'ai vu, la nuit passée, une belle Dame vêtue de blanc, je pense que c'est la sainte Vierge ; elle m'a dit : Il faut que vous alliez chez les Filles de la Charité que j'aime tant ; là, vous serez bien soignée, vous vous confesserez et vous ferez la sainte communion avec une petite hostie blanche comme cela. (Et elle montrait un petit objet blanc et rond qui se trouvait à sa portée.) Puis je ne la vis plus ; qu'est-ce que cela signifie, ma sœur ? » Craignant un piège, une Sœur lui répondit : « C'est un rêve, ne vous tourmentez pas de cela. »

En rentrant à la maison, les Sœurs racontèrent le fait à la Supérieure, qui pria et fit prier chaque jour pour le salut de cette âme.

Cependant sa famille, fatiguée de la soigner, la fit transporter dans un hôpital protestant. Sœur Sion en conçut un vrai chagrin, mais, pleine de confiance, elle redoubla ses prières et envoya des Sœurs pour essayer de voir la pauvre malade. Ce n'était pas chose facile ; car, là, les Filles de la Charité ne sont pas vues d'un bon œil.

Après plusieurs tentatives, elles réussirent cependant à pénétrer jusqu'à la malade qui, en les voyant, s'écria : « Ah ! mes Sœurs, vous ne m'aviez pas dit que c'est vous qui êtes les Filles de la Charité. La Dame est venue me voir et m'a dit, comme la première fois : Je veux que vous alliez chez les Filles de la Charité, que j'aime tant. — Mais qui sont-elles, lui demandai-je, ces Filles de la Charité? Ce n'est donc pas ici? — Alors elle m'a répondu : Non, non. Puis elle m'a fait voir une sœur; ce n'est pas vous, mais elle était tout à fait habillée comme vous. Et la sainte Vierge me dit : Voilà une Fille de la Charité, allez chez elle. Après, elle me fit voir un prêtre qui avait une robe brune et un cordon pour ceinture, et elle me dit : Voilà le prêtre à qui vous vous confesserez, et qui vous donnera la sainte communion, comme je vous l'ai dit. Ma sœur, continua la pauvre malade, emmenez-moi chez vous tout de suite. » Plus émues qu'elles ne voulaient le paraître, les Sœurs lui promirent de faire tout leur possible pour la faire sortir de là et l'emmener çhez elles.

Sœur Sion se mit à l'œuvre sans retard; il y avait bien des obstacles à vaincre. La journée se passa en courses auprès des administrateurs, puis des patriarches eux-mêmes. Enfin le soir, munies de tout ce qui était nécessaire, les Sœurs l'amenèrent à l'hospice.

Dès que la pauvre malade eut aperçu sœur Sion, elle jeta un cri : « Ah! la voilà, la sœur que la sainte Vierge m'a fait voir. Oui, je suis vraiment chez les Filles de la Charité. Je vous connais maintenant; vite, vite, il faut que je me confesse et que je fasse la sainte communion comme elle me l'a dit. »

Tout heureuse, Sœur Sion la prépara à la grande action qu'elle allait faire, puis elle envoya au R. P. Curé une carte avec ces mots : « Venez à Saint-Vincent, mon Père, une grande consolation vous est réservée. » Le Père vint aussitôt. A peine avait-il mis le pied dans la chambre, que la malade s'écria de nouveau : « Voilà le prêtre que la sainte Vierge m'a montré; c'est lui! Venez, mon Père, que je me confesse. » Très ému, le Père entendit sa confession. Pendant ce temps, sœur Sion disait son chapelet en faisant la garde autour de la chambre.

La malade fit son abjuration de tout son cœur, et se disposa à la sainte communion. C'était ravissant de voir sa piété, sa ferveur en recevant le divin Sacrement. Le R. P. Curé en était profondément touché. En se retirant, il dit : « Vous aviez bien raison de m'écrire qu'une grande consolation m'était réservée ; quel miracle de la grâce ! »

Les Sœurs ne pouvaient retenir leurs larmes, surtout lorsque l'heureuse convertie disait avec un accent de bonheur incomparable : « Oh ! la voilà, la sainte Vierge, la voilà qui s'avance... qu'elle est belle !... Regardez... Mais vous ne la voyez donc pas ? Comme elle paraît contente ! Voyez, la chambre est tout illuminée. Mettez-vous à genoux. » Les Sœurs tremblaient d'émotion, mais plus encore leur Mère, agenouillée près du lit, à la pensée d'être si près de la Vierge immaculée. Toutes mêlaient leurs actions de grâces à celles de la privilégiée de Marie.

Sa famille vint la voir pendant la journée, mais elle fit semblant de dormir pour ne parler à personne. Sa bienheureuse mort arriva le lendemain. Elle était restée vingt-quatre heures à l'hospice, juste le temps nécessaire pour accomplir les desseins miséricordieux de la Reine du ciel.

Ce jour-là, Sœur Sion dit à ses compagnes : « Après de telles grâces, pourrions-nous marchander nos sacrifices ou reculer devant la souffrance ? Ne devons-nous pas être généreuses et voler dans le chemin de la vertu ? »

Lorsque l'ange Raphaël eut accompli sa mission

auprès de Tobie, il lui dit : « Je vais vous découvrir la vérité, et je ne vous cacherai point une chose qui est secrète. Lorsque vous priiez Dieu avec larmes, et que vous ensevelissiez les morts, que vous quittiez pour cela votre dîner et que vous cachiez les morts dans votre maison durant le jour pour les ensevelir durant la nuit, j'ai présenté vos prières au Seigneur qui les a reçues favorablement. » Ne pourrons-nous pas, nous aussi, attribuer à la charité de Sœur Sion les grâces merveilleuses, tant de l'ordre temporel que de l'ordre spirituel, dont elle fut favorisée? Sa charité ne le cédait point à celle de Tobie; elle était universelle.

Outre les lépreux dont nous avons déjà parlé, il s'en trouvait d'autres encore plus dignes de pitié. Il y a, en effet, à Jérusalem, outre la léproserie de Siloë dont tous les membres sont musulmans, une autre léproserie tenue par des Anglais, où sont admis les lépreux de quelque religion qu'ils soient. Dix d'entre eux sont catholiques. Or ceux-là souffraient plus que les autres, car, tous les jours, ils étaient outragés dans leur foi. Tandis que jamais une parole blessante n'était dite à l'adresse des musulmans ou des schismatiques, pour ceux-là, c'étaient, chaque jour, des allusions blessantes; par exemple, le chien de la maison était appelé Léon en haine du pape Léon XIII, et nous passons sous silence bien d'autres faits semblables ou pires. Six de ces malheureux pouvaient encore marcher. De temps en temps Sœur Sion les réunissait dans le dispensaire transformé en chapelle pour la circonstance; un prêtre était là pour les confesser, et célébrer ensuite la messe à laquelle ils communiaient. Une partie des Sœurs se joignait à la Supérieure, pour faire la sainte communion avec eux, et leur servir ensuite un déjeuner accompagné d'une aumône.

C'est en pensant à eux que Sœur Sion écrivait, à là fin de la lettre que nous avons citée plus haut, et dans laquelle elle avait raconté l'histoire du pèlerin qui l'avait secouruc si à propos : « Puisse la lecture de ces lignes susciter un autre pèlerin pour nous aider à établir une léproserie en règle. Ce sérieux projet nous occupe et nous préoccupe sans cesse depuis notre arrivée en Terre Sainte. L'époque ne peut en être trop différée ; nous sommes pressées par les demandes sans cesse réitérées de plusieurs lépreux catholiques, qui désirent sortir de la léproserie protestante. Ils soupirent après le jour où nous serons en mesure de leur ouvrir un asile où ils se trouveront en famille, libres d'accomplir leurs devoirs religieux. »

La part de misères qui était confiée à la bonne Mère était assez grande pour absorber sa vie et ses ressources, et cependant elle ne répondit jamais à ceux qui lui tendaient la main : « J'ai mes œuvres. » Tous étaient bien accueillis ; elle était la représentation visible de la divine Providence, et elle réalisa, autant que peut le faire une créature humaine, la promesse de l'Évangile : « Demandez et vous recevrez, frappez et l'on vous ouvrira. »

« Il y a dix ans, avant mon entrée en religion, écrivait naguère une religieuse d'un pays lointain, je me trouvais seule dans la vie, accablée de tristesse par suite de grandes épreuves ; presque désespérée, je ne savais où me jeter. Elle seule a pris compassion de moi, elle seule a su adoucir mon chagrin. « Venez, « me dit-elle, venez, ma fille, mon cœur et ma mai-

« son vous sont ouverts, restez-y tant que vous vou-
« drez; je vous garderai avec plaisir ; si vous vous
« plaisez ici, restez-y toujours, vous serez ma fille
« de confiance... » Elle me prodigua sa charité jusqu'au bout, et enfin me facilita les moyens de suivre
ma vocation. »

La bonté de Sœur Sion était si connue dans la
ville et dans toute la Palestine qu'on ne l'appelait
plus que la bonne mère Sion ou, à l'imitation des
bébés de la crèche, *maman Sion*. Sa délicatesse lui
suggérait mille manières d'adoucir le sort des malheureux. Par exemple, elle ne voulait pas que le mot
enfant trouvé fût prononcé dans la maison, elle disait toujours : *enfant abandonné*. Mais s'il arrivait
que, malgré toutes ses précautions, un de ses orphelins eût entendu ce mot et fût tombé dans la tristesse
à la pensée de se voir seul dans la vie, elle avait bien
vite trouvé le moyen de relever l'enfant à ses yeux
comme aux yeux des autres. Sous l'influence de ce
rayon de soleil, le chagrin disparaissait.

Elle avait pour le prêtre une véritable et profonde
vénération, ne perdant jamais de vue la grandeur de
son pouvoir. Aussi s'intéressait-elle à tous les missionnaires du Patriarcat. Lorsque, après une année
passée loin de la ville sainte, ils y venaient pour la
retraite annuelle, elle mettait son bonheur à préparer de ses mains quelque colis qu'ils pussent rem-
porter dans leurs missions. Pour l'un c'était du linge
d'église, pour l'autre, un ornement, ou des images,
des chapelets, des scapulaires, des médailles. Ils
bénissaient la bonne Mère qui savait si bien faire
des heureux et les encourager eux-mêmes par ses
bonnes paroles.

A première vue, on ne pouvait soupçonner tous les trésors que renfermait sa grande âme. Il en est qui, trompés par les apparences, se méprenaient entièrement sur son compte, et la jugeaient toute autre qu'elle n'était en réalité. C'est que, par son extérieur imposant, elle faisait parfois l'impression d'un caractère impérieux, d'une nature autoritaire et indépendante. Elle le savait, mais s'en inquiétait peu, et elle n'a jamais rien fait en vue de donner d'elle-même une idée plus avantageuse.

Elle avait cette charité héroïque dont saint Paul a dit « qu'elle supporte tout ». Prier, et puis agir et souffrir pour Dieu seul, telle était la devise de Sœur Sion. « Une journée sans croix, disait-elle, est une journée perdue. Les grandes douleurs sont si bien à leur place au pied du Calvaire! Être à Jérusalem, y souffrir physiquement et plus encore moralement, n'est-ce pas là le chemin du ciel? » Elle ajoutait : « Prions pour ceux qui nous veulent du mal, car je crains que ce mal ne retombe sur eux. »

Elle eut plus d'une occasion de mettre en pratique ces belles maximes. J'en citerai seulement un exemple. Une étrangère malheureuse qu'elle avait admise par charité dans l'hospice, n'y resta que quelques mois et en sortit pour louer une chambre dans l'intérieur de la ville. Là, elle se mit à débiter les plus noires calomnies contre Sœur Sion et ses compagnes : partout où elle allait, dans les communautés ou dans les familles, elle recommençait ses rapports injurieux. Cela dura assez longtemps; mais tout ce qu'en entendait la Supérieure ne la troublait pas. Elle souriait et répétait toujours : « Taisons-nous et prions, abandonnons à Dieu le soin de notre cause, il saura bien nous défendre. Saint François de Sales ne disait-il pas : « J'apprends qu'on déchire ma robe « de la plus belle façon, Dieu en soit béni! Si je ne « l'ai pas mérité cette fois, j'ai pu le mériter pour « autre chose, et n'est-ce pas une grande miséricorde « que de pouvoir expier nos fautes en cette vie? »

Or, il arriva que cette malheureuse tomba dans la misère; elle devint presque aveugle, malade et dévorée par la vermine dans sa pauvre chambre. Étrangère au pays, elle se vit délaissée, personne ne voulait s'occuper d'elle. C'est alors que, insensible en apparence aux mauvais procédés, Sœur Sion s'émut de compassion, et lorsqu'un Père Dominicain vint la prier de prendre en pitié cette pauvre fille, elle répondit aussitôt : « Ma maison est la sienne, mon Père, qu'elle vienne de suite, je la soignerai de mon mieux. » Cet excellent religieux, qui savait tout, s'en retourna profondément touché d'une si grande bonté.

Cependant, autour de la Mère, l'étonnement était grand. « Comment, lui disait-on, après tant de mal que cette fille a dit de vous, vous voulez la recevoir dans votre maison? » Mais elle répondait doucement : « Et si elle ne nous avait fait que du bien, où serait la charité? où serait le mérite? Laissez faire, il faut la gagner à force de bonté. » Et elle alla préparer de ses mains le lit, et voir si rien ne manquait à la chambre. C'était un vrai sujet d'édification de la voir, malgré ses occupations, passer des heures entières au chevet de cette pauvre créature, qui regardait parfois les Sœurs comme des possédées du démon. Elle lui parlait avec bonté, lui apprêtait elle-même des crèmes et autres douceurs, et n'eût pas mieux fait pour sa propre mère. Enfin, Dieu aidant, elle eut la joie de la voir revenir à la santé.

Dès qu'elle se vit guérie, cette fille voulut retourner dans sa patrie. Résolue de pousser la charité jusqu'au bout, Sœur Sion lui en facilita les moyens. Mais il y a des âmes qui paraissent n'avoir qu'une certaine mesure de reconnaissance; de sorte que, si l'on dépasse le poids des bienfaits qu'elles peuvent porter, ces bienfaits semblent pour elles devenir des injures. A peine sur le bateau, cette personne fit la connaissance d'un journaliste sans foi qui se trouvait à bord, et répéta toutes ses calomnies contre celle qui venait de la combler de bontés.

Un digne prêtre de Jérusalem, qui partait pour quelques mois, et qui avait été témoin des égards dont on avait entouré cette ingrate, se trouva par hasard auprès d'elle, et, entendant le nom de Sœur Sion, écouta ce qui se disait. Saisi d'indignation, il ne put s'empêcher de répliquer : « Ah! Mademoiselle, si je n'étais pas prêtre et si vous n'étiez pas une femme, je vous jetterais à la mer, car vous noircissez une sainte âme qui ne vous a fait que du bien; prenez garde aux jugements de Dieu! »

C'est ce prêtre qui, à son retour, vint raconter le fait, témoignant ses craintes de voir quelque journal se faire l'écho de pareilles calomnies. « Ne vous tourmentez pas, mon Père, lui répondit Sœur Sion, le bon Dieu nous garde; ce journaliste n'écrira que ce que le Seigneur lui permettra d'écrire. » De fait, il n'a rien écrit.

XVI

Direction des Sœurs.

La charité de sœur Sion avait un double rayonnement, l'un, extérieur, l'éducation des enfants, le soulagement des pauvres, des malades et des vieillards ;
l'autre, intérieur, la direction de ses filles. Ce second
rayonnement fera l'objet de ce chapitre.

Dans la vie de communauté, elle était juste et im-
partiale pour toutes ses compagnes, reprenait avec
fermeté leurs moindres manquements et ne leur passait rien ; car elle les voulait à la fois généreuses et
constantes dans la pratique de la vertu, dans l'obser-
vance des saints vœux et des règles. Elle ne pouvait
souffrir qu'une âme religieuse ne voulût point reconnaître ses torts, et alors elle se montrait sans indulgence. Au contraire, elle n'était que douceur et bonté
pour relever une âme abattue, après une faute humblement avouée. Aussi le parfum de la plus tendre
charité, de la plus aimable cordialité, embaumait sa
maison. C'était la vie de famille dans toute l'accep-
tion du mot ; la plus douce intimité y régnait et en
faisait un paradis sur la terre.

Entièrement dévouée à sa lourde tâche, dit un témoin de sa vie, elle ne reculait jamais devant un de-

voir à accomplir. Il n'y avait, sur ce point, rien de petit à ses yeux; il suffisait qu'elle vît un bien réel à faire pour s'y donner tout entière. Elle était bien le type parfait de la vraie Fille de la Charité. Quelle sagesse était la sienne! quelle prudence! Que de bien elle a opéré, et qui ne sera connu qu'au dernier jour! Il est dit dans la vie de saint Vincent de Paul que les scrupuleux pouvaient recourir à lui plusieurs fois par jour et par heure, même lorsqu'il était en affaires avec des personnes de distinction; il les recevait toujours avec bonté. Il se levait, allait au-devant d'eux, les prenait dans un coin, les écoutait, répétait ses conseils, les leur écrivait même, les invitant à en faire tout haut la lecture pour s'assurer qu'ils avaient bien compris; rien ne lassait sa douce charité. Digne fille d'un tel Père, elle s'arrachait à ses occupations pour entendre les importuns, et cela, avec une patience et une charité telles, qu'on eût pu supposer qu'elle n'avait rien autre chose à faire.

« Il y a quelques années, dit une Sœur, j'ai eu le bonheur de voir en France Sœur Sion; je me disais en remarquant sa foi si vive et sa grandeur d'âme : « Vraiment, avec une telle Sœur, on ne doit pas « balancer dans le chemin de la vertu. » Par un effet de la bonté infinie de Dieu, il me fut donné bientôt après d'être sous sa conduite, malheureusement pour un temps bien court; mais je n'oublierai jamais l'intérêt qu'elle portait à mon âme. « Il ne faut pas « se donner à moitié au bon Dieu, me disait-elle; « tout ou rien. Est-ce que celui qui nous a tant « aimées ne mérite pas tout notre amour? » Elle réalisait la parole de saint Bernard, que « la mesure « d'aimer Dieu est de l'aimer sans mesure », et elle voulait qu'il fût également connu, aimé, servi par tous ceux qui l'entouraient. »

« Son âme, a dit une autre de ses compagnes, m'est apparue comme un trésor de vertus dont il était difficile de sonder la richesse. Plus il m'a été donné de la voir, plus j'ai constaté qu'elle pouvait dire : « Rien ne me plaît qu'en Jésus-Christ. » Mais si tout ne lui était rien hors de Lui, de telle sorte qu'aucune considération humaine ne semblait effleurer son esprit, en retour un rien lui servait de moyen pour témoigner au divin Maître son ardent amour.

« Souvent je suis restée ravie des délicatesses ingénieuses de cet amour aussi tendre qu'énergique, et qui ne connaissait pas de trêve quand il s'agissait de travailler à gagner des âmes à Dieu. Celles qui avaient le bonheur de se confier à elle étaient sûres d'être conduites à Dieu coûte que coûte; et je considère comme une des plus grandes grâces que j'ai reçues, d'avoir été de ce nombre.

« D'une manière habituelle, mais surtout en plusieurs circonstances particulières, j'éprouvai l'effet des lumières surnaturelles qui l'éclairaient, au point de lui faire deviner ce qu'il y avait en moi de plus caché. A l'étonnement que je témoignais alors elle répondait simplement : « Cela ne me surprend pas... Le « bon Dieu sait que nous ne cherchons que Lui; il « nous doit en quelque sorte les secours qu'il nous « donne. »

« De son côté, elle apportait dans la direction une patience qui ne se lassait de rien, une fermeté sur laquelle on pouvait se reposer sans crainte, une charité sans bornes.

« Le bon Jésus se plaît à nous attacher à sa croix ;
« *fiat!* n'est-ce pas, ma chère Sœur? » écrivait-elle
un jour. — « Quand Dieu veut une chose, disait-elle
« souvent, je ne comprends pas qu'on hésite à la
« faire. »

« Je me souviendrai toujours de l'accent de tristesse avec lequel, un jour que je lui avouais avoir
omis de demander une permission dont je croyais
pouvoir me dispenser, elle me répondit : « Vous avez
« perdu l'occasion d'être agréable à Notre-Seigneur,
« et cela afflige son cœur. »

« Dans une circonstance où nous parlions du bonheur qu'ont les Saints d'être, pour toujours, à l'abri
du péché, elle dit : « C'est vrai ; mais songez plutôt à
« remercier Dieu de ce que vous pouvez grandir en
« amour, et vous élever à autant de nouveaux degrés
« d'amour qu'il y a d'instants dans votre vie ; cela
« n'est plus donné aux Saints. Plus on a travaillé
« pour Dieu, ajoutait-elle, plus on voudrait travail-
« ler encore. »

« La très honorée Mère Lamartinie disait, un jour
de prise d'habit : « Faites en sorte de pouvoir dire
« chaque jour et à chaque instant du jour, dans toute
« la sincérité de votre âme : Mon Dieu, je vous aime
« de tout mon cœur et par-dessus toutes choses. »
La fille si chère et si digne de cette vénérée Mère
pouvait le dire en toute vérité ; ceux qui l'ont connue
en resteront toujours convaincus et édifiés.

« Un religieux, parlant d'elle, disait avec émotion :
« On a dit d'un grand capitaine que son ombre rem-
« portait des victoires. Ne pourrait-on pas le dire
« aussi, non pas de l'ombre de Sœur Sion, car elle
« était toute lumineuse, mais de sa lumière, qui

« entraînait victorieusement à sa suite sur le chemin
« du ciel? »

« C'est à Sœur Sion, écrit encore une autre Sœur,
que je dois d'avoir persévéré dans ma vocation. A la
suite de diverses épreuves, j'étais fortement tentée
de découragement. Il me semblait que je ne pourrais jamais me sauver, et je souffrais énormément.
Quand je lui eus ouvert mon cœur, elle me porta à
la confiance et au courage avec la plus touchante
bonté, et me dit que tout irait bien si je voulais suivre ses conseils. Peu à peu sa charité me transforma,
mes idées changèrent, je compris que j'étais le jouet
d'une illusion du démon; le travail de la grâce en
moi fut l'effet de ses prières et de ses exemples.

« Que dirai-je de sa patience? Elle était toujours
la première à m'excuser, me disant qu'il ne fallait ni
m'étonner de mes fautes, ni m'en décourager, mais
apporter plus d'attention aux actions ordinaires et
y mettre toute ma bonne volonté. « Selon l'esprit de
« saint Vincent, répétait-elle, ne travaillez que pour
« Dieu seul, ne cherchez que sa gloire : faire autre-
« ment serait perdre son temps. Cherchez Notre-
« Seigneur en toutes choses; avec son secours, vous
« deviendrez une vraie Fille de la Charité. »

Voici encore le témoignage d'une autre Sœur :
« Dieu me fit la grâce d'être envoyée à Jérusalem peu
de temps avant de faire les vœux. Dès ma première
entrevue avec la Supérieure, sa pénétration des âmes
lui fit voir où j'en étais avec Notre-Seigneur. Malgré
les besoins de la maison, elle ne voulut pas encore
me confier d'office, pour me permettre de me donner
tout entière au travail de ma préparation; travail
dont elle comprenait toute l'importance. Et, quoi-

qu'elle eût peu de temps à sa disposition, elle me
consacrait chaque jour au moins une heure pour m'y
aider. Je ne pouvais résister à sa parole si ardente, si
persuasive, et encore moins aux grands exemples de
vertu qu'elle me donnait; aussi, en quelques semaines,
ai-je fait, sous sa conduite, plus de progrès dans la
voie du renoncement et du sacrifice que je n'en avais
fait depuis mon entrée en communauté. »

On le voit, sa préoccupation constante était la perfection des âmes qui lui étaient confiées. Pour cette
œuvre, elle se donnait tout entière; pour le reste,
elle ne faisait que se prêter. Aussi était-elle renommée pour sa manière de former les jeunes Sœurs.
Rien n'était épargné pour éprouver leur vocation et
la leur faire aimer, tout en leur en faisant comprendre le côté pénible, les dégoûts, tout ce qui arrête.
les simples velléités de dévouement. En sortant de
cette épreuve, l'âme de la jeune sœur était préparée
à sa mission et digne de l'honneur de servir les pauvres. La plus grande joie de la Mère était de voir ses
filles avancer sans hésiter dans la voie du sacrifice.
Avec elle, c'était le devoir tout nu, sans fadaises. Elle
n'aimait pas les faiblesses; elle les excusait cependant avec la charité qui la caractérisait. Son visage
était rayonnant, ses yeux brillaient de bonheur quand
elle avait pu provoquer parmi ses Sœurs quelque acte
de parfait renoncement, de vertu solide. Toutes les
peines qui lui venaient du dehors la touchaient peu;
non qu'elle ne les sentît vivement, car elle était très
délicate et très sensible, mais elle les déposait aux
pieds du divin Maître et ne s'en tourmentait plus.
Pourvu que la paix régnât dans la famille, cela lui
suffisait. De fait, il y avait union parfaite; les cœurs

battaient à l'unisson du sien, et jamais cette union ne fut altérée.

« Qu'il était bon, qu'il était doux de vivre à ses côtés! c'est encore un témoin de sa vie que nous citons. Combien on gagnait à son contact! Pour elle, rien de petit au service du Seigneur; à tous ses actes, elle donnait toute la perfection dont elle était capable, et elle ne pouvait souffrir quoi que ce fût d'inachevé.

« Nous lui étions toutes également chères et elle trouvait un vrai plaisir à faire ressortir les qualités de ses compagnes. « Voyez, disait-elle, comme celle « ci est active, charitable; celle-là, franche, droite; « cette autre, pieuse, exacte », etc., et le bonheur s'épanouissait sur ses traits.

« C'étaient nos âmes surtout qu'elle aimait, de cette véritable affection qui ne lui faisait pas craindre d'avertir et de reprendre lorsqu'il était nécessaire; car, avec cette âme ardente, il ne fallait pas rester en arrière. Aussi, de tout son cœur, elle demandait à Dieu, pour chacune, la grâce d'atteindre le degré de perfection auquel il l'appelait.

« Sa droiture et sa franchise étaient connues de tous et, en même temps, elle était douée d'une telle pénétration d'esprit, qu'elle voyait de suite quand on prenait des détours avec elle. D'un mot elle déjouait tous les plans : « Le bon Dieu, disait-elle, n'aime pas « ce qui va de travers. » C'était fini; il ne fallait pas recommencer.

« Souvent elle eut le pressentiment des choses qui allaient arriver. Étonnées de voir si souvent les faits se passer comme elle les avait annoncés, les Sœurs lui demandaient si le bon Maître ne venait

pas visiblement lui parler pendant son oraison. Elle
répondait en souriant : « N'allez pas croire que j'ai
« des révélations; hélas! je ne le mérite pas; mais le
« bon Dieu, dans un certain sens, me doit des lu-
« mières. Il le sait bien; il me les donne. » Ce qu'elle
ne disait pas, c'est au prix de quels sacrifices, de
quelles mortifications, elle obtenait ces lumières et
ces grâces spéciales de Dieu.

« C'était une âme de bon conseil. Que de fois elle
a vu des personnages, des religieux, des prêtres, lui
confier leurs peines, venir se consoler auprès d'elle,
lui faire part des difficultés qu'ils rencontraient! Elle
en était d'autant plus confuse que, pour elle-même,
elle ne voulait jamais agir sans conseil, même dans
les plus petites choses. Et cependant elle savait très
bien ce qu'elle devait faire, et le rôle de ceux que la
Providence lui avait donnés pour guides se bornait
généralement à approuver sa manière de voir. »

XVII

Vertus de Sœur Sion. — Esprit de réparation. — Esprit de prière. — Dévotion à la sainte Vierge et aux Saints.

Lorsque les ennemis de saint Jean Chrysostome cherchaient les moyens de lui nuire, un d'entre eux, qui connaissait bien le saint Évêque, leur dit : Tous ces moyens sont inutiles, cet homme ne craint qu'une chose, le péché : « Unum timet Chrysostomus, peccatum. » Ainsi en était-il de Sœur Sion. Sa grande crainte était que Dieu fût offensé dans sa maison par quelqu'une des nombreuses âmes confiées à ses soins. Que de fois elle répéta à ses compagnes : « Nos Sœurs, surveillez bien vos offices, afin que Dieu n'y soit point offensé; quel malheur si cela arrivait par votre négligence! »

« La veille du jour où je fis les saints vœux, écrit une jeune Sœur, notre Mère écrivit de sa main la liste des intentions qu'elle me priait de recommander à Notre-Seigneur, dans ce beau jour où il ne refuse rien, disait-elle, à une âme qui se donne entièrement à lui. Combien j'ai été émue en lisant ces mots : « Demandez que le bon Dieu ne soit jamais « offensé mortellement dans la maison, ou qu'au « moins, si ce malheur arrivait, je sois éclairée aus-

« sitôt, afin d'en consoler le divin Cœur de Notre-
« Seigneur. Demandez au bon Dieu ma persévé-
« rance, celle de toutes nos Sœurs, et pour chacune,
« une grande augmentation d'amour et une ardente
« générosité au service du bon Maître. »

L'horreur du péché avait, dans cette belle âme, un sentiment corrélatif, celui de la réparation. Elle souffrait à la vue des outrages, des mépris dont Notre-Seigneur était l'objet ; sa douleur était profonde lorsqu'elle apprenait quelque défaillance dans une âme consacrée à Dieu. Son humilité ne laissait rien voir de ce qu'elle s'imposait en réparation. Un jour on lui disait que ses grandes souffrances devaient être bien agréables à Dieu, et qu'elles obtiendraient miséricorde à un grand nombre d'âmes. Elle répondait : « Je ne fais rien ; j'ai besoin moi-même de miséricorde et d'expiation pour mes propres péchés. »

Les Religieuses de Marie Réparatrice, établies à Jérusalem depuis 1888, convoquaient chaque année, avant le Carême, à une neuvaine solennelle de réparation, toutes les Communautés et la population catholique de la ville sainte. Sœur Sion avait choisi pour sa maison le mardi de la Sexagésime, fête de la Commémoration de la Passion. Ce n'était pas une réparation vulgaire que celle qu'elle offrait ce jour-là. Elle voulait que tout son monde s'y préparât par la confession. Dès 5 heures et demie du matin, tout le personnel était sur pied, depuis les bébés de la crèche jusqu'aux vieillards et aux infirmes. A 6 heures on arrivait à la chapelle des Religieuses de Marie Réparatrice, où le Très Saint Sacrement est exposé nuit et jour. Après l'élévation, les tout petits récitaient, de leurs voix enfantines, l'acte de répara-

tion, auquel ils ajoutaient, dans les dernières années :
« Bon Jésus, guérissez maman Sion. » L'assistance
était émue jusqu'aux larmes. Les autres âges se succédaient devant l'autel, pour prononcer à leur tour
une amende honorable. Pendant la journée, on revenait plus d'une fois prier, chanter devant le Très
Saint Sacrement. Chaque année, le même spectacle
se renouvelle.

La prière de Sœur Sion était habituelle ; elle aimait
que Notre-Seigneur ne fût jamais seul dans son tabernacle. Pour l'obtenir, elle avait su persuader aux
infirmes eux-mêmes et aux vieillards d'aller souvent
le visiter à la chapelle, et elle leur recommandait de
prier pour les besoins de l'Hospice. Aussi sa maison
pouvait bien être appelée une maison de prière. Pendant les retraites annuelles, elle tenait à ce que son
nombreux personnel fît chaque jour le chemin de la
croix, qui lui était si cher, pour le succès de ces saints
exercices. Elle le faisait faire aussi publiquement
tous les jours du Carême, tous les jours du mois de
novembre pour le repos des âmes trépassées, et en
beaucoup d'autres circonstances.

« Comme elle priait bien ! dit une de ses compagnes, et comme elle savait communiquer sa ferveur,
surtout pendant l'oraison ! Elle ne pouvait souffrir
qu'on fît négligemment ce saint exercice. Si, pendant les chaleurs de l'été, on succombait malgré soi
au sommeil, elle faisait alors le sacrifice de ses communications intimes avec Notre-Seigneur pour faire
l'oraison à haute voix ; et elle trouvait toujours alors
de ces bonnes paroles qui vont à l'âme et réveillent
les plus endormis. Sa piété était angélique, mais
sans aucune singularité. Les formules de prières de

la Communauté lui suffisaient, elle n'en recherchait pas d'autres. Quand, pendant l'élévation ou la bénédiction du Très Saint Sacrement, elle parlait à Notre-Seigneur, on eût pu croire qu'elle le voyait, tant sa prière était fervente. C'est dans ces précieux instants qu'elle répétait : « O mon Dieu! je vous en « conjure, que pas un péché mortel ne soit commis « dans la maison! »

Il s'est rencontré des moments difficiles, où il lui aurait fallu une décision immédiate de ses Supérieurs. Mais, sachant que, vu la distance, la lenteur des courriers, la difficulté des communications, elle n'aurait pu avoir à temps la réponse désirée, elle allait se prosterner au pied du Tabernacle, et suppliait son bon Maître de lui inspirer ce qu'elle devait faire pour agir selon l'intention de ses Supérieurs. Après cette prière fervente, elle écoutait, au fond de son cœur, la voix du Seigneur, puis se relevait et allait de l'avant. Son attente n'était jamais trompée. Dieu récompensait son esprit de foi et donnait bénédiction à ses démarches qui, finalement, étaient couronnées de succès. On lui disait un jour : « Je ne sais comment vous faites, vous travaillez dans le ciel comme sur la terre, il semble que le bon Dieu se laisse mener par vous, il vous accorde tout ce que vous lui demandez. — Hélas! répondait-elle, c'est bien vrai, et j'ai à peine formulé un désir qu'il est exaucé; je n'ose parfois demander quelque chose, tant le bon Dieu s'empresse de m'accorder ce que je désire. Cela m'effraie, j'ai peur que ce soit ma seule récompense, et que dans l'éternité je n'en reçoive pas d'autre. » C'est son humilité qui la faisait parler ainsi, mais aussitôt sa confiance reprenait le dessus.

Elle avait, en effet, cette confiance, trop rare dans les âmes, qui est la fleur de la vraie piété et comme un parfum de la grâce; confiance que produit le sentiment toujours actuel de la paternité de Dieu, la certitude profonde, affectueuse, pratique, de sa fidélité, de sa bonté, de son inépuisable tendresse.

« L'âme confiante, dit Mᵍʳ Gay, donne à Dieu une moisson qui le paie de tous ses labeurs. Il se repose en elle comme le vendangeur au milieu de sa vigne, après qu'il en a récolté les raisins. Dieu est content de cette âme, car il est libre désormais de la contenter elle-même comme il veut. Il est si sûr de nous, dès que nous sommes tout à fait sûrs de Lui! Car ici tout est réciproque, et il n'y a rien comme la confiance pour mettre l'âme et Dieu en sympathie complète. Une vraie confiance en Dieu suffit pour rendre saint; car la sainteté d'une créature, c'est la plénitude du règne de Dieu en elle. Or, la confiance attire Dieu dans sa créature; elle l'oblige à y demeurer, et, en la lui livrant sans réserve et sans mesure, elle fait qu'il y est souverain et l'emplit jusqu'au comble. En somme, l'âme chrétiennement confiante participe à ce qu'il y a de plus profond dans l'état filial de Jésus à l'égard de son Père. Elle entre de plus en plus dans les intimes et ineffables communications de Jésus avec son Père et du Père avec son Jésus : ce qui, à ne considérer que l'intérieur de la vie qui en sort, vaut mieux pour nous qu'une réinstallation au paradis terrestre. »

A l'égard de la très sainte Vierge, Sœur Sion avait une dévotion toute filiale. A l'approche de ses fêtes, son cœur tressaillait de joie; elle voulait qu'on se préparât à les célébrer dignement, et elle ne trouvait jamais son autel trop bien orné. La veille au soir, elle n'allait pas prendre son repos sans entrer jusque dans le sanctuaire, pour voir si rien ne laissait à désirer dans les préparatifs de la solennité du lendemain. Ce qu'elle recommandait surtout à ses Sœurs, c'était d'avoir chacune à offrir à cette bonne Mère du ciel un bouquet composé de sacrifices et d'actes de vertu. « C'est, disait-elle, ce qui plaira davantage à Marie et nous attirera ses faveurs. » L'exercice quotidien du mois de Marie se faisait, du premier au dernier jour de mai, avec la plus suave piété. Pour la clôture il y avait réception d'Enfants de Marie et une procession solennelle, pendant laquelle **la statue** de la sainte Vierge était portée par les jeunes filles. Devant elle les bébés portaient une grande couronne de fleurs, que le prêtre prenait de leurs mains pour la déposer à l'autel de Marie, lorsque la procession rentrait à l'église ; et leurs voix enfantines redisaient le refrain :

> Prends ma couronne,
> Je te la donne,
>   Au ciel, n'est-ce pas,
>   Tu me la rendras !

Ces mêmes bébés étaient encore à la place d'honneur dans une autre circonstance solennelle, pendant la nuit de Noël. Une procession s'organisait avant l'office ; ces tout petits portaient l'Enfant-Jésus sur un brancard en rapport avec leurs faibles épaules ; on allait ensuite le déposer dans la crèche, où il restait voilé jusqu'au chant du *Gloria in excelsis*.

Pour la fête de saint Joseph, dont Sœur Sion portait le nom en communauté, et qu'elle a toujours honoré comme son patron, et son grand bienfaiteur, elle agissait comme pour les fêtes de Marie.

Sa dévotion à l'égard de saint Vincent de Paul était admirable. Elle lui a dédié l'hospice qu'elle a construit à Jérusalem, et le jour de sa fête y fut toujours un jour de grande allégresse spirituelle. Après la mort de Mgr Vincent Bracco, elle avait obtenu, de son successeur, Mgr Louis Piavi, que le 19 juillet de chaque année, le très saint Sacrement restât exposé toute la journée dans la chapelle de l'hospice. Le nouveau Patriarche ne portant pas le nom de Vincent comme son prédécesseur, la fête de saint Vincent de Paul n'était plus solennisée au Patriarcat, et l'hospice pouvait la célébrer le jour même.

Sœur Sion avait aussi un culte particulier pour saint Michel archange. Sa statue était placée à l'entrée de la maison, dont elle l'avait constitué le gardien et le protecteur ; et elle a établi parmi ses Sœurs l'usage d'aller, avant chaque récréation, lui adresser une prière et lui demander de veiller sur tous les membres de la famille.

XVIII

**Mort de Mᵍʳ Poyet. — Visite princière.
La Médaille miraculeuse.**

Vers la fin de l'année 1893, Sœur Sion eut à déplorer la mort de Mᵍʳ Poyet, protonotaire apostolique, qui s'était montré pour elle si dévoué, plein d'une si paternelle sollicitude. La joie de ce saint vieillard était d'aller voir, chaque dimanche, ses bonnes Filles de la Charité, de les entretenir des vertus qu'elles doivent pratiquer et de leur parler de l'avenir· des lépreux. Sa mort fut prompte; mais il était prêt. Le jeudi 12 octobre, en quittant la table, il dit à ses confrères du Patriarcat : « Je m'en vais dans mon éternité. » De fait, il y entrait le lendemain soir, 13 octobre, et ma Sœur Sion avait la consolation de recevoir une de ses dernières bénédictions. C'était un homme de travail et de prière, un saint prêtre en un mot. Chaque nuit, il se levait à minuit pour donner deux heures à l'oraison et à l'exercice du Chemin de la croix.

Cependant Sœur Sion ne cessait de s'occuper avec zèle de l'œuvre des lépreux si chère au Prélat défunt. Le 1ᵉʳ janvier 1894, elle écrivait aux *Missions catholiques* : « Nos souhaits de bonne année pour tous nos bienfaiteurs ont été déposés à Bethléem, au pied de la Crèche, pendant nos grandes et joyeuses solennités de Noël.

« Ces jours-ci, nous avons eu la douleur de voir une des pauvres lépreuses que nous assistons, confier son enfant âgé d'un an aux diaconesses protestantes ; car elles ont un bel établissement où aucun enfant n'est refusé. Nous manquons de ressources pour établir une petite crèche. Est-ce que nos désirs, nos demandes, nos supplications, resteront sans effet ? Ne trouverons-nous pas un généreux bienfaiteur qui réponde à notre appel ? »

« Les chers associés des *Missions* sont des amis pour nous, » disait-elle. Un don anonyme de mille francs ne tarda pas à prouver qu'elle disait vrai, et que son appel n'avait pas été vain. Mais les temps devenaient difficiles ; un si bel exemple trouvait peu d'imitateurs. La digne fille de saint Vincent continuait ses travaux en répétant la maxime du saint fondateur, qu'il ne faut pas *enjamber* sur la Providence, mais se contenter de la *côtoyer* fidèlement.

Au mois de mars, l'Hospice reçut une visite princière. S. A. le prince Philippe d'Orléans et sa sœur la princesse Hélène étaient venus passer la semaine sainte à Jérusalem. A la nouvelle de leur arrivée, Sœur Sion envoya une députation les saluer à la gare ; un jeune aveugle offrit un bouquet de fleurs à la princesse qui s'en montra fort touchée, et qui vint avec son auguste frère, quelques jours après, visiter l'Hospice dans tous ses détails.

Cette même année 1894 apportait une autre joie depuis longtemps désirée, en consacrant authentiquement le souvenir annuel de l'apparition de Marie à la Sœur Catherine Labouré en 1830. Par un décret

11.

du 23 juillet, sa Sainteté Léon XIII établissait la fête de la manifestation de l'Immaculée Vierge Marie, dite de la Médaille miraculeuse, et permettait à tout prêtre de dire la messe propre de cette fête, dans toute chapelle des Filles de la Charité, le 27 novembre.

Sœur Sion ne négligea rien pour donner à la première célébration de cette solennité tout l'éclat possible. Nous lui empruntons les quelques lignes qu'elle a écrites à ce sujet : « Une circulaire de M. notre très honoré Père nous transmettait, avec une paternelle jubilation, les faveurs accordées par le Saint-Siège aux deux familles de saint Vincent, et nous faisait connaître l'institution d'une fête fixée au 27 novembre pour célébrer, chaque année, la mémoire de la Manifestation de l'Immaculée Vierge à la sœur Catherine Labouré. Nous reçûmes cette nouvelle avec une joie immense, et nous eûmes aussitôt l'intention bien arrêtée de faire participer à ces grâces inattendues tous les catholiques de la ville sainte.

« Après avoir obtenu l'autorisation de S. E. Mgr le Patriarche pour la célébration de ces fêtes, j'ai pu m'assurer de la joie qu'il en a ressentie et du succès qu'il en attendait pour la gloire de la très sainte Vierge et le bien spirituel des âmes. Je m'empressai d'en faire part à nos chères Communautés de la ville, qui, à l'envi, nous ont prêté le concours, non seulement de leur piété, mais surtout de leur zèle et de leur sacré ministère ; ce qui nous a permis de donner plus d'éclat à la première fête de la médaille miraculeuse à Jérusalem, en présence de notre population composée d'éléments si divers, hérétiques, schismatiques, juifs et infidèles.

« Nous commençâmes de suite à préparer notre petite chapelle, dont nous aurions bien voulu élargir les murs, car nous prévoyions que notre appel serait entendu et que Marie serait immensément glorifiée au milieu de nous. C'était un pressentiment naturel à toutes nos Sœurs. Nous prîmes nos mesures pour donner à notre triduum toute la solennité possible. Notre unique but, comme notre espoir, était de ranimer la ferveur envers la très sainte Vierge, de la faire aimer, de tourner tous les cœurs vers le sien si aimant, si miséricordieux.

« Comme son divin Fils, Marie doit avoir une préférence pour Jérusalem, qu'elle a sanctifiée par sa présence en suivant Notre-Seigneur dans ses courses apostoliques; où, sur le Calvaire, elle est devenue notre Mère, et où d'immortels souvenirs la lient à notre foi, à notre espérance, à notre amour.

« Oh! que la pensée de manifester à tous nos bons catholiques et à tous les chrétiens la gloire et la puissance de Marie nous donnait de courage? Nous avions la confiance que nos cérémonies seraient pieusement suivies, et que de nombreuses grâces découleraient des mains et du Cœur immaculé de Marie sur tous ceux qui auraient recours à Elle, pendant ces trois jours de prières et de supplications, que nous nommions d'avance des jours de salut.

« Une chose cependant nous inquiétait, c'était de n'avoir pour chapelle qu'une salle de dix mètres de long sur six de large. C'est à peine suffisant en temps ordinaire; mais pour une fête comme celle que nous préparions, il nous aurait fallu une grande église ouvrant largement ses portes à ceux qui vien-

draient chercher le bonheur et la paix auprès de la
céleste Mère. Nous nous sommes industriées pour
en doubler les places.

« Les murs sont simplement crépis et n'ont d'ornement que la *Via Crucis* et la statue du bienheureux
Perboyre attaché à la croix. Nos Sœurs passèrent la
nuit à faire des guirlandes de roses de papier blanc
pour décorer la voûte du sanctuaire, que nous avions
artificiellement étoilée. L'invocation « O Marie, conçue sans péché, priez pour nous qui avons recours à
vous », transparente et illuminée, entourait majestueusement, ainsi qu'une étincelante auréole, notre
« Vierge puissante », qui est, depuis notre arrivée
à Jérusalem, la Reine et la Maîtresse de notre chapelle et de notre maison. Deux gracieux revers de la
médaille, placés à ses côtés et également éclairés,
produisaient un effet ravissant. Sur l'autel, quelques
lis inclinaient leurs tiges autour de Marie, le véritable lis mystique. Jérusalem n'est pas la ville des
fleurs ; elles y sont rares et sans parfum et, en fait
de fleurs artificielles, nous ne sommes guère mieux
fournies. Mais qu'importe ? c'étaient des fleurs spirituelles que nous tenions à offrir à Marie Immaculée ;
notre amour devait suppléer à tout ce qui nous manquait. Aux angles des voûtes flottaient de blanches
oriflammes portant les dates mémorables des diverses apparitions, ou de pieuses invocations ; et partout
se trouvait le chiffre de Marie qui, dans son muet
langage, parlait éloquemment de Celle qui était la
cause et l'objet de nos joies.

« L'ouverture du triduum eut lieu le samedi 24 novembre, à 5 heures du soir, par un salut solennel et
des chants bien exécutés. Malgré une pluie torren-

tielle qui n'avait pas cessé de la journée, l'assistance était nombreuse à ce premier exercice, et nous en remerciâmes le bon Maître. Nous sentions que nous étions en fête; on respirait dans la maison un parfum de piété qui nous tenait sous l'impression, je devrais dire le charme, d'un respectueux recueillement. En effet, nous avions adressé nos premiers chants d'amour, nos premières supplications à la Vierge puissante, et ils devaient trouver de l'écho dans son cœur maternel; notre pensée ne s'en distrayait pas.

« Le lendemain dimanche à 5 heures et demie, messe de communauté, suivie d'une messe d'action de grâces. A 8 heures grand'messe solennelle célébrée par le R. P. Sous-Prieur des Dominicains et chantée par tous les religieux, qui se sont fait un bonheur d'être les premiers à célébrer une messe solennelle dans notre pauvre petite chapelle. On arrivait en foule; des familles entières que le dimanche seul réunit, venaient avec empressement réclamer les faveurs de Marie. En un moment, les corridors ont été transformés en chapelles latérales et ils suffisaient à peine à contenir l'assistance.

« A 4 heures, sermon en arabe par Don Rezk, du Patriarcat latin. Ce bon missionnaire s'était bien pénétré de l'objet et du but de la fête. S'inspirant de sa filiale dévotion envers la très Sainte Vierge, il expliqua de la manière la plus claire et la plus précise les faveurs accordées à ceux qui recourent avec confiance à son intercession, en portant la médaille miraculeuse, en la propageant, et en l'entourant d'une pieuse vénération. Elle doit être la compagne inséparable du rosaire et du scapulaire du Mont Carmel.

Nos bons Latins furent très satisfaits d'entendre faire si saintement l'éloge de la médaille, et ils la reçurent avec une effusion de joie indescriptible, après la bénédiction du Très Saint Sacrement donnée par M. le chanoine Villanis.

« Près d'un millier de médailles, passées chacune à un cordon bleu, ont été distribuées pendant le triduum. On n'aurait pas mis plus d'empressement à acquérir un trésor matériel, que nos Jérosolymitains n'en mirent à se procurer le précieux talisman. On voyait des prêtres, des religieux, des hommes de tous les rangs de la société, se mêler aux femmes et aux enfants, recevoir la médaille, la baiser et la porter ostensiblement sur leurs vêtements. Il m'avait paru bon également de propager la prière : « Très sainte Vierge, je crois et confesse,... etc. » (1). Je la fis imprimer en français et en arabe, et elle a été reçue et appréciée de tous. Depuis, j'ai su que, dans beaucoup de familles chrétiennes, elle a été ajoutée

(1) Voici cette belle prière, que les Filles de la Charité, depuis l'origine de leur Institut, ont coutume de réciter après chacune des dizaines de leur chapelet. C'est une magnifique profession de foi au dogme de l'Immaculée Conception, qui date de plus de deux siècles avant la définition du 8 décembre 1854, et dont la Providence semble avoir voulu récompenser les enfants de saint Vincent par les apparitions de 1830 et le don de la Médaille miraculeuse :

« Très sainte Vierge, je crois et confesse votre sainte et Immaculée Conception pure et sans tache. O très pure Vierge, par votre pureté virginale, votre Conception Immaculée, votre glorieuse qualité de Mère de Dieu, obtenez-moi de votre cher Fils l'humilité, la charité, une grande pureté de cœur, de corps et d'esprit, une sainte persévérance dans ma chère Vocation, le don d'oraison, une bonne vie et une bonne mort. »

à la prière du soir et au chapelet. Pendant que durait cette pieuse distribution, les chants en l'honneur de la Médaille ne cessaient pas, et surtout la chère invocation « O Marie, conçue sans péché » fut chantée et répétée indéfiniment dans une parfaite harmonie de voix et de cœurs à jamais dévoués à l'auguste Vierge Immaculée.

« Quoique les jours suivants fussent des jours de travail, il y eut le même élan de foi et d'amour. Le lundi, la foule était compacte; toute la maîtrise des RR. Pères Franciscains était venue rehausser la solennité par des chants magnifiques. Il en fut de même jusqu'à la fin. Le dernier soir, nos enfants préparèrent une illumination brillante qui ne fut pas seulement un signe de réjouissance, mais encore une prédication pour ceux qui ne connaissaient pas l'objet de ces fêtes.

« Tout en étant bien réellement à Jérusalem, ma pensée était en permanence à notre chère Maison-Mère, dans cet auguste sanctuaire où Marie a laissé l'empreinte de sa maternelle présence, et où ces belles solennités l'ont presque fait revenir sensiblement, avec la richesse et l'abondance de ses grâces... »

Sœur Sion avait, en la Médaille miraculeuse, une foi qui ne s'est jamais démentie, et qui fut plus d'une fois récompensée. Nous en citerons seulement deux exemples. Dans un chemin qui longe l'hospice, on avait creusé des égouts peu profonds, et si mal construits que les eaux pénétraient dans la propriété. Dès que la Supérieure s'en aperçut, elle comprit le danger qui en résultait pour sa maison, dont les fondations minées peu à peu auraient fini tôt ou tard par amener un désastre. Pendant de longs mois, ce fut un sujet d'inquiétude. Elle avait beau multiplier ses démarches, on ne l'entendait pas. La clef d'or qui, dit-on, ouvre toutes les portes, peut aussi, dans l'occasion, les tenir fermées. Néanmoins elle ne perdait pas courage. « Je n'ai pas d'argent, disait-elle, pour gagner ma cause, mais Dieu est là, cette maison est la sienne, il empêchera sa ruine. » Puis elle continuait ses prières et ses sacrifices.

Un soir d'hiver, par une pluie battante, à la faveur de l'obscurité, elle envoie deux Sœurs placer des médailles miraculeuses et des médailles de saint Benoît sur tous les points d'où pouvait venir le danger. Et voilà que, peu de jours après, arriva chez ma Sœur Sion le Président de la Municipalité. Il venait voir par lui-même l'état des choses. Il ordonna aussitôt de creuser un canal profond, de lui donner une pente raisonnable, de le cimenter avec soin. Il fit plus, il déclara qu'une Sœur serait chargée de faire exécuter ses ordres, et de veiller à ce que les travaux fussent faits consciencieusement. Sœur Sion disait ensuite avec une profonde reconnaissance : « Je savais bien que Dieu garderait sa maison et qu'il la préserverait de tout mal. » Et elle ajoutait : « Il en sera toujours ainsi, si nous sommes fidèles. »

Quelques mois plus tard, une autre épreuve la menaçait. On l'accusa auprès du Gouverneur d'avoir dépassé, dans la construction de l'Hospice, les dimensions permises, par le firman, pour la hauteur des murs. Immédiatement des inspecteurs furent désignés pour venir mesurer le bâtiment. Des amis prévinrent Sœur Sion de ce qui s'était passé. D'abord l'inspection amenait l'interruption des travaux; et puis, les inspecteurs auraient-ils l'attention de prendre les mesures à l'intérieur, en faisant, comme c'est reçu, abstraction de l'épaisseur des murs et des voûtes? On n'était pas sans grandes inquiétudes. Un excellent prêtre, qui avait bien voulu apporter à la construction de l'hospice le concours de son expérience en architecture, se trouvait là. « Mon Père, lui dit la Sœur, voici des médailles miraculeuses et des médailles de saint Benoît, faites-les mettre dans tous les murs et vous verrez qu'on ne nous dira rien. — Je les mettrai moi-même, » dit le prêtre. Il monta en effet sur le haut des murs que les maçons étaient en train de terminer, et y déposa les précieuses médailles, puis il resta pour attendre les événements. Bientôt après, il vit les inspecteurs se diriger vers la maison ; mais ils se contentèrent d'examiner les travaux et de regarder un instant la bâtisse, puis passèrent outre, comme s'ils n'eussent pas osé entrer. Merci, mon Dieu! disait la bonne Mère. Et le bon prêtre, tout ému, lui dit en partant : « Eh bien! Sœur Sion, vous vous en tirez à peu de frais : un acte de foi, et tout est gagné! » De fait, l'affaire s'arrêta là, on n'en parla plus jamais.

XIX

Cependant Sœur Sion avait fait réflexion que les
maisons des Filles de la Charité de Rome, par respect pour la ville où bat le cœur de l'Église, pour le
Pape qui l'habite, ne dépendaient d'aucune autre
maison, mais relevaient immédiatement de la Supérieure générale. Elle songea qu'on pourrait bien
avoir de semblables égards pour Jérusalem, la cité
de la Croix et de l'Eucharistie, la ville du Cénacle
aujourd'hui profané, et du Golgotha où l'Immaculée
Vierge se tenait debout, priant, pleurant, se sacri-
fiant pour le salut du monde. Elle adressa dans ce
sens à Paris une requête qui fut bien accueillie, et la
bonne nouvelle lui en fut apportée le 18 février
1895, par une Sœur qui avait travaillé en Abyssinie
jusqu'à l'heure où, victime de la persécution, et
expulsée avec ses compagnes et tous les Missionnaires Lazaristes, elle fut destinée à la mission de
Jérusalem. Sœur Sion invita aussitôt ses Sœurs à
rendre grâce à Dieu de cette faveur.

La Sœur dont nous parlons avait fait un voyage
de huit jours à cheval pour arriver d'Abyssinie en

Égypte. A Port-Saïd, elle rencontra sur le paquebot le prince Don Carlos de Bourbon, qui venait à Jérusalem avec sa nouvelle épouse Marie-Berthe, princesse de Rohan, et toute sa jeune famille. Arrivé à Jérusalem, le prince tomba malade et dut garder la chambre. Il voulut du moins voir de près Sœur Sion et ses Filles, auxquelles il fit le plus bienveillant accueil à la Casa-Nova où il était descendu.

Dans les souffrances de la maternité spirituelle, il y a deux parts distinctes : d'un côté, les privations, les travaux, les difficultés; de l'autre, les douleurs plus profondes, plus poignantes, les deuils, les coups inguérissables de la séparation et de la mort. Jusque-là, la bonne Mère n'avait connu que la première part de ces souffrances; elle allait éprouver la seconde.

L'avant-veille de l'Annonciation, 23 mars 1896, Dieu lui demanda le sacrifice de la jeune sœur Cécile qu'elle avait amenée, moins de quatre ans auparavant. Elle aimait ses Filles avec une tendresse que n'égale point celle qui vient de la nature et du sang. Elle était attentive à tous leurs besoins, partageait toutes leurs peines. Dès qu'une Sœur était malade ou paraissait même légèrement indisposée, elle devenait inquiète et lui interdisait toute fatigue. Si le mal devenait sérieux, elle en épiait les progrès avec une angoisse indicible, et faisait appel à toutes les ressources de la science et de l'affection, pour prolonger une existence qui lui était si chère.

Que ne fit-elle pas pour obtenir la guérison de cette Sœur Cécile, sur laquelle elle avait fondé les plus belles espérances, et qui était devenue comme son bras droit? Mais c'était une âme mûre pour le ciel. Dans la fleur de ses vingt ans elle s'était donnée à Dieu, et treize années de dévouement avaient suffi pour achever sa couronne. Elle vit venir la mort avec une telle douceur et une telle paix, que son confesseur témoin, d'un côté, de ce calme, de l'autre, de la douleur si profonde de la Mère, était ému jusqu'aux larmes.

Pendant longtemps, Sœur Sion ne put se consoler de cette mort. Quand on prononçait le nom de la Sœur, qu'on rappelait une de ses paroles, une de ses actions, elle pleurait ; et lorsque, longtemps après, elle racontait les détails de cette fin si belle, on sentait en elle le respect et la vénération que ce spectacle lui avait inspirés.

L'Église appelle la vie de saint Joseph un mélange de joies et d'alarmes : « *Miscens gaudia fletibus* ». Telle était aussi la vie de sœur Sion. Une sainte amitié, due aux attentions de Mgr Poyet, l'avait unie à la Révérende Mère Marie Aloysia, fondatrice du Carmel du *Pater*. Dès leur première entrevue, ces deux âmes s'étaient comprises ; toutes deux avaient ce principe dans le gouvernement des âmes, qu'il faut être plus Mère que Supérieure ; toutes deux auraient pu prendre cette devise connue d'une sainte religieuse : « Gloire pour Dieu, — peine pour moi, — profit pour les autres. » Chaque année, le 21 juin, sœur Sion conduisait ses petits orphelins à la bonne Prieure pour lui réciter un compliment de fête. Dès qu'au Carmel il y avait quelque malade, elle envoyait ses Sœurs porter les secours de leur expérience.

La Révérende Mère Aloysia était née à Camaret près d'Orange. Après avoir été l'ange gardien de la famille, elle s'ouvrit de son désir d'être religieuse à ses parents, qui s'inclinèrent devant la volonté de Dieu. Son père lui demanda seulement d'attendre qu'elle eût vingt et un ans. L'heure venue, sa mère se trouvant clouée sur un lit de douleur, la jeune fille voulait retarder son départ. Mais la mère lui dit : « Non, ma fille, je ne veux pas que pour moi vous retardiez votre sacrifice. » Et elle oublia un instant ses souffrances pour presser une dernière fois son enfant sur son cœur.

Le 19 avril 1896, la vénérée Mère célébrait le cinquantième anniversaire de son entrée au Carmel, et, chose rare, elle le célébrait étant encore dans sa charge de Prieure, que ses filles lui avaient confirmée à chaque élection, depuis la fondation du monastère. Toute la population catholique de Jérusalem se porta ce jour-là au sommet de la montagne des Oliviers, où se trouve le Carmel du *Pater*, pour témoigner de la vénération que la sainte religieuse avait su inspirer au loin sans pourtant sortir de son cloître. La fanfare du Séminaire de sainte Anne était là pour donner plus d'éclat à la fête. S. G. Mgr Appodia assista pontificalement à la messe solennelle, pendant laquelle le Souverain Pontife avait permis de donner la bénédiction papale. L'Église du Carmel avait été ornée avec le goût le plus exquis. A chaque pilier les guirlandes aboutissaient à un écusson retraçant une circonstance de la vie de la Prieure. Le premier portait un lis avec la date de l'entrée au Carmel ; le deuxième, une rose blanche et la date de la prise d'habit ; le troisième, une croix et un roseau avec la date de la profession ; le quatrième avait une rose rouge, et rappelait que la Mère avait été Prieure en France ; le cinquième, un vaisseau et ce verset du psaume : « Oubliez votre peuple. » C'était l'adieu à la patrie. Le sixième représentait le Carmel du *Pater* et l'invocation : « *Adveniat regnum tuum* »; le septième, une vigne avec cette phrase : « Elle a planté la vigne à la sueur de son front »; le huitième, un olivier, allusion à la sainte montagne sur laquelle elle vivait depuis vingt ans; le neuvième, le bâton et la couronne qu'on remet à la jubilaire dans la cérémonie de ce jour; le dixième enfin une colonne, avec ces mots : « Toujours Mère et colonne de l'édifice ». Les enfants de Sœur Sion assistaient à la fête. Ils vinrent à la grille saluer la vénérée Mère, et exécutèrent en son honneur des chants de circonstance.

Six ans, après, la Révérende Mère Marie Aloysia s'éteignait pieusement, le 13 décembre 1902, dans la soixante-dix-huitième année de son âge et la cinquante-septième de sa vie religieuse.

Au commencement de l'été de 1897, Sœur Sion fut de nouveau appelée à Paris pour la retraite des Supérieures. Mais Dieu la traita comme la première fois : la maladie ne lui permit pas d'y prendre part. C'est à Valenciennes qu'elle dut rester trois mois. La Providence avait ses desseins en permettant cet arrêt. La regrettée Sœur Cécile, morte l'année précédente, était née en cette ville. Plus d'une fois ses parents purent venir recevoir les consolations et les encouragements de Sœur Sion. Celle qui avait été la mère spirituelle de la chère défunte mêlait ses larmes à celles de sa mère selon la nature. « J'ai perdu autant que vous ! » lui disait-elle, et ce cri d'un cœur maternel fut comme un baume pour la douleur des pieux parents.

Mais, hélas ! pendant ce temps, un nouveau deuil

frappait la maison de Jérusalem. Sœur Adélaïde Odoux mourait, moins de dix mois après son arrivée. Elle n'avait que 28 ans d'âge et 8 de vocation. Dieu semblait, cette fois, vouloir ménager la Mère, en choisissant le moment de son absence pour rappeler à lui la Fille, et lui épargner le spectacle de ses souffrances.

Au mois d'août, la Supérieure de Jérusalem eut à diriger la retraite de Valenciennes, où près de quatre-vingts Sœurs se trouvaient réunies pour suivre les saints exercices. C'est de cette retraite qu'elle écrivait à l'une de ses anciennes compagnes, qu'elle avait vue peu de jours auparavant, une de ces lettres charmantes où se révèle toute la beauté de son âme :

« Ma chère Sœur, il me semble que je ne vous ai pas quittée, tellement mon esprit et mon cœur sont restés près de vous dans cette chère petite famille de M..., que j'aimais déjà sans la connaître, et que je chéris depuis l'heureux moment où j'y ai reçu l'accueil le plus affectueux qu'on puisse imaginer.

« J'ai joui au milieu de vous toutes, non seulement à cause des témoignages de sainte amitié dont j'ai été comblée, mais surtout pour ce charme de simplicité que l'on respirait de partout dans votre chère maison. J'en suis encore toute pénétrée, tout embaumée. Remercions ensemble le bon Dieu de la grâce de nous être revues, après onze années de séparation courageusement supportées en esprit de soumission à sa sainte volonté, et continuons à nous aimer de la bonne manière pour sa plus grande gloire et pour l'intérêt de nos âmes, chacune de notre côté n'ayant que ce seul but dans nos travaux et nos sacrifices.

« Priez pour moi ; vous avez dû le faire pendant votre retraite, car j'ai senti quelque chose de bien bon, qui ne pouvait nous venir que de l'air pur de M... Je vous ai suivie pendant ces jours bénis de votre retraite, et j'ai beaucoup prié, pendant la mienne qui touche à sa fin, pour vous et toutes vos bonnes compagnes.

« Je vous vois, dans votre office, en remplir les devoirs avec une grande générosité. Soyez bien intérieure, et vous obtiendrez tout ce que vous voudrez du Cœur de Jésus, et vous serez aussi très édifiante pour vos compagnes.

« Enfin, chère et bonne enfant, que cette courte entrevue rapproche nos âmes encore plus de Jésus notre Époux. Que nous ne fassions qu'un seul cœur avec Lui, et cela en vivant dans une charité parfaite en paroles et en actions, à l'égard de nos bonnes compagnes surtout.

« Soyez et devenez de plus en plus la joie, la consolation, le soutien de votre bonne Supérieure. Adieu ! restons unies dans les liens de l'amour de Jésus et de sa divine Mère. — Je pars de Valenciennes le 30 courant, de Paris huit jours plus tard, de **Marseille** le 23 septembre. Je quitte la retraite demain 27. »

Le lendemain 28, elle revit ses parents pour la dernière fois, et, le 1er octobre, elle arrivait à Jérusalem, avec sœur Émilie Deyme qui venait de prendre l'habit. Elle connaissait intimement la famille de cette Sœur née à Montluel peu avant qu'elle-même fût envoyée à l'hôpital de cette ville. La jeune Sœur avait, entre autres bonnes qualités, un talent spécial pour l'éducation, et elle fut chargée de l'école des filles.

Vers la fin de janvier 1898, Sœur Sion reçut une lettre de ses Supérieurs lui disant d'aller faire, à Nazareth, la fondation d'un hôpital. En ce moment une forte bronchite la retenait au lit depuis huit jours. « Il n'y a pas à attendre, dit-elle, il faut se lever et partir. — Mais si nos Supérieurs savaient dans quel état vous êtes, objectaient les Sœurs, ils vous diraient sûrement de vous guérir avant d'entreprendre ce voyage. — Croyez-moi, reprit-elle, ne perdons pas de temps, c'est l'heure de Dieu, je le sens, préparons-nous et partons. » Le lendemain en effet, elle se leva, alla recevoir la bénédiction de Mgr le Patriarche, qui essaya de la retenir mais inutilement. Elle réclama aussi celle de son confesseur, M^r. le chanoine Coderc. Celui-ci la voyant bien décidée à partir, lui dit simplement : « Allez, ma fille, je vous bénis, ne craignez rien, le bon Dieu est avec vous. »

C'était le samedi 2 février. A 8 heures du matin, elle partit avec trois Sœurs, mettant son voyage sous la protection de la très sainte Vierge, dont l'Église fêtait en ce jour la Purification. Deux heures à peine s'étaient écoulées depuis son départ, quand on apporta à son adresse une lettre du Consul général de Beyrouth, qui intimait à Sœur Sion l'ordre de ne pas aller à Nazareth. Les Sœurs, en recevant la lettre, bénirent la divine Providence d'avoir inspiré un si prompt départ, et elles se contentèrent de répondre : « Il est trop tard, Monsieur, la Supérieure est partie. » — « Si nous n'avions pas été en chemin, disait plus tard Sœur Sion, aurais-je pu résister à un ordre de ce genre? C'est bien le bon Dieu qui me pressait de partir ce jour-là. Il bénit toujours la promptitude dans l'obéissance. »

12

Ici, laissons la parole à une de celles qui faisaient partie de la petite caravane :

« Arrivées à Jaffa à 11 heures et demie, nous allâmes prendre un léger repas chez les bons Pères Franciscains, à Casa-Nova, et vers 2 heures, nous descendions dans la barque qui devait nous conduire au paquebot, car celui-ci reste toujours loin du bord à cause des dangers de la rade. Favorisées par un temps assez beau, nous arrivâmes à Caïffa à dix heures du soir. Quel débarquement au milieu des plus épaisses ténèbres et des cris assourdissants des bateliers, qui grimpaient comme des singes à l'assaut du navire, pour arriver plus tôt à prendre les passagers ! C'était effrayant ; mais Sœur Sion ne perdait pas son sang-froid. Elle laissa partir les plus pressés, et nous descendîmes bientôt dans la barque que le Directeur des Frères des Écoles chrétiennes, prévenu de notre arrivée, nous avait envoyée. Vingt minutes après, nous étions chez les RR. Pères Carmes qui desservent la paroisse latine de Caïffa. Nous fûmes reçues avec une touchante bonté par le R. P. Curé et ses deux vicaires, qui, après nous avoir réconfortées, nous conduisirent dans un logement préparé pour y prendre quelques heures de repos.

« Le lendemain, après avoir entendu la sainte messe, nous allâmes saluer le vice-consul de France, dans le district duquel se trouve Nazareth, et qui nous fit le plus favorable accueil, nous disant la satisfaction qu'il éprouvait de voir les Filles de la Charité s'installer en Galilée. Après quelques autres visites indispensables, Sœur Sion voulut prendre sans tarder le chemin de Nazareth. Le R. P. Curé l'engagea à gravir la sainte montagne pour avoir la bénédiction de Notre-Dame du Mont Carmel; mais elle répondit : « Non, mon Père, l'obéissance veut « que j'aille tout de suite à Nazareth; au retour, je « viendrai saluer la Vierge du Carmel. Si j'y allais « maintenant, elle ne serait pas contente. »

« Il était 10 heures lorsque nous quittâmes Caïffa, toutes les quatre dans une de ces hautes voitures américaines encore inconnues à Jérusalem. Installée tant bien que mal dans ce nouveau véhicule, notre Mère commença par prier, et après avoir invoqué ses saints de prédilection, elle nous dit que, ne sachant trop ce qui nous attendait dans ces chemins où nous nous engagions et dont on nous avait fait une peinture peu rassurante, il fallait tout d'abord prendre un peu de nourriture. On eût dit qu'elle pressentait les dangers qui nous attendaient.

« Comme il n'y avait pas de route tracée entre Caïffa et Nazareth, il fallait s'engager à travers les champs, les fossés, les fondrières, les marais, aller d'ici, de là, partout où les cochers trouvaient plus de facilité pour leur attelage. Les pluies torrentielles, tombées pendant le mois de janvier, avaient fait de tous ces champs et marais autant de lacs ou de petites rivières qu'il fallait traverser. Nous avions quitté Caïffa depuis une heure à peine, que déjà notre voiture s'était embourbée dans les terrains détrempés; nous en sortîmes à grand'peine, et ce n'était que le prélude de plus pénibles aventures.

« Un peu plus loin, en traversant un fossé plein d'eau et très profond, il fallut descendre pour alléger la voiture et chercher les moyens de passer de l'autre côté sans nous mettre à l'eau. Pour nous encourager, Sœur Sion nous dit : N'ayez pas peur, je vais passer la première, vous me suivrez. Le cocher, aidé d'un autre voiturier qui nous suivait, se mit à faire une sorte de pont avec des pierres qu'il disposa tant bien que mal; puis, voulant aider notre Mère, il mit le pied sur la même pierre où elle posait le sien et la fit tourner. Nous jetâmes un cri en voyant cette pauvre Mère dans l'eau jusqu'à la ceinture, elle qui n'était pas encore guérie de sa bronchite. Nous en avions les larmes aux yeux; mais elle se mettait à rire en nous disant : « Attention de ne pas en faire « autant; il vaut mieux que ce soit moi que vous. » Nous aurions voulu le contraire; la crainte où nous étions de la voir tomber de nouveau malade, faute de vêtements de rechange, nous mit à la torture. Pendant que nous essayions d'enlever la boue dont elle était couverte, notre véhicule, en traversant le même fossé, se brisa. Impossible de continuer le voyage! Heureusement les cochers, connaissant les difficultés de ce chemin, avaient fait provision de cordes; pendant plus d'une heure qu'ils mirent à raccommoder la pauvre voiture, nous fîmes sécher, le mieux qui nous fut possible, les habits de notre Mère, qui ne perdait rien de sa gaieté et de son entrain.

« Hélas! nous n'étions pas au bout; nous tombions d'un danger dans un autre, d'un fossé dans une fondrière, et nous ne cessions de prier la très sainte Vierge de nous garder, récitant notre acte de contrition à chaque nouvelle secousse. La présence de Sœur Sion nous soutenait. Elle était admirable de confiance et nous disait : « Nous sommes venues par « obéissance, le bon Dieu nous doit sa protection; « soyez sans crainte, nous arriverons saines et sau- « ves. » Puis elle redisait l'*Ave Maria* en appuyant sur ces mots : *priez pour nous* **maintenant**.

« Vers 3 heures, nous arrivions en face du Cison débordé de tous côtés; il avait fait, des marais qui l'entourent, une rivière dont nous n'apercevions pas l'autre bord; à peine voyait-on la tête des roseaux qui croissent dans ces plaines. Nous regardions avec effroi cette étendue d'eau qu'il nous fallait traverser avec un attelage en si mauvais état, et nous nous croyions à notre dernière heure. Seule, la Mère était calme et priait. Nous étions descendues de voiture, ne voulant pas nous hasarder plus loin. Elle nous fit remonter, disant : « Comme vous avez peu « de confiance! Si nous devons périr, nous périrons « ensemble. Du courage; le bon Dieu nous fera mi- « séricorde, puisque nous accomplissons un acte « d'obéissance. La sainte Vierge nous protège, « soyons sans inquiétude. » Tout en tremblant, nous reprîmes place dans la voiture; le cocher, debout, se mit à activer les chevaux de la voix et du fouet. Combien de temps dura ce terrible passage, je ne sais, tant il nous sembla long. Les chevaux disparaissaient presque dans l'eau; à chaque instant, il nous semblait les voir glisser ou s'abattre; le sang se glaçait dans nos veines à cette pensée, et c'est à peine si la prière pouvait sortir de nos lèvres. Là encore j'admirais la sérénité inaltérable de la Mère, que j'entendais répéter : « Mon Dieu! mon Dieu! je « sais bien que ce sont mes péchés qui sont la cause « des dangers que nous courons, mais, à cause de « nos Sœurs, pardonnez-moi, sauvez-nous! » Tant d'humilité me confondait. Enfin nous arrivâmes à l'autre bord, remerciant le Seigneur de la protection visible dont il nous avait entourées.

12.

« A 8 heures du soir, nous entrions à Nazareth, brisées par la fatigue; mais, heureuses et pleines de reconnaissance envers la très sainte Vierge, nous commençâmes par réciter le *Magnificat*. Reçues à la Casa-Nova des RR. Pères Franciscains avec une grande bonté, nous y restâmes un mois.

« Pendant ce temps Sœur Sion, qui ne restait jamais inactive, fit préparer la maison qu'on avait louée pour nous quelques semaines auparavant. Les personnes qui connaissaient l'immeuble et qui l'avaient vu avant les réparations, ne pouvaient qu'admirer l'esprit d'organisation de la Supérieure.

« Nous quittâmes Casa-Nova le 1er mars. Sœur Sion avait promis à saint Joseph, son glorieux patron, de recevoir les premiers malades le 19, jour de sa fête. Le 18 au soir, l'hôpital était prêt; nous faisions les lits et mettions la dernière main à l'arrangement des salles. Le lendemain 19, les premiers malades furent admis. A Nazareth comme à Jérusalem, notre Mère eut bientôt conquis l'estime générale par la bonté de son cœur, sa droiture, sa franchise, ce je ne sais quoi de surnaturel qui attirait et captivait ceux qui l'approchaient. »

Mais le calme ici-bas ne dure pas longtemps. C'est comme dans nos fêtes chrétiennes : le saint Sacrifice est bientôt achevé, les flambeaux s'éteignent, le parfum de l'encens s'évapore à son tour, et il faut quitter le pied de l'autel. Il faut interrompre ses douces pensées, pour entrer en lutte, travailler, faire face à la dure nécessité, si l'on veut mériter de nouvelles joies spirituelles. C'est ce qui arriva à Nazareth. Après le calme des premiers moments, le démon, furieux du bien qui devait résulter de cette fondation, ne négligea rien pour la faire échouer. Un véritable orage se déchaîna, pendant lequel Sœur Sion gardait une confiance absolue en Celui qu'elle appelait toujours son bon Maître. Elle était soutenue par cette pensée, qu'elle faisait la volonté de Dieu lui-même, en obéissant à ses Supérieurs. Mais que de nuits sans sommeil! Que de larmes versées en silence au pied du Crucifix! Que de sacrifices et d'actes de renoncement pour assurer le succès de son œuvre! Dieu seul, qui connaît les secrets des cœurs, a pu les compter. « Non, disait-elle, je ne faiblirai pas, pour l'honneur de notre chère Communauté, j'irai de l'avant. »

Le 25 mars, elle reprit le chemin de Jérusalem pour exposer l'état des choses à Mgr le Patriarche. Elle passa par les mêmes chemins et presque par les mêmes anxiétés que le 3 février précédent.

A Caïffa, le R. P. Curé reçut les Sœurs avec la même bonté que la première fois, et, en attendant minuit, car elles désiraient entendre la messe de très bonne heure avant de poursuivre le voyage, il leur demanda de venir à Caïffa pour y établir un hôpital; ajoutant que les pauvres catholiques, qui étaient obligés de se réfugier dans celui des protestants, s'exposaient à manquer des secours de la religion à l'heure de la mort. Sœur Sion répondit qu'étant très pressée de partir pour Jérusalem, elle ne pouvait s'occuper d'une si grave affaire en si peu de temps, mais qu'on traiterait sérieusement la chose à son retour, et qu'on en référerait aux Supérieurs. Étonnée de voir qu'elle ne repoussait pas cette nouvelle proposition, après les épreuves que traversait la fondation de Nazareth, une de ses compagnes lui dit : « Avouez que vous avez bon appétit, après tout ce que vous souffrez maintenant. » Mais elle répondit en souriant : « Pourquoi pas? Si le bon Dieu veut cette œuvre, rien ne m'empêchera de le faire. »

Le lendemain soir, elle arrivait à Jérusalem. Après une nuit sans sommeil, elle fit une fervente communion, puis alla voir Mgr le Patriarche, lui exposa les difficultés qu'elle rencontrait, et, comme, au cours de la conversation, elle avait parlé de la demande d'un hôpital qui lui avait été faite à Caïffa, Monseigneur lui dit : « Eh bien! ma fille, laissez Nazareth et allez vous installer à Caïffa. — Pardon, Monseigneur, répondit-elle, nous irons à Caïffa faire les œuvres que Dieu voudra, mais nous resterons à Nazareth, où nous tâcherons de faire le plus de bien possible ; l'un n'empêchera pas l'autre. Laissez faire, Monseigneur, jusqu'à présent vous n'avez pas eu à vous plaindre de nous, et il en sera toujours ainsi à l'avenir. » Alors Monseigneur lui répondit : « Allez, ma fille, et faites comme vous voudrez. » Dès le lendemain, elle reprit le chemin de Nazareth avec un nouveau courage et de nouvelles forces, et elle y resta huit mois entiers.

Elle l'avait dit : « Les œuvres qui ne sont pas fondées sur la croix ne réussissent pas. » Son œuvre à Nazareth, appuyée sur ce fondement solide, a prospéré et, trois ans après, elle en rendait compte elle-même aux *Missions catholiques* en ces termes :

« Il y avait douze ans que les Filles de la Charité de saint Vincent de Paul étaient établies à Jérusalem et à Bethléem ; une troisième fondation en Palestine s'imposait d'elle-même. Si elles avaient la consolation d'entourer la Crèche et le tombeau du Sauveur, elles devaient aussi pénétrer dans le sanctuaire de l'Annonciation et de l'*Ave Maria*. Jésus passa à Nazareth près de trente ans de vie cachée. Le site est choisi admirablement, car, à Nazareth, tout respire le silence, le recueillement, la retraite. On n'aperçoit la ville que lorsqu'on y arrive, voilée qu'elle est par une gracieuse chaîne de montagnes découpée en festons, comme une belle rose dont le sanctuaire de l'Annonciation forme le calice.

« Les Sœurs y étaient depuis longtemps attendues. Plusieurs souscriptions avaient été envoyées aux Supérieurs généraux de Paris et même à Rome. Mais, pour s'y établir, il fallait autre chose que des désirs, il fallait des fonds suffisants et capables d'assurer le succès d'une œuvre si instamment réclamée par les besoins des pauvres de la localité. Une personne charitable offrit une somme assez importante. Le 2 février 1898, quatre Sœurs se mettaient en route pour la Galilée sous la protection de la Sainte Famille. Le voyage fut très périlleux, par suite des pluies abondantes qui avaient rendu les routes impraticables. Pendant le trajet de Caïffa à Nazareth, les Sœurs furent sur le point de périr plusieurs fois. Elles prièrent avec ferveur ; un secours inattendu arriva et sauva la petite caravane, qui n'eut que quelques heures de retard. Le souvenir de ce premier voyage ne s'oubliera jamais.

« Les courageuses voyageuses arrivèrent, à 8 heures du soir, à Nazareth, qui paraissait sommeiller à la lueur des petites lumières de chacune de ses maisons. Elles descendirent à Casa-Nova, chez les RR. Pères Franciscains. M{{gr}} le Patriarche les avait munies d'une lettre de recommandation pour le

R. Père Gardien et le R. Père Curé, qui leur firent l'accueil le plus cordial et le plus paternel.

« Déjà une maison avait été louée et, dès le lendemain de leur arrivée, les Sœurs s'occupèrent des réparations nécessaires pour en faire le gracieux petit hôpital actuel.

« Le 19 mars, deux belles salles étaient à la disposition des premiers malades qui se présentèrent. Il n'y avait de place que pour dix-sept lits, qui furent aussitôt occupés.

« Les débuts de cette petite fondation furent traversés par de pénibles épreuves, qui causèrent bien des soucis. Puis la tourmente passa; sans autre résultat que d'avoir affermi la petite Mission, sur des bases d'autant plus solides qu'elles avaient été plus violemment secouées.

« Voilà bientôt quatre ans, et l'hôpital fonctionne à la satisfaction générale de la population de Nazareth. Un excellent médecin-chirurgien est attaché à l'établissement et se prête aux nombreuses consultations du dispensaire, qui ne désemplit pas de toute la matinée.

« Les consolations ont suivi les épreuves; le bien, commencé sous le poids de la croix, se continue, s'étend et rayonne au loin dans cette terre de Galilée, au sol sacré, si riche en précieux souvenirs de la vie et des miracles de notre divin Sauveur.

« Les visites à domicile ne se firent pas attendre, en ville et dans les villages. Les Sœurs étaient appelées auprès des malades, qui s'abandonnaient à leur expérience et à leur dévouement avec une entière confiance.

« Dans les villages, les visites ne sont pas aussi

fréquentes que les Sœurs et les pauvres le désireraient. Le temps manque souvent pour ces longues courses, car le service de l'hôpital auprès des malades pourrait en souffrir. A mesure que la famille de saint Vincent augmentera à Nazareth, nos Sœurs ne reculeront devant aucune fatigue, pour apporter un peu d'adoucissement à ceux qui souffrent, dans les campagnes où ils sont isolés et délaissés.

« Une jeune fille d'un de ces villages, où il n'y a pas de prêtre à demeure, étant venue à l'hôpital, les Sœurs l'instruisirent; et, maintenant, elle est installée petite maîtresse d'école, avec une rétribution annuelle que les Sœurs lui donnent pour l'encourager à enseigner la lecture et les prières aux pauvres enfants de ce village. Les résultats sont consolants; les Sœurs vont de temps en temps visiter l'école et examiner les enfants, et elles sont satisfaites de voir que ceux-ci savent assez bien le catéchisme.

« A Nazareth, la jeunesse féminine est nombreuse. Les Sœurs y ont établi l'Œuvre des Jeunes Économes, dont chaque membre se dévoue à travailler à la confection de vêtements pour les pauvres. Les jeunes filles sont venues nombreuses à cet appel, et chaque jeudi les réunit à l'hôpital, où elles passent l'après-midi à coudre, à prier, à s'entretenir de choses pieuses et instructives. Le temps passe trop rapidement au gré de leurs désirs, tant elles trouvent de charme à ces réunions, qui les forment au travail et au dévouement pour les pauvres de leur chère petite ville. La Mission de Nazareth croîtra avec le temps, si, comme tout nous le fait espérer, Dieu daigne lui donner sa bénédiction. »

XX

**Mort de Mme Sion. — Mort de M. Coderc
et de M. Chevalier. — Fondation de Caïffa.**

Aussitôt après le dernier voyage de Sœur Sion en
France, sa pieuse mère avait été saisie par la pensée
qu'elle ne reverrait plus sa fille ici-bas. L'émotion
qu'elle en ressentit causa à sa santé un ébranlement
général. Peu à peu sa vue s'affaiblit, elle devint
presque aveugle, puis ses souffrances allèrent grandissant. Elle ne cessait pourtant de répéter : « Comme
le bon Dieu voudra... que la volonté de Dieu soit
faite! » Le bon Curé d'Houplines venait la voir pour
s'édifier lui-même, disait-il, au spectacle d'une âme
si résignée.

Elle eut la consolation d'être assistée pendant ses
derniers jours par sa fille, Sœur Vincent, alors directrice de l'hôpital militaire de Valenciennes. « Je te
bénis ainsi que ta sœur, lui dit-elle; combien je re-
grette qu'elle ne soit point ici à cette heure! mais
nous nous reverrons là-haut. » Voyant que la maladie se prolongeait, Sœur Vincent se disposait à retourner à son office, quand tout à coup sa bonne mère
lui dit : « Je sens que je m'en vais, récitez les prières
des agonisants. » Sa fille se mit à les lire; mais lorsqu'elle arriva à ces mots : « Sortez de ce monde,

âme chrétienne... », l'émotion arrêta la parole sur ses lèvres; une autre Sœur continua les prières que la mourante suivait pieusement. Peu après elle rendait le dernier soupir. C'était le mardi 21 juin 1898.

Les funérailles eurent lieu le samedi suivant. Le bon Curé qui l'avait assistée disait n'avoir pas vu de mort aussi sainte. Le télégraphe apporta rapidement la nouvelle à Jérusalem. Sœur Sion était alors à Nazareth; néanmoins un service fut célébré à l'hospice. Les témoignages de sympathie affluèrent; plusieurs prêtres vinrent à la chapelle célébrer la messe pour la pieuse défunte.

Mais d'autres deuils allaient se succéder. Revenue à Jérusalem vers le mois de décembre, Sœur Sion ne devait plus jouir que quelques jours de la sage et prudente direction de M. le Chanoine Coderc. Miné depuis longtemps par la souffrance, il ne pouvait plus qu'à grand'peine célébrer le saint Sacrifice. Et comme on lui disait un jour qu'il s'exposait à faire une chute fatale, dans le trajet assez long qu'il faisait si péniblement de sa chambre à l'église, il répondait : « Une messe vaut mieux que la vie d'un homme. » De concert avec le docteur Savignoni, les Sœurs ne négligèrent rien pour prolonger une vie qui avait été si bien employée. Mais les pensées de Dieu ne sont pas celles des hommes. Le 14 mars 1899, après quarante-trois années de service sur cette terre arrosée par le sang du Sauveur, il s'endormit dans la paix du Seigneur.

Un mois après, le télégraphe apportait encore à Jérusalem la nouvelle de la mort du très digne et très vénéré Directeur des Filles de la Charité, M. Chevalier.

C'est au milieu de ces tristesses, que Sœur Sion prépara sa maison à répondre à l'appel du Souverain Pontife, qui avait fixé, pour le mois de juin de cette même année, la consécration du genre humain au Sacré-Cœur de Jésus.

Depuis longtemps déjà la Compagnie des Filles de la Charité était consacrée à ce divin Cœur. Ma Sœur Sion n'avait garde de l'oublier, et elle associait à cette consécration la famille qui lui était confiée. Le premier vendredi de chaque mois était dans l'hospice comme un jour de fête, un jour de nombreuses et ferventes communions. Nous avons parlé plus haut du double rayonnement du zèle de cette fervente supérieure; or, le foyer, auquel ce zèle s'allumait, était le Sacré-Cœur. L'amour que son cœur y puisait, et dont il était tout enflammé, était bien le feu, qu'à l'exemple du divin Maître, elle désirait voir se répandre dans le monde entier : *Ignem veni mittere in terram, et quid volo nisi ut accendatur ?* (Luc., xii, 49).

Toutefois elle ne put assister, dans son cher hospice de Jérusalem, à la consécration solennelle demandée par Léon XIII. Elle avait dû se rendre à Nazareth, et c'est près du sanctuaire de l'Annonciation, là où le Cœur de Jésus battit pour la première fois, qu'elle récita cet acte qui répondait si bien aux désirs de son cœur.

A peine de retour de ce voyage, elle dut s'occuper activement de la fondation de l'hôpital de Caïffa, dont le projet remontait à l'année précédente, comme nous l'avons vu plus haut, à l'occasion de la fondation de Nazareth. Elle dut, pour cela, quitter de nouveau Jérusalem, le 17 août 1899.

Caïffa est une ville de neuf mille habitants, qui se divisent en Latins, Grecs unis ou non unis, Maronites, protestants, musulmans et colons. Son port et la ligne de chemin de fer en construction, qui doit la relier à Damas, tendent chaque jour à accroître son importance. L'Empereur d'Allemagne la visita en octobre 1898.

« Il est peu de sites aussi pittoresques que celui de cette ville. Le Carmel s'avance jusque dans la mer et forme un promontoire élevé. De son sommet, la vue embrasse des perspectives ravissantes; à ses pieds s'arrondit en courbe gracieuse la magnifique rade de Saint-Jean d'Acre, dont les bords semblent festonnés par cette ligne de palmiers et par cette verdure qui courent le long de la plage. Vers le nord, les montagnes s'élèvent d'étage en étage jusqu'aux sommets du Liban et découpent sur le ciel bleu leur crête dentelée. Un soleil splendide fait étinceler cette mer immobile, inonde cette plage de ses rayons, dore ces cimes lointaines, et fait flotter sur le paysage un mélange suave et harmonieux de lumière, de teintes et de vapeurs admirablement fondues qu'on ne rencontre qu'en Orient.

« Le Carmel étale, sur sa cime arrondie et sur ses flancs, une végétation abondante. Quand le printemps arrive, la montagne se couvre de fleurs odorantes; des senteurs embaumées s'échappent des plantes aromatiques, gracieux symbole de cette auguste Vierge du Carmel, à qui la poésie de nos Livres Saints attribue le suave parfum de la myrrhe et du baume. »

Au pied de la sainte montagne se développe paisiblement la ville de Caïffa qui autrefois était appelée

Porphyrion. Ce nom indique qu'on y préparait la pourpre. C'est sans doute à cela que Salomon fait allusion en disant à l'épouse, dans le Cantique des cantiques : « Ta tête est comme le Carmel, et les cheveux de ta tête comme la pourpre des rois » (Cant., VII, 5).

La première bienfaitrice de la fondation nouvelle avait rêvé un hôpital splendide, auquel rien ne manquerait de tous les perfectionnements modernes, et elle avait fait dresser des plans en conséquence. Mais Dieu veut que les plus belles œuvres ressemblent à son Église et commencent, comme elle, par un Bethléem ou un Calvaire. Sur ce théâtre, la croix attendait Sœur Sion ; mais ce furent des épreuves toutes différentes de celles qui avaient traversé la fondation de Nazareth, des souffrances plus intimes, et par suite bien plus cruelles. Il était dit que sa vertu se mûrirait au soleil de l'épreuve. « Je ne sais comment vous faites pour avoir tant de patience, » lui disait une de ses compagnes. « Ah ! répondit-elle, si ce n'était pour la gloire de Dieu et l'honneur de notre chère Communauté, j'aurais bientôt tout abandonné ; mais non, je ne le veux pas, et s'il faut mourir à la peine, eh bien ! je mourrai, mais j'irai jusqu'au bout. »

Content de la générosité de sa fidèle servante, le Seigneur la bénit visiblement. Il permit, pour sa consolation, que ce fût sa chère sœur qui vînt prendre la direction de cette fondation. Et là où l'on n'avait songé qu'à un hôpital, se trouvent aujourd'hui des œuvres de plus en plus florissantes, un asile gratuit où près de quatre cents enfants viennent apprendre à aimer Dieu et à le servir, un asile payant pour les petits enfants des familles aisées, trop jeunes pour être mis en pension, une école de jeunes filles, un dispensaire, la visite des malades à domicile, l'œuvre des Jeunes Économes, l'Association des Dames patronnesses de l'asile gratuit, etc.

Après avoir passé cinq semaines à Caïffa, occupée à l'installation des Sœurs, la Supérieure revint à Jérusalem pour la retraite annuelle. Par terre, le voyage est d'un jour et demi; le démon essaya cette fois de lui jouer un tour de sa façon. Pour qu'elle n'eût point à passer la nuit au milieu d'une colonie juive, un des principaux habitants de Caïffa avait mis à sa disposition sa propriété située à trois quarts d'heure plus loin, dans la solitude, et sur les bords d'une rivière que Pline appelle le fleuve des crocodiles.

Le lendemain était la fête de saint Michel. Deux prêtres faisaient partie de la caravane et tenaient à arriver à Jaffa pour y célébrer la messe à laquelle les Sœurs devaient communier. Il fut donc convenu qu'on se mettrait en marche à minuit; mais, trompé par la lune qui se cachait derrière les nuages, on ne put se mettre en route qu'à deux heures. Il y avait une heure et demie qu'on voyageait dans l'ombre, lorsqu'on s'aperçut qu'on filait dans la direction du nord-est au lieu d'aller vers le sud. Le cocher, qui était cependant le meilleur de la colonie allemande de Caïffa, descendit, inspecta le terrain; pas trace de chemin ni de voiture. Il déclara qu'il n'y comprenait rien et que jamais de sa vie pareille chose ne lui était arrivée, mais que bon gré mal gré il fallait attendre le jour. Tous restèrent donc blottis dans le véhicule. Le silence de la nuit n'était interrompu que par les

cris lointains de la hyène et des chacals, et, chose
plus inquiétante encore, par le chant des cops d'une
tribu voisine de Bédouins, qui n'auraient pas manqué de dévaliser les voyageurs s'ils les avaient soup-
çonnés si près d'eux. Enfin à 5 heures et demie, on
put se remettre en route; mais Jaffa était à huit heures de distance.

Le voyage fut pénible et fécond en toute sorte de
péripéties; mais la patience, la gaieté de Sœur Sion
remontait tous les courages et les maintenait à la
hauteur de la situation. Comme elle riait de bon
cœur à chacune des terribles secousses du véhicule
mal suspendu et obligé de se frayer une route à travers les broussailles, *in terrá inviá!* Comme elle savait voir en toute chose le côté surnaturel et encou-
rageant!

Un des deux prêtres, qui avait le privilège de
célébrer la messe jusqu'à deux heures après-midi,
résolut de rester à jeun. De fait, on activa si bien
les chevaux qu'à une heure dix minutes on arrivait à
l'hôpital de Jaffa. Le prêtre eut juste le temps de dire
sa messe; tout heureux d'avoir, au prix d'un sacrifice, déjoué les ruses du démon et procuré à saint
Michel une gloire que son ennemi voulait lui ravir.
A 2 heures on prenait le train pour Jérusalem.

XXI

Rapport sur les Œuvres.

A peine de retour à Jérusalem, Sœur Sion fit,
comme les années précédentes, un nouvel appel à la
charité, par l'entremise des *Missions catholiques*. Le
Directeur, Mgr Morel, eut la bonté de faire précéder
cette lettre de la note suivante :

« Les œuvres de la Palestine parlent naturellement aux âmes chrétiennes. En voici une qu'elles se
plairont à encourager de leurs générosités. Elle est
en effet bien touchante, l'œuvre confiée aux soins de
la vénérable Sœur Sion (un nom prédestiné !) qui se
dévoue depuis de si longues années aux humbles et
aux infirmes de la ville sainte. »

Voici son rapport :

« Il y a quelque temps, je vous adressais une modeste supplique, pour obtenir un don en faveur de
nos petits enfants abandonnés, afin d'activer l'achè-
vement de notre hospice, commencé depuis dix ans,
et qui est encore loin d'être terminé.

« Ma demande est restée sans résultat, et depuis,
le nombre de nos enfants n'a cessé d'augmenter. Je
me trouve donc actuellement en face d'un pressant
besoin. Sans me rebuter, et non moins confiante que

la première fois, je reviens frapper à la porte des cœurs de vos tous généreux associés, en les priant de nous procurer au moins la somme de dix mille francs, qu'il nous faut pour élever les murs du quartier des petits enfants, dont l'emplacement reste toujours vide, à notre grand regret.

« Si ma famille augmente, ma sollicitude pour pourvoir à l'entretien de cent seize enfants et de quarante vieillards et incurables des deux sexes augmente aussi; et, sans vouloir tenter la Providence, je l'ai mise plus d'une fois à l'épreuve, en acceptant des enfants qu'humainement parlant je ne pouvais ni loger ni nourrir. Chaque fois que j'en reçois un ou deux, je dis que ce seront les derniers. Mais ma résolution cède souvent aux instances des familles indigentes ou de nos pauvres missionnaires de Palestine.

« Je ne puis renvoyer des orphelins qui arrivent après trois ou quatre jours d'un pénible voyage, exténués de fatigue, accompagnés d'un pauvre moucre auquel ils ont été confiés, et qui a hâte de s'en débarrasser pour s'en retourner.

« En apercevant les nouveaux venus, je leur ouvre mon cœur pour les affectionner comme leur mère, et mes bras pour les protéger. D'ailleurs il suffit d'un regard jeté sur ces chers innocents pour les faire chérir. Eux, délaissés de tous, peuvent-ils encore l'être d'une Fille de saint Vincent de Paul, qui doit imiter le dévouement de son bienheureux Père à leur égard?

« Ce ne sont pas seulement les enfants de la Palestine qui ont recours à l'asile de la charité : on nous en propose et on nous en amène de la haute

Syrie, recommandés par des personnes de considération, par des moines hérétiques même.

« Ces enfants-là m'inspirent une plus grande compassion. Hier, j'avais la douleur d'en refuser deux, le frère et la sœur, qui étaient présentés par un pope grec d'Alep ou de Mardine. Ces enfants étaient sans famille. Ce pope avait entendu dire que nous adoptions les enfants abandonnés, que nous les formions au travail, à la piété ; et, plein d'estime pour notre maison, venait en toute assurance nous confier ses deux protégés. Cependant, malgré la pitié qu'ils nous inspiraient et le bien que nous aurions pu leur faire en les élevant, j'ai dû les refuser, faute de place. J'avoue que j'en ai ressenti une profonde tristesse. Le prêtre qui les accompagnait me fit bien des instances ; il avait les larmes aux yeux quand il se retira, en voyant le chagrin que me causait mon refus forcé.

« De pareilles scènes se renouvellent souvent. Je dois ajouter que, si ces enfants ne sont pas acceptés dans un orphelinat catholique, ils ne retournent pas pour cela dans leurs lointains villages ; ils sont conduits chez les protestants qui, eux, ont toujours de la place dans leurs vastes et beaux établissements. L'influence du protestantisme grandit de plus en plus en Terre Sainte. Elle dominerait bientôt celle des œuvres catholiques, si celles-ci n'étaient soutenues par de constants efforts et courageusement développées au prix d'incessants sacrifices.

« Parmi nos chers enfants, il y a un certain nombre d'infirmes. Ceux-ci ne sont jamais refusés ; ils sont les privilégiés ; leur triste situation leur donne droit à une plus maternelle sollicitude. Celui d'entre eux qui attire le plus la sympathie générale est un petit garçon né sans bras. Ses pieds lui servent de mains et, avec la même adresse, la même dextérité, pourrais-je dire, il écrit, tire des lignes, dessine des chiffres, boit et mange, et, ce qui est plus merveilleux encore, trace sur son front le signe de la croix pour nous montrer que lui, pauvre israélite, rejeté de ses parents, est devenu chrétien. Les pèlerins français l'ont vu, et l'un d'eux l'a photographié écrivant et ensuite mangeant un raisin.

« Les jeunes aveugles des deux sexes sont au nombre de vingt-cinq. On s'occupe de leur éducation et de leur instruction; non seulement on leur apprend à lire et à écrire, mais encore on les forme au travail de petites industries spéciales aux aveugles. Quelques sourds-muets complètent la couronne de saint Vincent dans la ville sainte. »

Ceux que Sœur Sion appelait « la couronne de saint Vincent » étaient bien aussi sa couronne à elle. Il était beau de la voir au milieu d'eux, surtout lorsqu'on songeait aux angoisses de la première heure, et qu'on voyait le chemin parcouru depuis 1886. C'était un spectacle touchant que celui de cette mère entourée de ces pauvres enfants, dont les uns l'entendaient sans la voir, d'autres la voyaient sans l'entendre. Aux uns comme aux autres, c'est la vie qu'il faut rendre : vie du corps, il faut les nourrir; vie de l'esprit, il faut les instruire; vie du cœur, il faut les aimer; vie du ciel, il faut les sauver.

Le rapport ci-dessus parle, en terminant, d'un enfant qui méritait en effet une mention spéciale. Il était né de parents aisés. Mais, à sa naissance, son père, le voyant sans bras, le fit immédiatement disparaître, disant à sa femme qu'il était mort. La mère le crut et ne revit jamais son fils. Le père le fit mettre chez une nourrice, à laquelle, pendant cinq ans, il paya régulièrement une pension, mais ensuite il n'envoya plus un sou. La nourrice, ne pouvant garder l'enfant, l'abandonna ; il devint très malheureux, et, comme le disait un jour le Consul général de France M. Auzépy, dans un discours aux pèlerins : « Il vint échouer à Jérusalem, aux consulats étrangers d'abord, enfin sur le seuil du Consul de France. Celui-ci, sans hésiter, vint offrir le petit malheureux à la charité de *maman Sion*. La fille de France, sûre de ses compagnes, ne poussa pas ses verrous devant ce cadeau du ciel. L'enfant fut reçu et remarquablement soigné... » Il devint même le préféré à cause de ses misères. Il ne comprenait rien de ce qu'on lui disait, ni en français, ni en italien, ni en arabe. Aujourd'hui il parle parfaitement le français et l'arabe, il lit très bien. Intelligent et bon, il fait la consolation des Sœurs qui ont eu le bonheur de lui voir acquérir rapidement la connaissance de notre sainte religion et de lui faire faire sa première communion. Il écrit, mais ne pourra jamais employer la formule banale : Je mets la main à la plume... à moins de dire : Je mets le pied... (1). On l'a vu faire mieux encore. Lorsque, à l'approche de Noël, les enfants consacrent leurs loisirs à la construction et l'ornementation d'une crèche, c'est lui qui, de son pied, découpe et fabrique les

____

(1) C'est en effet la formule qu'il employa dans une lettre adressée à ma Sœur Sion durant un de ses voyages en France. Nous avons cette lettre sous les yeux : « Ma bonne Mère, je prends la plume au pied pour vous dire que tous vos chers garçons prient beaucoup pour vous... etc. Signé : Marie-David de maman Sion. »

maisons de carton avec portes et fenêtres, qui représentent la ville de Bethléem.

A la lecture du rapport écrit par sœur Sion, ou, pour mieux dire, de son cri d'alarme, on sent qu'elle était vraiment la mère des pauvres, et il y avait quelque chose de touchant à entendre les vieillards qu'elle avait recueillis, dire quand ils parlaient d'elle : « Notre Mère. » Elle les aimait comme saint Vincent de Paul les a aimés, et son cœur saignait, on l'a vu, quand il lui fallait en venir à un refus. Elle comprenait et pouvait redire ces paroles d'un vieil auteur :

« Le pauvre est notre sauveur. Sa bouche est le sanctuaire d'où le Fils de Dieu prononce l'arrêt favorable de notre absolution : *J'ai eu faim et vous m'avez donné à manger ; j'étais nu, et vous m'avez vêtu...* Quand je regarde le sacrement de l'autel, je ne me règle pas selon les apparences, je ne m'arrête pas au jugement des sens, je soumets mon esprit, je captive ma raison, je prends le flambeau de la foi, et, pénétrant à travers ces voiles qui environnent le trône du Verbe incarné, je l'admire, je le révère, et je fléchis les genoux devant cette adorable victime. C'est ainsi que j'envisage le pauvre. Je renonce aux sentiments humains : mes yeux, vous me trompez ; mes sens, vous êtes des imposteurs ; raison humaine, tu es trop aveugle pour en juger. Je ne regarde pas ces haillons, ces plaies, ces visages pâles comme des ombres. Je fais comme les Mages, j'adore mon Dieu couvert de pauvres langes et couché dans une crèche. J'imite le bon larron, j'adore le Roi des rois sous une couronne d'épines. Enfin je considère le pauvre comme l'arche de l'ancien Testament qui était toute couverte de peaux au dehors et tout éclatante d'or au dedans. Cet estropié, ce lépreux, c'est le temple où Jésus veut être adoré; sa main est l'autel sur lequel je mets mon sacrifice; mon cœur est la victime que je lui présente; et, si je ne tire pas le sang de mes veines, je lui offre le tribut des larmes qui le consolent et des secours qui le font vivre. Oh! que l'état des pauvres est honorable! Le même Verbe qui s'est uni à notre nature pour l'élever sur le trône de la Divinité, s'unit au pauvre par grâce, et se cache sous ses habits déchirés pour les rendre plus précieux que la pourpre des monarques. Le pauvre tend la main et Dieu lui-même reçoit nos aumônes et nos soins. »

Grâce aux secours reçus de personnes charitables, Sœur Sion put enfin élever le bâtiment de la crèche. A l'étage supérieur, elle réserva une petite salle pour servir d'oratoire aux Enfants de Marie. Cette association avait été établie dès l'origine. Les membres qui la composent se réunissent chaque dimanche, pour réciter l'office en commun et entendre les avis et instructions du Directeur. Ils apprécient grandement leur titre qu'ils acquièrent par la pratique de la vertu, car, avant leur admission, le conseil de l'Association fait un examen sérieux de la conduite des aspirants. Aussi que d'actes de vertus cette association a fait naître! que de belles morts on a vues dans son sein!

XXII

**L'amiral Fournier. — Œuvres de Caïffa. — Maladie.
Au Jourdain. — Le XX⁰ siècle.**

Le 14 novembre 1899, S. E. l'Amiral Fournier,
commandant de l'escadre du Levant, suivi de son
état-major et de nombreux marins, faisait son entrée
solennelle à Jérusalem. La renommée des hauts faits
qu'il avait accomplis dans l'Extrême-Orient avait entouré son nom d'une auréole de gloire. La piété qu'il
manifesta dans la ville sainte ne fit qu'y ajouter encore. Dès le surlendemain de son arrivée, on voyait
cent soixante marins, à sa suite, faire dévotement la
sainte communion au Saint-Sépulcre. Malgré le peu
de temps qu'il avait à passer à Jérusalem, l'Amiral
voulut faire visite à l'hospice Saint-Vincent de Paul.
Sœur Sion l'accompagna dans la visite des offices.
Les enfants lui firent un compliment qui lui alla au
cœur, et dont il fallut lui remettre la copie. Il vit là,
comme en Chine, que s'il était destiné à faire connaître au loin et respecter la puissance et le nom de
la France, la Fille de la Charité avait pour mission
d'en révéler le cœur et de la faire aimer.

Au commencement de 1900, Sœur Sion retourna à
Caïffa, où sa présence était nécessaire. C'est de là
que, le 27 janvier, elle écrivait : « Je pense à Jérusa-

lem, où je voudrais être pour soulager mes pauvres compagnes. Je suis tourmentée de plusieurs manières. L'horizon est bien noir; je me sens si pauvre sous tous les rapports, si faible en vertu, qu'il me semble parfois ne rien faire pour contenter mon Dieu. Cependant je m'abandonne à Lui, pour mes misères, comme pour les progrès que je désire faire en son amour. »

Ces progrès étaient incessants et attiraient sur toutes les œuvres dont elle s'occupait les bénédictions célestes les plus abondantes. Aussi celles qu'elle avait fondées à Caïffa prospéraient si bien, sous son inspiration féconde et sa maternelle surveillance, que, trois ans après, elle pouvait en rendre le compte suivant :

« Si le souvenir de Notre-Seigneur n'est pas aussi sensible à Caïffa que dans les trois villes saintes de Jérusalem, Bethléem et Nazareth, il n'est pas moins vrai que la position de cette ville au pied du Mont Carmel la rend digne du plus pieux intérêt. N'est-il pas très vraisemblable de penser que Notre-Seigneur, durant ses courses en Galilée, a foulé plus d'une fois le sol béni du Carmel, que les Hébreux vénéraient?

« On y retrouve le souvenir du Prophète Élie et de ses disciples, souvenir qui, tout en se conservant, a été surpassé par la gloire de la Vierge d'Israël, saluée en ce lieu sous le titre de Notre-Dame du Mont Carmel.

« Depuis longtemps la place des Filles de la Charité était marquée à Caïffa. Les RR. Pères Carmes les désiraient pour être leurs auxiliaires auprès de cette intéressante population, qui manquait d'un hôpital catholique. Il fallait attendre l'heure de la Providence, qui sonna au moment où l'on y pensait le moins. Ce fut la précédente installation des Sœurs à Nazareth qui provoqua celle de Caïffa ; elle fut vivement sollicitée par le Consul de France, les bons Pères du Carmel et la population locale.

« Un premier secours pour cette fondation fut obtenu, et des Sœurs, venant de Paris à Jérusalem, en apportèrent la bonne nouvelle.

« S. E. Mgr Piavi, patriarche de Jérusalem, autorisa cette fondation avec joie, et au jour fixé pour le départ, il dit aux Sœurs : « Allez, je vous bénis ; vous « serez ma gloire à Caïffa. »

« Les instances légales auprès des autorités civiles avaient été faites, et les Sœurs allaient enfin s'établir au sein de cette petite cité.

« Ce fut dans l'octave de l'Assomption, 17 août 1899, que quatre Sœurs se mirent en route pour Caïffa. A peine arrivées, elles cherchèrent une maison, afin d'y établir un hôpital pour les pauvres catholiques qui, chez les protestants, ne pouvaient remplir leurs devoirs religieux ; l'entrée de l'hôpital avait été refusée au R. P. Curé qu'un malade attendait. Dans une petite ville comme Caïffa, il était assez difficile de trouver un immeuble qui pût servir d'hôpital. Mais un bon propriétaire vint prier le R. Père Curé de venir visiter sa maison, qu'il mettait immédiatement à la disposition des Sœurs, en donnant congé à tous ses locataires. La maison était convenable ; la proposition fut acceptée, et les ouvriers commencèrent les réparations, qui durèrent plus d'un mois. Ce ne fut pas le côté le plus agréable, ni le plus facile, que de transformer une maison d'habitation en hôpital : donner du jour dans des caves et en faire des chambres habitables, percer des fenêtres, établir les communications nécessaires au service des malades, blanchir, réparer, ouvrir des portes, fabriquer des armoires. Tout cela cependant se fit promptement; et le 27 septembre, dix-sept lits furent installés.

« L'hôpital est placé sous le vocable du Sacré-Cœur de Jésus, en mémoire de la consécration de l'univers entier, décrétée en cette même année 1899, par S. S. Léon XIII.

« Une œuvre plus importante se présenta juste à ce moment. Il s'agissait d'ouvrir une salle d'asile, sur les instances de M. le Consul de France, des RR. Pères Carmes et des bienfaiteurs de Caïffa. Les Sœurs durent accepter la proposition qui leur était faite, dans l'intérêt général des familles pauvres, qui envoyaient leurs enfants ailleurs ou les laissaient courir dans la rue.

« Ce fut le 17 octobre qu'eut lieu l'inauguration de l'asile. A l'heure fixée, on voyait, sur tous les chemins avoisinant la maison des Sœurs, des mères avec leurs enfants aux bras ou attachés à leurs robes. La porte de l'asile était largement ouverte, et les Sœurs attendaient l'entrée de leur petit peuple. En moins d'une heure, on compte cinquante enfants qui n'étaient ni sourds ni muets. Les Sœurs ne savaient que devenir au milieu de ce vacarme et des cris provoqués par de pénibles séparations. Rien ne pouvait consoler les bébés. Les mères désolées faisaient, de la rue, écho aux pleurs des enfants.

« Les jours suivants, il y eut moins de tapage, moins de larmes. Les bambins commencèrent à se familiariser avec « le grand chapeau blanc » (la cornette de sœur Geneviève). Peu à peu la discipline s'imposa, il n'y eut plus de chagrins, plus de colère, mais de bons petits enfants qui vinrent gaiement à l'asile, même avant que la porte fût ouverte. Leur nombre est maintenant de trois cent cinquante, et, si le local le permettait, les enfants seraient plus nombreux encore. A midi, on leur sert à tous une écuelle de riz, qu'ils avalent sans se faire prier. Quel joli coup d'œil ils offrent à table, devant leur écuelle qu'ils caressent de leurs petites mains. Ils sont alors silencieux et très occupés; leurs petites joues rondes et fraîches, leurs yeux brillants ajoutent au charme de cette scène qui est ravissante. Après leur modeste réfection, les bambins prennent une bonne heure de sieste, et cette heure de sommeil leur est très salutaire.

« Le dimanche, les plus grands sont conduits à la messe, et en traversant les rues de Caïffa, ils attirent l'attention des parents qui s'empressent de les suivre à l'église.

« La salle d'asile fait un grand bien à Caïffa. Un comité de Dames s'est aussitôt formé pour protéger nos enfants, les encourager à se rendre à l'asile, et fournir des récompenses à la suite des examens trimestriels. Le R. Père Curé préside l'intéressante séance, entouré de toutes les Dames patronnesses qui s'y rendent avec un édifiant empressement. Un lien de sympathique intérêt s'est étendu du riche au pauvre, et il n'est actuellement pas une famille indigente de Caïffa qui ne soit connue et secourue.

« La consolation de se donner aux pauvres, de s'occuper d'eux, était la part des Dames; mais, en mères intelligentes, elles désirèrent y associer leurs jeunes filles, pour les initier de bonne heure aux œuvres de charité. Les demoiselles de Caïffa se mirent à la disposition des Sœurs, et il fut convenu qu'elles formeraient ensemble l'œuvre des Jeunes Économes qui s'occupe de vêtir les pauvres. On se réunit chez les Sœurs, chaque jeudi, dans l'après-midi, et l'on donne cette demi-journée au travail. Ces demoiselles, dignes émules des Dames patronnesses, vont elles-mêmes quêter des étoffes, de vieux vêtements, dont leur ingénieuse charité sait tirer le meilleur parti. Chaque associée est jalouse d'apporter à l'Œuvre plus de ressources et plus de dévouement. Les bénédictions sont tombées abondantes sur leur chère Œuvre. Quelle joie de voir passer sous leurs yeux leurs clients proprement vêtus! Le bel exemple pour le pays! Et, pour chaque associée, quelle consolante perspective d'un avenir béni! Les réunions se passent très gaies et très laborieuses; on prie, on chante, on fait une lecture pieuse, et on travaille surtout avec une joie qui rayonne sur tous les fronts, où la mélancolie ne se montre jamais.

« La séance se termine par la bénédiction du Très Saint Sacrement donnée dans la chapelle des Sœurs par le R. Père Curé, l'ami de toutes les œuvres qui intéressent les pauvres.

« Un mot, en finissant, de la visite des malades et du dispensaire. A peine les Sœurs eurent-elles mis le pied dans leur maison, qu'elles se virent entourées d'une foule de gens qui accouraient à elles pour les maux les plus divers; il fallait panser des plaies, arracher des dents, ouvrir des abcès, vider des loupes, etc. Le nombre des pauvres qui se présentent chaque jour au dispensaire est considérable, ainsi que la dépense des médicaments; aussi nous manquons de beaucoup de choses nécessaires.

« On appela les Sœurs auprès des malades à domicile, avant que nous ayons un pied-à-terre à Caïffa. On était pressé de les voir à l'œuvre, pressé de se confier à leurs soins. On les demanda aussi dans les villages des environs. Les pauvres gens ne savaient comment exprimer leur gratitude aux Sœurs. Jamais ils n'avaient vu la charité catholique d'aussi près. Que d'âmes sont revenues à Dieu en même temps qu'à la santé !

« La jeune mission de Caïffa, qui ne compte que deux ans d'existence, fait présager, par ses heureux débuts, une riche moisson. C'est d'abord son nombreux asile d'enfants des deux sexes, de toute nation, de toute religion, qui suivent unanimement le même règlement, reçoivent la même instruction religieuse et morale.

« L'hôpital n'a que dix-sept lits, en attendant que la Providence envoie des fonds pour en construire un plus grand et mieux adapté aux soins des malades. C'est le vœu de toutes les personnes qui s'intéressent à cette fondation.

« Les Filles de la Charité sont venues à Caïffa pour y fonder un hôpital catholique ; c'est le but principal de leur mission ; puissent-elles le voir se réaliser bientôt ! Y a-t-il une gloire plus désirable que d'élever, aux pieds de la Reine du Carmel, un établissement pour les malades pauvres, qui s'y succéderont de génération en génération en bénissant la mémoire de leurs généreux bienfaiteurs ?

« Le dispensaire, qui est, à proprement parler, la charité en action, est dépourvu même du nécessaire ;

et cependant peut-on refuser un adoucissement aux malheureux qui tombent anéantis à notre porte en demandant du soulagement? Dans ces cas si fréquents, une bonne parole n'est pas suffisante, il faut l'aumône matérielle.

« La visite à domicile des malades pauvres, dans la ville et dans les villages, est une œuvre éminemment catholique. La Fille de la Charité est née d'un sentiment de pitié de saint Vincent de Paul pour les malades pauvres et dénués de secours.

« Les Dames patronnesses, qui sont les pieuses auxiliaires des Sœurs auprès des petits enfants de l'asile, concourent au bien général par des récompenses trimestrielles, qui stimulent parents et enfants, pour l'exactitude et la bonne conduite à l'asile.

« L'association des Jeunes Économes a pour but de couvrir les membres des enfants pauvres. Ces petits anges leur donnent leurs plus riants baisers et leurs plus gracieux sourires, en remerciement des dons qu'ils reçoivent.

« Telles sont les œuvres établies à Caïffa depuis le 27 septembre 1899. »

Revenue à Jérusalem, Sœur Sion dut payer un nouveau tribut à la maladie ; une bronchite compliquée de divers autres malaises la retint au lit depuis la mi-carême 1900 jusqu'après Pâques. Et c'est, pour ainsi dire, étendue elle-même sur la croix, qu'elle méditait les souffrances et la Passion du Sauveur, et qu'elle assistait au saint Sacrifice célébré dans une chapelle établie tout exprès à proximité. Elle ne laissait pas cependant, pour cela, de diriger sa maison, se faisant rendre compte de tout, donnant ses ordres ou ses conseils. Quelques enfants étant députées, à certaines heures, pour lui tenir compagnie, elle en profitait pour étudier leur caractère et les former à la vertu.

Le 30 juillet, elle partit pour Caïffa, où il s'agissait de ménager, en vue de la rentrée suivante, une organisation nouvelle pour l'asile payant et l'œuvre des Jeunes Économes. On profita de son voyage pour fixer le jour de la distribution des prix. C'était la première fois qu'elle avait lieu à l'asile. Il y eut de charmants dialogues; le R. Père Brocard, Procureur du Carmel, prononça un discours de circonstance, qui fit apprécier les bienfaits et l'importance de l'éducation donnée aux enfants, et cette fête laissa la meilleure impression à la population.

Le 14 août, la bonne Mère rentrait à Jérusalem pour célébrer la fête de l'Assomption et assister avec son personnel à la procession qui se fait chaque année à Notre-Dame de France en mémoire du vœu de Louis XIII.

Puis, après avoir fait passer un examen sérieux aux enfants de sa propre maison, elle organisait, pour le dimanche 26, la distribution des prix. Les amis de l'hospice venaient avec bonheur assister à cette séance; une pièce toujours très intéressante et des chants bien exécutés précédaient la distribution. Les prix exposés des deux côtés de la salle offraient l'aspect le plus varié et le plus pittoresque; car il y avait bien des degrés depuis le prix de candeur ou de bon appétit donné aux bébés de la crèche jusqu'aux prix d'honneur, d'excellence ou de bonne conduite réservés aux aînés de la maison. Sœur Sion voulait que la récompense fût un encouragement, qu'elle fût de nature à éclairer l'esprit ou à réjouir le cœur plutôt qu'à satisfaire les sens.

Une grande promenade fut ensuite ménagée aux enfants. Le but était à deux heures de Jérusalem. Dans ces genres de sortie, il lui arrivait presque toujours de deviner ce qui se passait à la maison en son absence. « Il nous est venu quelqu'un, » dit-elle ce jour-là. De fait, en rentrant, on apprit que le prédicateur de la retraite, M. Corvée, était arrivé d'Alexandrie.

La première retraite commença le 2 septembre; la seconde, le 16 ; après quoi, elle voulut faire bénéficier les retraitantes d'un pèlerinage au Jourdain. Elle aimait les grands souvenirs se rattachant à ces parages, qu'elle avait visités deux ans auparavant dans les jours les plus pénibles de l'été, le 2 du mois d'août 1898. C'est qu'une Supérieure qui était venue faire son pèlerinage aux Lieux Saints, et n'avait que fort peu de temps à sa disposition, ne voulait pas s'en retourner sans avoir vu Jéricho et le Jourdain. Bien qu'à cette époque de l'année, un pareil voyage soit un vrai supplice du jour et de la nuit, ma Sœur Sion, pour lui être agréable, se dévoua à l'y accompagner.

Le 26 septembre de cette année 1900, le voyage devait être moins pénible. En même temps qu'un acte de piété, c'était une excursion pas trop désagréable. A l'arrivée, on s'empressait d'aller visiter la fontaine dont le prophète Elisée avait miraculeusement assaini les eaux, et la montagne de la quarantaine où Notre-Seigneur fut tenté par le démon. Le lendemain, de grand matin, on partait de Jéricho dans la direction du Jourdain. Non loin de l'endroit où le saint Précurseur baptisait, sous les épais fourrés de verdure où le Jourdain se cache entre les roseaux, les tamaris, les saules, les peupliers, à deux mètres du bord, un autel portatif était dressé en plein air. Le prédicateur de la retraite célébra le saint Sacrifice. Les Sœurs chantèrent le *Credo* et les cantiques de la rénovation des vœux du baptême. Par intervalles, on entendait, dans les bouquets d'arbres, les bruits d'ailes et le gai ramage des tourterelles, des merles et des bergeronnettes dont cette luxuriante végétation est peuplée. Non, les bords du Jourdain n'ont pas vu souvent pareil spectacle. Au retour, la pieuse caravane faisait une station au Bon Samaritain, puis une dernière à la fontaine des Apôtres, après quoi les Sœurs s'en allaient courageusement reprendre leurs offices pour l'année entière.

Au commencement de novembre 1900, sœur Sion retourna à Caïffa pour travailler elle-même à l'exécution des mesures qu'elle avait prises lors de son précédent voyage. Après un mois d'absence, elle revint à Jérusalem pour la retraite des Jeunes Économes et des jeunes filles de l'ouvroir, qui commença le 4 décembre, et dont la clôture coïncida avec le vingtième anniversaire de sa nomination comme Supérieure.

La dernière heure du dix-neuvième siècle approchait. Dans la nuit du 31 décembre 1900 au 1er janvier 1901, le Très Saint Sacrement était exposé dans la chapelle de l'Hospice. Suivant la permission accordée par Sa Sainteté Léon XIII, la messe allait être célébrée à minuit, afin de consacrer le vingtième siècle à Jésus-Christ. Tout le personnel se préparait à une fervente communion. Le prêtre prêchait sur la solennité de cette heure, heure unique dans la vie de ses auditeurs, quelque jeunes qu'ils fussent, lorsque, pendant le sermon, un orage terrible éclata. Le tonnerre grondait; les éclairs, plus effrayants au milieu de la nuit, se succédaient sans interruption; la grêle tombait violemment contre les fenêtres. On se demandait ce qu'allait être un siècle qui commençait d'une façon si étrange; on avait comme un pressentiment de la tempête qui allait se déchaîner contre l'Église. Ce pressentiment, hélas! ne devait pas tarder à se réaliser et à causer à Sœur Sion de nouvelles souffrances. Les épreuves de cette Mère qui est l'Église affectaient douloureusement son cœur. C'était une croix dont le poids allait s'aggraver chaque jour.

Bientôt en effet, il lui fallut apprendre, coup sur coup, de nouveaux attentats contre la religion, et surtout deux attentats plus coupables et plus odieux que tous les autres, parce qu'ils ont pour objet la perte voulue des âmes et qu'ils prennent pour victimes deux faiblesses sans défense : l'enfance et la maladie. Il lui fallut entendre raconter la ruine de tant d'œuvres fécondes, les vexations, les injustices, les brutalités dont étaient victimes ceux qui avaient consacré leur vie à Dieu et aux âmes; apprendre, à chaque courrier, que la Fille de la Charité qui n'a plus de famille humaine et qui, pour se sacrifier, se contente, avec un peu de pain, du merci de sa conscience, est remplacée systématiquement par des infirmiers à gages; que « dans ces hôpitaux où la blanche cornette voltigeait de lit en lit et se posait sur chaque malheureux comme un oiseau de Dieu sur une fleur de misère, les malades pourraient désormais avoir faim et soif, appeler en vain jusqu'à l'agonie dans ces salles désertes, réclamer un prêtre et se voir rire au nez, et mourir dans l'indifférence la plus absolue

14

après une vie de labeur et de misère ». Et, après cela, voir l'étranger se réjouir, s'il est hostile à la France, s'attrister, s'il l'aime encore; sentir que le dédain ou la pitié remplacent l'admiration qu'on avait autrefois pour la fille aînée de l'Église; c'était pour elle le sujet d'une tristesse profonde.

XXIII

Fêtes du bienheureux Clet. — Mort de sœur Émilie Deyme.

L'année 1900 avait apporté une nouvelle gloire à la famille de saint Vincent de Paul. Le 7 mai, Sa Sainteté Léon XIII avait béatifié soixante-dix-sept Martyrs. De ce nombre était le bienheureux François-Régis Clet, prêtre de la Mission. Le Décret de béatification le proclamait en ces termes : « La Congrégation de la Mission de saint Vincent de Paul, qui embrasse toutes les œuvres de charité et qui est étendue jusqu'aux extrémités du monde, a associé aux Martyrs indiqués plus haut le vénérable serviteur de Dieu François Clet. Les travaux apostoliques ne l'ont point abattu ; les dangers et les menaces ne l'ont point effrayé. Il a subi avec la plus grande constance un long et cruel martyre, les tortures d'une dure captivité, l'ignominie des plus mauvais traitements et enfin la mort par le supplice de la strangulation. »

Au mois de mai 1901, un triduum solennel, célébré dans la chapelle de l'Hospice en l'honneur du nouveau Bienheureux, y attirait un grand concours de fidèles. Le panégyrique fut prononcé chaque jour soit en français, soit en arabe. Le jour de la clôture, celui qui prêchait était un Dominicain jeune encore et doué d'une éloquence remarquable, le R. Père Blais qui devait, pour ainsi dire, se rencontrer avec Sœur Sion sur le seuil de l'éternité, car il mourut trois semaines avant elle, à Caïffa, aux pieds de Notre-Dame du Carmel. Il y avait subi, sans vouloir se laisser endormir, une opération très douloureuse, à la suite de laquelle il serra la main au Docteur et lui dit : « Merci, docteur, vous m'avez bien fait souffrir... oh! que la souffrance est une bonne chose! »

Pendant la célébration de ces fêtes, un concours de broderie avait été ouvert pour tous les ouvroirs dirigés par les Filles de la Charité dans le monde entier. Le même dessin avait été envoyé à tous. Il y avait cinquante prix. Les quatre premiers furent remportés par des ouvroirs d'Italie. Les enfants de Sœur Sion eurent le quinzième. Vu le grand nombre des concurrents, c'était un rang d'autant plus honorable, vu qu'elles passaient avant les ouvroirs de plusieurs grandes villes, Paris, Marseille, Lisbonne, Bruges, Vienne en Autriche, etc.

Mais celle qui avait présidé à ce travail ne devait pas ici-bas jouir de son succès. Au mois de septembre 1901, Sœur Émilie Deyme, que Sœur Sion avait amenée à son retour en 1897, rendait son âme à Dieu, et sa mort faisait une nouvelle et profonde blessure au cœur de la bonne Mère. Cette jeune Sœur était née le jour même de l'élection de Sa Sainteté Léon XIII. Cette particularité avait été exposée à l'auguste Pontife, qui donna sa bénédiction à la Sœur pour le jour où elle ferait ses vœux, et, en même temps, à toute la communauté. Hélas! la fête fut changée en un jour de deuil ; il fallut avancer le jour des vœux pour la jeune malade qui les prononça en face de la mort.

A la fin de l'année scolaire, on l'avait envoyée au village de Saint-Jean, à six kilomètres de Jérusalem, dans la pensée que l'air de la campagne, et l'eau de source qu'on y trouve, lui seraient salutaires. Mais, un soir, une crise de suffocations annonça que la fin approchait. Bien qu'elle n'eût ni crainte de la mort ni inquiétudes de conscience, on fit venir son confesseur, puis on la ramena aussitôt à Jérusalem. La bonne Mère la soutenait dans ses bras; la voiture allait très lentement pour éviter toute secousse. Il était minuit quand on arriva à l'hospice. Trois jours après, le dimanche 1er septembre, la malade reçut l'Extrême-Onction après avoir prononcé ses vœux. Le lendemain, elle put communier et reçut le saint viatique entourée de toute la communauté, en présence de laquelle elle renouvela ses vœux.

A chaque fête de la très Sainte Vierge, la Nativité, le saint Nom de Marie, elle se demandait si la bonne Mère du Ciel n'allait pas venir l'appeler. En attendant, elle supportait d'atroces souffrances sans se plaindre. Les Sœurs de diverses maisons, qui se trouvaient là réunies pour la retraite annuelle commencée le 17 septembre, étaient profondément touchées de ce spectacle. Tout le bonheur de la malade était d'entendre parler de Notre-Seigneur, de la très Sainte Vierge et du Ciel. Elle aimait à s'entendre lire ces mots de saint Vincent de Paul à l'un des siens sur le point de paraître devant Dieu : « Eh bien! mon bon frère, vous croyez donc que c'est tout de bon que notre grand Général, le premier de tous les missionnaires, Notre-Seigneur, vous veut avoir dans la *Mission du Ciel?* Voyez-vous, il veut que nous y allions chacun à notre tour, et c'est là une des principales règles et constitutions qu'il a faites étant sur la terre : « Où je suis, là aussi sera mon serviteur ». Mon Dieu! quelle consolation devez-vous avoir d'être choisi des premiers pour aller en Mission, mais à cette Mission éternelle dont tous les exercices sont d'aimer Dieu!... Ne voulez-vous pas bien nous laisser dans l'espérance que vous ne nous oublierez pas quand vous serez au ciel, avec la petite troupe de Missionnaires qui y sont déjà? Faites-nous le bien de leur témoigner la confiance que nous avons en leurs saintes prières, pour qu'ils nous obtiennent la grâce de nous acquitter si bien de notre mission ici-bas, que nous puissions dire dans une humble confiance à l'heure de notre mort : « Nous avons accompli ce « que vous nous avez ordonné, accomplissez ce que « vous nous avez promis, » c'est-à-dire d'être encore de la Mission du Ciel, qui est une mission d'amour qui durera éternellement. »

Enfin, le jeudi 19 septembre, un peu après minuit, elle rendait son âme à Dieu. C'était l'anniversaire de l'apparition de Notre-Dame de la Salette. Un dignitaire ecclésiastique (1), qui faisait partie du pèlerinage Saint-Louis arrivé peu de jours auparavant, l'avait visitée sur son lit de souffrances ; et, à son retour en France, prêchant au jour de la Toussaint, sur les Béatitudes, parvenu à la sixième, le souvenir de cette douce vision lui revint, et il s'exprima en ces termes :

« A Jérusalem, dit-il, à l'hospice Saint-Vincent de

(1) M. le Curé-Doyen de Champlitte (Haute-Saône).

Paul, m'attendait un spectacle des plus attendrissants. Une jeune religieuse, atteinte du mal incurable qui consume tant de poitrines humaines, s'en allait mourante. Elle savait que, parmi les pèlerins de Saint-Louis, se trouvait M. le Curé de la Primatiale de Lyon qui avait été autrefois son confesseur. A cette nouvelle, elle avait exprimé le désir de parler une dernière fois à ce prêtre vénéré et de recevoir de sa main une suprême bénédiction. Je l'accompagnai dans sa visite à la malade. Vous vous attendez peut-être à ce que je vous décrive une étroite cellule, un lit sombre, une moribonde pâle et plaintive, poussant des gémissements; non, c'est tout le contraire. Au fond d'une vaste salle, éclairée par le plus radieux soleil, était une couche d'une blancheur éblouissante et, de cette blanche couche, émergeait un visage doux, aux joues encore colorées, au regard transparent, où rayonnait un contentement ineffable : c'était la malade. A l'entendre parler, il semblait qu'elle ne tenait plus à la vie que par un léger souffle; mais avec quelle confiance elle envisageait la mort! Comme elle était tranquillement, joyeusement prête à paraître devant le Dieu très bon à qui elle avait voué sa virginité! Autour d'elle, d'autres Sœurs l'encourageaient de leurs paroles pleines de foi, d'espérance et d'amour; elles l'entretenaient dans la pensée du Ciel, comme si un voile seulement l'en séparait. Du reste, comme pour lui donner un avant-goût des visions et des suavités célestes, elles avaient placé sous ses yeux l'image de Jésus crucifié et la statue souriante de Marie, au milieu d'un reposoir de fleurs multicolores et odoriférantes. Toute cette scène était d'une fraîcheur indicible.

« Ses obsèques, où ont figuré dans un imposant
cortège les membres de dix-sept communautés religieuses, ont été un magnifique triomphe. N'était-ce
pas le triomphe de la pureté virginale ? La plus
belle inscription à mettre sur sa tombe serait la parole du Sauveur enseignant la sixième béatitude :
« Bienheureux ceux qui ont le cœur pur, parce qu'ils
« verront Dieu ! »

XXIV

Dernier rapport sur les Œuvres. — Les aveugles.

Dieu ne veut pas toujours que ses ouvriers jouissent ici-bas du bien qu'ils font. Il en est d'eux, écrit sainte Thérèse, comme des enfants de famille qui travaillent dans le champ de leur père. Ils ne sont pas payés à la journée comme les autres, mais ils reçoivent leur récompense plus tard, tout à la fois. Cette récompense, c'est Dieu lui-même.

Ainsi devait-il en être de Sœur Sion. Pour elle, le terme approchait. Tous ses travaux, ses fondations, ses voyages si fatigants altéraient visiblement sa santé. Elle s'en mettait peu en peine et répétait souvent : « Pourquoi tant se ménager? Mourir un peu plus tôt, un peu plus tard, qu'importe, pourvu que Dieu y trouve sa gloire! » On disait d'elle : « Elle ressemble à la vénérable Mère fondatrice, toujours mourante et toujours vivante. »

Elle sut qu'on l'avait accusée à Paris d'avoir trop dépensé pour la construction de son hospice, que l'on disait être un véritable palais. C'est pourquoi, un jour, elle fit venir un architecte renommé, lui fit visiter l'hospice dans tous ses détails, et lui demanda ensuite à combien il évaluait les dépenses de la construction. Il indiqua le prix le plus raison-

nable, et il se trouva qu'elle avait dépensé un tiers
en moins. — N'était-il pas utile de le faire connaître?
— N'était-il pas juste aussi de rendre compte aux
bienfaiteurs de l'emploi qui avait été fait de leurs aumônes?

C'est dans ce double but qu'elle composa un rapport détaillé et très exact, qui fut publié par les *Missions catholiques* dans les quatre numéros de novembre 1901, et qui, tiré à part, aurait formé une
intéressante brochure. Le vénéré Directeur de ce
bulletin fit précéder le rapport de ces mots :

« Quinze ans de travaux apostoliques, cet espace
de temps que Tacite appelait *grande spatium ævi*,
tel pourrait être le titre du tableau que la distinguée
Supérieure des Filles de la Charité à Jérusalem, Sœur
Sion, fait passer sous nos yeux dans le récit suivant. »

Nous en extrairons quelques passages qui feront
mieux connaître ses œuvres, et qui combleront les
lacunes des pages précédentes, notamment au sujet
de l'œuvre des aveugles, qui mérite une mention à
part.

Après avoir raconté son installation à Jérusalem,
parlé du dispensaire, de la visite des malades, des
lépreux, elle continue :

« La Fille de saint Vincent est faite pour vivre avec
les pauvres dont elle est l'humble servante, et avec
les enfants abandonnés dont elle devient la mère
selon la grâce. Cette dernière œuvre est, on le sait,
l'œuvre de prédilection de saint Vincent. Lors de la
réparation des murs de la ville, un certain nombre
de petits crânes qu'on avait trouvés avait donné lieu
de croire à des faits regrettables qui, du reste, au-

jourd'hui ne se renouvellent plus, grâce aux progrès de civilisation et de moralité qui s'accentuent de jour en jour, et grâce aussi à l'hospice Saint-Vincent, où ces chers petits sont recueillis.

« Pendant ces quinze années, nous avons reçu 486 enfants, dont les deux tiers sont au ciel. Il y a, relativement, dans ce nombre, peu d'enfants trouvés. Ce sont plutôt des enfants abandonnés, c'est-à-dire des enfants dont les parents sont morts, les laissant aux soins d'autres parents déjà chargés de famille, et qui n'ont pas le moyen de les élever.

« Mes enfants sont l'âme de notre maison, sa joie de tous les jours et son espérance pour l'avenir. Ils sont divisés en quatre catégories bien distinctes : la crèche, les garçons, les filles et les jeunes aveugles. Un mot sur chacune de ces divisions.

« *La crèche.* — Elle comprend les nouveau-nés et tous les enfants au-dessous de cinq ans. Ces chers bébés ont la sympathie générale, non seulement du personnel de la maison, mais des pèlerins qui sont toujours charmés et ravis de leur visite à la crèche. On y parle, on y chante, on y déclame avec assez de goût un compliment ou une poésie en français. La France y est acclamée par les chants les plus joyeux, qui trouvent un écho dans les cœurs, en faisant aimer aux pèlerins l'attrayant petit peuple de *maman Sion.*

« La Dame de la crèche s'occupe aussi des nourrices qu'elle reçoit, et elle visite les nourrissons, ce qui n'est pas le moindre de ses devoirs. Nous avons eu si souvent à déplorer les décès de ces innocents étouffés, chez leurs prétendues nourrices, par une nourriture indigeste !

« C'est pour ces Benjamins de la famille que, l'année dernière, je faisais appel à l'Œuvre de la Propagation de la foi, pour la prier de verser sur l'hospice Saint-Vincent les trésors de son inépuisable charité. Les dons ont été reçus avec reconnaissance et nous ont permis d'élever les murs du quartier destiné aux nouveau-nés. Il reste encore tout le travail de l'intérieur, nécessairement suspendu en attendant d'autres secours, et l'heureux jour où nous pourrons retirer du sous-sol ces petits enfants qui y sont entassés, pour les installer dans leur local neuf, où l'air et la lumière ne leur manqueront plus.

« L'installation des bébés amènera celle des nourrices à demeure. Il faut que les enfants soient allaités sous nos yeux, et ne soient plus emportés dans les villages où les visites sont plus difficiles à faire. Ce sera le moyen pratique de conserver la vie à ces petits innocents, qui semblent parfois ne naître que pour mourir.

« *Les garçons.* — Ils sont au nombre de cinquante-cinq, âgés de cinq à seize ans. Ils parlent notre langue comme la leur. L'époque du Pèlerinage leur fait passer d'heureux moments : revoir les pèlerins, se porter à leur rencontre, les accompagner au Saint-Sépulcre en chantant des cantiques populaires, les comble de joie, les électrise. Ils suivent régulièrement des cours d'arabe et de français, qui leur sont faits à la maison. Nous tâchons de les former au travail suivant leurs aptitudes et leurs capacités.

« L'année dernière, nous avons installé une modeste boulangerie, qui nous fournit un excellent pain, préférable à celui qui nous venait d'ailleurs. Trois des garçons s'en occupent sous la surveillance d'une Sœur, et ces enfants mettent toute leur bonne volonté à donner à la maison le pain de chaque jour. L'économie n'est pas sensible, mais la qualité est meilleure et les estomacs s'en trouvent mieux.

« Cet hiver, sans y avoir pensé, j'ai dû établir quelques métiers de tissage, pour secourir un pauvre Arménien qui se trouvait dans la misère avec sa famille. Il vint m'exposer sa triste position, me demandant à travailler, me promettant d'enseigner l'industrie du tissage à nos enfants. Sa proposition fut acceptée, et aussitôt on se mit à l'œuvre. Dans un pays où l'on ne trouve pas un mécanicien pour monter un jacquard (1), les difficultés naturellement ne manquèrent pas. On fit comme l'on put, et, avec le temps et la patience, on arriva à lancer la navette avec la dextérité d'un canut de Lyon. Nous tissons des étoffes de coton, des ceintures, des sangles, et, Dieu aidant, mes petits tisserands se perfectionneront dans le métier qui, d'ailleurs, leur plaît beaucoup.

« D'autres garçons vont à la menuiserie où ils commencent à se familiariser avec la scie et le rabot, sous la direction d'un bon maître qui les dresse au métier. Leurs visages frais et épanouis, ainsi que l'empressement qu'ils mettent à se rendre à l'ouvrage, témoignent du plaisir qu'ils trouvent à cette besogne. Avoir un tablier de travail devant eux les rend les plus heureux du monde, en leur donnant l'espoir que bientôt ils pourront rendre service à la maison, dont ils seront les premiers ouvriers.

« Enfin la cordonnerie s'est ajoutée aux trois au-

(1) Sorte de métier à tisser, ainsi nommé de son inventeur Jacquard, né à Lyon en 1752, et mort en 1834.

tres petites industries débutantes. On a commencé par le raccommodage, et maintenant, on peut confier à nos jeunes apprentis un morceau de cuir, dont ils savent tirer le meilleur parti. L'entretien du jardin fait honneur à nos jeunes jardiniers, qui se plaisent à le cultiver, à soigner les légumes et les fleurs. Comme ils aiment ensuite à les cueillir, les uns pour la cuisine et les autres pour la chapelle !

« D'autres encore viennent tour à tour à la cuisine et se forment peu à peu au service d'une maison, ce qui peut leur être utile plus tard.

« Un de nos premiers enfants, très intelligent, est allé faire ses études au collège d'Antoura et se trouve maintenant au Séminaire de la Mission. Son exemple fera peut-être éclore d'autres vocations.

« *Les filles*. — Ce sont les aînées de la famille ; elles nous secondent auprès des plus jeunes et se dévouent aux différents offices de la maison. Elles ont aussi leurs heures de classe et de travail. Celui-ci consiste dans la couture, la broderie, la lingerie, le raccommodage, le tricot. Elles passent aussi à la buanderie, au repassage et même aux métiers, afin qu'elles puissent, en sortant de chez nous, gagner leur vie honorablement. Comme chez les garçons, les prémices ont été pour Dieu. Une de nos premières enfants est au noviciat, et d'autres vocations se préparent.

« *Les jeunes aveugles*. — Voici la quatrième division de nos enfants. Nous en avons vingt-cinq des deux sexes. Dans aucun pays la cécité n'est, je crois, aussi commune qu'en Palestine. Il en était ainsi du temps de Notre-Seigneur, qui a guéri plusieurs aveugles. Cependant les aveugles-nés sont assez rares.

Ceux qui nous entourent le sont par accident ou par suite de maladie. En visitant les infirmes chez eux, l'expérience de ces quinze années nous a appris que la négligence des mères de famille est souvent la cause de ce mal. Dans les villages, elles laissent leurs enfants croupir dans la saleté. Que de fois j'ai eu pitié de ces pauvres petits êtres assis par terre, dans des cours d'une malpropreté effrayante! Vous les voyez exposés au soleil, se débattant contre la piqûre d'une nuée de mouches et d'autres insectes qui les dévorent et défigurent leurs visages angéliques. Un reproche n'était pas épargné à l'inconsciente mère, qui convenait aussitôt l'avoir mérité, et qui se jetait sur son enfant en le couvrant de baisers et lui passant une main ensalivée sur la figure. Dans une famille où j'étais allée visiter un malade, je remarquai, non sans émotion, que les huit personnes qui la composaient n'avaient que quatre yeux valides pour elles toutes; elles étaient ou borgnes ou aveugles.

« Les aveugles vinrent donc à nous. L'Œuvre a grandi, s'est organisée, et tous nos jeunes aveugles au-dessus de cinq ans vont en classe, apprennent à lire, à écrire, à calculer d'après la méthode Braille. Notre petite école marche bien; mais elle se perfectionnera de plus en plus, à mesure que les éléments nécessaires aux progrès des enfants et au maintien de la discipline feront moins défaut. Les plus grands ne sont pas embarrassés pour composer une lettre, relater une promenade, raconter ce qu'ils ont entendu, avec une admirable précision.

« Nos petits aveugles sont sympathiques à tous ceux qui les visitent, et les pèlerins de la Pénitence, dont quelques-uns reviennent chaque année, peuvent, à leur grande satisfaction, en constater les progrès. Aussi nul d'entre eux qui ne soit ému devant ces visages candides et souriants, ces yeux que n'éclaire plus la flamme sensible du regard. Ces chers pupilles ont beaucoup de cœur, et ils savent improviser une gracieuse parole, une phrase pleine d'à-propos à l'adresse de ceux qui leur font l'honneur de les visiter. J'ai vu un noble pèlerin, ancien magistrat, touché jusqu'aux larmes de quelques mots de remercîment, qu'il m'a prié de lui transcrire, en disant que ce serait un des plus chers souvenirs de son passage à Jérusalem.

« L'instruction et l'éducation des jeunes aveugles sont un sérieux travail pour la Sœur qui en a la charge. Nos moyens ne nous permettent pas de faire des frais de fournitures scolaires ; il faut donc pointer autant de livres qu'il y a d'élèves. Ce n'est pas une petite fatigue. Leur travail manuel consiste à tresser des paillassons et des *coffins*, à monter des chapelets, à faire des chaînettes de montre et de ciseaux. Le tricot occupe surtout les petites filles. La musique est enseignée aux plus méritants et à ceux qui montrent des dispositions particulières. On sait qu'en général le Seigneur, par une compensation miséricordieuse, a départi aux aveugles les plus riches dons de l'harmonie. En dehors des heures de classe, les jeunes aveugles sont mêlés aux voyants et suivent comme eux le règlement de la maison. Les jours de sortie, chaque aveugle a son ange visible qui veille sur lui et l'intéresse aux jeux communs. C'est une récompense d'être ainsi nommé *mentor*, et la privation de cette charge est une dure punition.

« En terminant ce chapitre qui traite des enfants,

il convient d'ajouter que nous en avons un certain nombre de très infirmes, de difformes, couverts de plaies, ankylosés, scrofuleux, paralysés, refusés par tous les orphelinats, mais recueillis à l'hospice de Saint-Vincent, qui est l'asile des plus malheureux, des rebutés. Bientôt nos vastes salles seront remplies de toutes les douleurs humaines.

« Un mot encore sur les aveugles adultes et plus âgés, qui sont répartis en deux salles, une pour les hommes et une pour les femmes.

« La plupart sont de bonnes gens venus des quatre coins de la Palestine, sans instruction, et incapables d'en recevoir. Les essais les plus laborieux, les plus patients, les plus soutenus, pour les instruire, sont restés sans résultat, l'intelligence et la bonne volonté faisant défaut. Ils ne nous donnent souvent d'autre consolation que celle d'avoir rempli à leur égard un devoir de charité.

« Nous vivons donc, d'après ce que nous venons de dire, au milieu d'aveugles de tous les âges. Si les yeux du corps sont fermés à la lumière, ceux de l'âme l'etaient bien aussi lorsqu'ils sont arrivés au milieu de nous. Ce n'est que peu à peu, goutte à goutte, que l'on fait pénétrer un rayon de lumière spirituelle dans ces esprits bornés. Rien ne peut exprimer notre joie lorsque nous sommes parvenues à leur en apprendre assez pour tourner leurs cœurs du côté du ciel, alors que, sur la terre, ils ont été si malheureux. »

Mais il est d'autres infirmités aussi incurables que la cécité, et qui trouvent asile à l'hospice Saint-Vincent de Paul, ouvert à toutes les misères. Ma Sœur Sion en dit un mot dans son rapport :

« Les hôpitaux sont nombreux à Jérusalem ; chaque nation a le sien ; mais il n'y avait pas d'asile pour les maladies chroniques. Les pauvres infirmes, quand ils sont une charge trop lourde pour leur famille, devaient donc être le lot des Filles de la Charité. Presque tous nos pensionnaires sont atteints de douloureuses affections. Ils vivent cependant heureux, sans appréhension de la mort, à laquelle ils se préparent en saisissant chaque occasion de faire le bien pour assurer leur salut. Nos incurables sont au nombre de quarante-cinq. Il y aurait des traits merveilleux à raconter, des miracles de la grâce, des marques d'une protection particulière de la très sainte Vierge, des faits surnaturels qui ne peuvent être contestés, mais que la prudence ne permet pas de publier.

« En ce moment, nous avons deux jeunes Moabites dignes du plus grand intérêt. L'une est paralysée, ne pouvant se rendre aucun service, ayant les pieds et les mains tournés. Elle est convertie ; de schismatique, elle est devenue catholique. Toute son application est d'étudier ses prières, d'**apprendre** à connaître le bon Dieu « qu'elle ne voyait qu'à « travers un nuage », dit-elle. Puis se trouvant si heureuse d'être enfant de l'Église, elle désire retourner sous sa tente dans sa famille, pour faire partager à ses frères le bonheur d'être catholiques. Le souvenir de ses montagnes la fait tressaillir ; les revoir, ainsi que ses chameaux, est son désir de tous les jours. Puis elle reviendra, sa mission terminée, et ne quittera plus les Sœurs. Quelle angélique enfant ! »

Après avoir parlé des Jeunes Économes et de l'ouvroir externe, Sœur Sion termine ainsi :

« Voilà le modeste résumé des œuvres de charité
établies dans le courant des quinze premières années
de la fondation de l'hospice Saint-Vincent de Paul à
Jérusalem. En ces derniers temps, les œuvres inter-
nes ont pris un grand développement, que nous devons retenir par le frein de la prudence et de la patience, n'ayant pas les ressources nécessaires pour
les étendre et les soutenir. Cependant, nous ne nous
épargnons pas : tout ce qu'il est possible d'entreprendre est réalisé avec un dévouement qui ne calcule, ni avec la fatigue, ni avec les difficultés, pour
assurer le pain quotidien des enfants et des malheureux qui composent notre grande famille.

« Néanmoins je dois avouer que, quand je porte
mes yeux sur notre construction, commencée depuis
onze ans et qui n'est pas terminée, malgré de nombreuses privations, malgré de très pénibles sacrifices, mon âme s'attriste et a besoin de s'élever vers le
ciel, afin d'y puiser sans cesse de nouvelles forces et
un courage persévérant pour mener l'œuvre à bonne
fin. L'hospice, à l'extérieur, est très avancé; mais,
à l'intérieur, de longs et coûteux travaux restent à
faire.

« Oh ! puissent ces quelques lignes, écrites si près
du Calvaire, exciter la généreuse charité de ceux qui
les liront, les intéresser à notre Mission de la ville
sainte, et nous donner la consolation de leur exprimer notre bien vive gratitude !

« Ce n'est pas tout encore. Une salle nous sert de
chapelle depuis neuf ans ; elle devient de jour en
jour plus insuffisante pour contenir notre personnel qui compte au moins deux cents sujets. Il faut
penser à la construction de la maison du bon Dieu,

après avoir pensé à celle des pauvres. Les fondations sont creusées; elles aussi attendent la Providence, pour porter les murs de l'édifice sacré qui sera le couronnement de l'œuvre de l'hospice Saint-Vincent de Paul à Jérusalem. »

Tel fut le dernier rapport écrit par Sœur Sion. On voit combien elle aimait les œuvres que Dieu lui avait confiées, et pour l'établissement desquelles elle avait été l'instrument de la Providence. On peut lui appliquer ce qui a été dit de sœur Rosalie : « La crèche était sa récréation, son orgueil, son repos; elle la montrait à ses amis et aux étrangers, s'y rendait dès qu'elle avait un moment de loisir. Son apparition suffisait à mettre tout le petit peuple en mouvement; il y avait presse autour d'elle pour demander une caresse, une parole, un regard; les plus grands tendaient vers elle leurs petites mains; elle s'arrêtait devant chacun, provoquait les sourires, apaisait les chagrins, essuyait les larmes, soutenait celui qui essayait de marcher, berçait celui qui voulait dormir, et ne s'arrachait qu'avec peine aux délices de cette virginale maternité. » A ses bienfaiteurs elle promettait de faire prier pour eux ces petits enfants; elle les croyait tout-puissants auprès de Dieu, pour cette raison bien simple que leurs demandes sont appuyées par deux avocats qui ne savent guère ce que c'est que perdre une cause : l'innocence et la charité.

Non moins grande était sa sollicitude pour les enfants plus avancés. Elle voulait chez eux les mêmes habitudes de bienséance et de politesse que l'on remarque parmi les enfants des rangs les plus élevés. Elle allait les visiter souvent, et dès qu'elle se montrait, c'était un moment de grande émotion, de joie pour les plus sages qu'elle se faisait nommer, de honte pour ceux qui étaient punis. Elle exerçait, habituait les enfants à tout faire plier devant le devoir : plaisir, intérêt personnel, bien-être. Le dimanche, elle présidait la lecture des notes de la semaine, et se plaisait à récompenser les enfants qui avaient mérité de bonnes notes ; mais elle voulait avant tout qu'on se soumît à l'ordre, parce que c'est l'ordre.

La vieillesse était dans son cœur à côté de l'enfance, avec ce redoublement de pitié qu'inspirent les maux qui ne peuvent plus guérir. Rien ne la touchait plus que la destinée de ces pauvres gens, autrefois pleins de santé et d'énergie, qui avaient dû passer de l'âge de la force et du travail à l'inactivité languissante de la vieillesse. Elle voulait que le vieillard vît ses derniers jours entourés de soins et de dignité. Elle conduisait au milieu d'eux ceux qui venaient la voir, leur racontait l'histoire de chacun, en lui adressant une bonne parole, le saluant par son nom et s'enquérant de sa santé. Ces pauvres gens, heureux de sa présence, fiers de son intérêt, recueillaient ses paroles avec respect et reconnaissance, et l'on sortait de cette visite en bénissant Dieu et sa servante d'avoir fait aux vieillards un si doux repos.

Quant aux aveugles, on a vu quelle sollicitude elle avait pour eux. « Être aveugle et être aimé, a dit François Coppée, c'est, sur cette terre où rien n'est complet, une des formes les plus étrangement exquises du bonheur... Ce n'est point perdre la lumière que d'avoir l'amour. L'âme à tâtons cherche l'âme et la trouve, et cette âme est une mère, une sœur. Tout avoir d'elle, n'être jamais quitté, avoir cette douce faiblesse qui nous secourt, s'appuyer sur ce roseau inébranlable, toucher de ses mains la Providence et pouvoir la prendre dans ses bras; Dieu palpable, quel ravissement! Eh bien! cette Providence vivante qui guide leurs pas chancelants, dirige leurs mains maladroites, et qu'ils sentent toujours auprès d'eux, voilà ce qu'est la Sœur de saint Vincent de Paul pour les pauvres petits à qui elle s'est dévouée. »

Ce qui est encore plus touchant, c'est qu'à Jérusalem l'école est dirigée par une maîtresse aveugle elle aussi; son infirmité vaincue par l'éducation et par l'habitude ne lui est pas un obstacle, pour soigner ses élèves aveugles comme elle et s'en faire tendrement chérir. Maîtresse et élèves ne se sont jamais vus, ne se verront jamais, et pourtant se connaissent et s'aiment profondément.

« Voilà, dit encore l'illustre poète, ce qu'il faudrait montrer aux matérialistes, à ceux qui ne vivent que par les sens et qui nient l'existence de l'âme. Quant aux chrétiens, ils puisent ici une force nouvelle pour leur sublime espérance, sachant bien que ces humbles femmes et ces pauvres enfants, qui se sont devinés ici-bas par les yeux du cœur, se reconnaîtront un jour dans l'éternelle clarté... Pensez donc à ces aveugles. Pensez à eux devant les magiques spectacles de la nature et de la vie, pensez à eux devant la splendeur infinie du ciel; pensez à eux surtout et à leurs tristes yeux morts, devant les chers regards de ceux que vous aimez. »

XXV

**Mort de Mgr Appodia. — Un vol à Nazareth.
Troisième voyage en France. — Le choléra.**

La fin de l'année 1901 fut marquée par des événements tragiques. Le lendemain de l'affaire sanglante du Saint Sépulcre, où les droits des Latins furent violemment attaqués par les Grecs, et les religieux Franciscains indignement traités par une troupe de lâches agresseurs, le 6 novembre, tandis que le Patriarche était malade à Alexandrie, son auxiliaire, Mgr Appodia, tombait mort à l'autel, après avoir récité le *Credo* de la messe. Dans la ville, la consternation fut générale. « Quel coup Dieu vient de frapper! écrivait un Supérieur de Communauté. Quelle perte pour le Patriarcat! Cher et vénéré Mgr Appodia! Il est mort comme il a vécu, sans bruit, uni à Dieu dans l'acte du divin sacrifice. Il a été l'hostie immaculée offerte à Dieu, unie à la divine Hostie qu'il se proposait d'offrir. Aux yeux de la foi, il ne peut y avoir de mort plus belle. Dieu a voulu récompenser ainsi sa vie toute faite de foi, d'humilité, de dévouement et de sacrifice... »

Mgr Appodia avait travaillé pendant trente-sept ans patiemment et saintement en Terre Sainte. Sœur Sion le pleura comme un père. Depuis l'année de son sacre en 1891, il était venu chaque année, le jour de saint Vincent de Paul, célébrer la messe à l'hospice, et l'année précédente, il avait présidé l'assemblée des Jeunes Économes en l'absence de Mgr le Patriarche. Un service solennel fut célébré pour lui dans la chapelle de l'Hospice.

Or, en ce moment même, arrivait à Sœur Sion la nouvelle que ses Sœurs de Nazareth venaient d'être victimes d'un vol important. Elles avaient reçu, peu auparavant, l'allocation qui devait les faire vivre et soutenir l'hôpital pendant toute l'année. On l'avait su, et la somme entière avait été dérobée habilement. Les inculpés avaient été arrêtés et mis en prison. Mais ce n'était pas la punition des coupables que Sœur Sion réclamait. Pour elle l'argent des pauvres (c'est ainsi qu'elle appelait ce qui lui était donné) était chose sacrée. Autant elle veillait à ce qu'il fût dépensé utilement, autant elle entendait qu'il fût respecté. Elle résolut donc de partir sans retard pour Nazareth, et là, elle obtint ce que, de mémoire d'homme, on n'avait pas vu dans ce pays, la restitution presque intégrale de la somme volée.

Son voyage fut la preuve que la prière obtient tout, et que la foi peut transporter les montagnes. On était au 30 novembre; les retards s'ajoutaient les uns aux autres, sa prière en eut raison. La mer était démontée; elle s'embarque quand même, à 9 heures du matin, à bord du Lhoyd autrichien. Là, elle apprend qu'on ne partira que le soir; elle est condamnée à passer tout le jour dans la triste rade de Jaffa. Le soir venu, la mer ne se calme pas, et on lui dit que le bateau attendra au lendemain afin de pouvoir décharger ses marchandises en arrivant. « Vous verrez,

dit-elle, que le bon Dieu ne permettra pas ce retard. »
Puis elle va trouver le capitaine et le conjure de partir quand même, l'assurant que rien de fâcheux n'ar-
rivera. « Impossible, répond le capitaine; ce serait
une grave imprudence, et du reste mes feux sont
éteints . » Alors, pleine de foi, elle se retire dans sa
cabine et se met à genoux, priant avec une ferveur
admirable. « Il faut que nous partions, dit-elle à la
Sœur qui l'accompagnait; je ne me relèverai pas que
Notre-Seigneur ne m'ait exaucée. » Elle reste ainsi
longtemps en prière. Tout d'un coup, une secousse
épouvantable met en émoi tous les passagers : la
chaîne de l'ancre venait de se briser, et le bateau était
violemment rejeté en haute mer. C'était la réponse de
Notre-Seigneur à la prière si confiante de son humble servante. Force fut au capitaine de rallumer ses
feux à la hâte et de se diriger vers Caïffa. Mais, après
une nuit passée dans les émotions du roulis et du
tangage réunis, Sœur Sion trouve qu'on met plus de
temps que de coutume pour arriver à Caïffa, et elle
en demande la raison. On lui dit alors que le bateau
file sur Beyrouth et qu'il a déjà dépassé Caïffa d'une
heure et demie. Aussitôt, malgré le mal de mer dont
elle souffrait cruellement, elle sort de sa couchette
et se met de nouveau en prière. Un moment après
on s'aperçoit d'un mouvement tournant. Le Commandant, sans qu'on ait su pourquoi, était revenu sur sa
première décision et se dirigeait vers Caïffa.

Là, l'ordre est donné de ne débarquer que le courrier sans aucun passager; une seule barque pour cela
est envoyée à bord. Mais l'employé fait exception
pour elle et la conduit au port malgré toute sorte de
récriminations.

Une fois à terre, elle veut partir à midi pour Nazareth ; mais le voyage est impossible, et elle est obligée d'attendre au lendemain matin. Alors le temps
est encore si mauvais que tout le monde la dissuade
de se mettre en chemin : il tombe une pluie torren-
tielle, et l'on ne peut se procurer aucune voiture fermée pour le voyage. N'importe, pressée par une
inspiration intérieure, à laquelle elle se reprocherait
de résister, elle dit qu'il faut qu'elle parte, et qu'elle
partira. Un char à bancs découvert est le seul véhicule qu'on puisse mettre à sa disposition. Elle y
monte courageusement, sous une pluie battante, et se
confie à la bonne Providence.

Sa confiance ne fut point trompée, et malgré le
mauvais état des chemins, au moins aussi compro-
mis que lors de son premier voyage en 1898, elle
arriva à bon port ; mais Dieu sait au prix de quelles
fatigues ! Le trajet, que l'on fait d'ordinaire en quatre
ou cinq heures, dura quatorze heures ; et l'intrépide
voyageuse, toujours charitable, trouva encore le
moyen de s'oublier elle-même pour venir en aide à
l'infortune d'autrui. — Au milieu du chemin, on rencontra une voiture remplie de voyageurs, enfoncée
dans les marais depuis plusieurs heures, et qui ne
pouvait sortir de ce mauvais pas. Elle permit à son
cocher de détacher ses chevaux et d'aider ces pauvres gens à se remettre en bonne voie ; puis elle attendit patiemment qu'il revînt la chercher. — Cet
acte de charité ne contribua pas peu sans doute à
attirer sur son voyage les bénédictions d'En-haut.

A Nazareth, les RR. Pères Franciscains faisaient
leur retraite annuelle. Elle obtint cependant du
R. Père Gardien, qui était curé de la paroisse, qu'il

voulût bien quitter sa retraite pour s'occuper activement de cette affaire. Le lendemain arrivait le chancelier du Consulat de Caïffa. Les coupables, que
l'on put découvrir, avouèrent leur faute. Sœur Sion
demanda pour eux une demi-heure de liberté, afin
qu'ils pussent, comme ils le promettaient, aller chercher l'argent dérobé, et ils le lui remirent, moins une
partie qui déjà avait été dépensée. Moins d'un jour
de retard, et le concours des circonstances n'aurait
plus permis, ni de découvrir les coupables, ni de
recouvrer l'argent volé. — C'était bien Dieu qui avait
conduit sa fidèle servante, et lui avait fait vaincre
tous les obstacles pour arriver à temps. — Grâce à
ce secours divin, trois jours avaient suffi à Sœur Sion
(chose inouïe en pareil cas) pour mener à bonne fin
une affaire aussi difficile. — Tout étant ainsi heureusement terminé, elle reprit aussitôt le chemin de
Jérusalem et y arriva le 15 décembre.

Au commencement de 1902, elle fut appelée par ses
Supérieurs à faire partie de la retraite des Supérieures à Paris. Le départ fut fixé au mardi de Pâques,
1er avril. Dix jours avant, sa fête fut célébrée comme
de coutume, mais non sans un voile de tristesse,
moins à la pensée du voyage de la bonne Mère, qu'à
la vue du triste état de santé dans lequel elle allait
l'entreprendre. Ce jour-là, une petite fille de douze
ans nommée Geneviève, après avoir récité son compliment avec une grâce charmante, leva les yeux vers
le ciel, demandant à Dieu de prendre sur ses jours à
elle pour prolonger ceux de la mère. Sa prière devait
être entendue. Le 25 mai suivant, elle faisait sa première communion, puis, peu après, le lis commença

à s'incliner sur sa tige. On l'envoya passer les vacances dans sa famille, en Galilée; mais elle ne devait pas en revenir. Les marques d'affection dont elle
était entourée ne suffisaient plus à cette âme angélique; il lui fallait la visite du divin Consolateur et,
pour avoir la joie de communier plus souvent, elle
voulut être transportée à l'hôpital des Filles de la
Charité à Caïffa. C'est là qu'au mois de mai 1903, elle
s'envola vers le ciel. La veille de sa mort elle avait
un scrupule : Comme on lui avait dit de faire le sacrifice de sa vie, elle demanda : « Comment puis-je faire
le sacrifice de ma vie, puisqu'elle appartient à Dieu? »

Sœur Sion profita de son voyage en France pour
trouver encore des amis et des bienfaiteurs à ses œuvres de Jérusalem. Elle avait comme le pressentiment que c'était pour la dernière fois. Aussi elle montra une activité telle qu'on ne la vit pas coucher deux
nuits dans le même lit, témoin cette lettre qu'elle
écrivait au mois de juin : « Nous partons mardi pour
Nantes et Angers; vers le 20, nous quitterons Paris
pour Sens, Lyon, Montpellier, Marseille, Naples. »
— « Je la vis, dit sa compagne de voyage, aller de
ville en ville, ne comptant ni avec la peine ni avec la
fatigue, demander à des amis généreux et dévoués
de quoi subvenir aux besoins nombreux et pressants
de ses pauvres. Au soir d'une de ces journées si pénibles, l'ayant vue tomber épuisée et vaincue par la
souffrance, je lui disais : « Oh! ma Sœur, comme
« vous êtes fatiguée! comment ferez-vous demain? —
« Au service de Dieu, répondit-elle, il ne faut pas
« craindre sa peine, il faut se donner sans compter.
« Puis, je suis sûre que c'est la dernière fois que je
« quête pour notre chère Mission; je veux faire tout

« mon possible pour ne pas laisser dans l'embarras
« celle qui me succédera. » — Et les larmes venaient
aux yeux de celle dont le cœur était si bon et si compatissant. Mais je fus encore plus émue lorsque je la
vis le lendemain, au milieu de ses bienfaiteurs et
amis, cachant, sous des dehors gais et aimables, les
douleurs physiques et morales qu'elle endurait. »

Elle rentra à Jérusalem dans l'octave de Saint-Vincent de Paul, le jeudi 24 juillet. A son arrivée à l'hospice, tout le personnel s'était groupé à l'entrée sur
son passage, avide de revoir les traits de cette mère
si aimée.

Peu après, elle écrivait au Directeur des *Missions
catholiques* : « Mon retour à l'hospice Saint-Vincent
a été un jour de fête. Ce fut un heureux moment, pour
mes compagnes et pour tout le personnel de la maison, de nous trouver réunis après quatre mois d'absence. Les bébés de la crèche m'accueillirent avec les
sourires innocents qui se reflétaient sur leurs visages
gracieux au pied de la statue de saint Vincent, le plus
bel ornement de notre jardin. C'est sous son bienveillant regard que j'étais attendue par les petits garçons, les petites filles, que je revoyais avec tant de
plaisir, ainsi que par les jeunes filles de l'ouvroir
externe qui partageaient la joie commune. Puis, d'un
autre côté, nos bons vieillards, les aveugles, les infirmes m'offrirent leurs plus affectueuses salutations
de bienvenue. Par les sentiments que cette scène
émouvante faisait naître en moi, je me sentais plus
que jamais leur mère, et mon dévouement aurait encore grandi, si l'on pouvait ajouter quelque chose à
ce qui est déjà plein.

« Mes petits métiers et mes ateliers fonctionnent

bien; cependant ils manquent d'outillages nécessaires, tout est réduit à la plus simple expression. On
travaille quand même, mais avec moins de succès et
plus d'efforts patients et persévérants. Nos jeunes
apprentis sont remplis de bonne volonté; c'est une
satisfaction pour nous de les voir à l'œuvre, tous dé-
sireux d'apporter à la maison le secours de leurs
forces et de leurs modestes talents, pour faire plaisir
à *Maman Sion,* comme de vrais enfants de famille
qui prennent à cœur ses intérêts. On les entend souvent dire entre eux : « Que ne pouvons-nous gagner
« beaucoup de *napoléons*, pour finir la maison et
« prouver à la Mère notre désir de pouvoir défini-
« tivement installer tous les offices. »

« Néanmoins ces chers enfants, dont la conduite
est excellente, ne se doutent pas qu'ils attirent par
leur travail et leurs prières, les bénédictions du
ciel.... »

L'histoire a observé, sur le règne de saint Louis,
roi de France, que ce monarque a dû parfois s'absenter pendant longtemps de son royaume. Cependant,
telle était l'influence de son nom, que tout prospérait,
et que les lois étaient observées, aussi bien lorsqu'il
guerroyait en Orient, que quand il était à Paris.
Ainsi en était-il de la maison de Sœur Sion. Elle a
dû s'absenter bien des fois, surtout depuis les fondations de Nazareth et de Caïffa. Trois fois elle a passé
les mers pour aller demander à ses amis de quoi
construire son Hospice. Mais, quelque prolongées que
fussent ses absences, l'influence de son nom ou, pour
mieux dire, de son grand cœur, suffisait à maintenir
dans sa maison la même régularité que quand elle
était là.

La fin de l'année 1902 fut signalée par l'apparition du choléra en Palestine. Il avait pris naissance en Égypte. Un pèlerin de la Mecque avait apporté de là-bas, comme relique, une outre d'eau pour satisfaire à la dévotion de ses amis. Tous ses concitoyens en voulaient. Pour contenter tout le monde, il jeta le contenu de son outre dans les deux puits du village afin d'en sanctifier les eaux. C'est ainsi qu'il les contamina, et qu'il distribua le choléra à tout le monde, car on dit que l'eau est le principal véhicule du choléra. Le fléau se répandit en Égypte d'abord, puis en Palestine et en Syrie. En deux mois Gaza eut neuf mille victimes. Des villages perdirent le tiers de leur population. A Jaffa, les décès étaient de vingt-cinq à trente par jour.

Le train cessa de monter à Jérusalem pendant quinze jours, jusqu'à ce qu'un lazaret fût établi à la dernière station, où les voyageurs étaient condamnés à rester dix jours. Des cordons sanitaires étaient établis dans toutes les directions. Cent cinquante soldats turcs furent un jour envoyés de Beyrouth pour renforcer les cordons sanitaires dans la plaine de Jaffa. « On nous envoie pour faire le cordon, » disait l'officier à un voyageur qui était Alsacien. « Alors vous allez faire les cordonniers ? » répondit celui-ci. — « Oui, on met un cordonnier ici, puis un autre là, et on ne passe plus. » Et le brave officier tout heureux d'avoir appris que ses hommes étaient des cordonniers, ne les appelait plus que de ce nom. Le sérieux des précautions qu'on prenait tournait au comique. Le courrier apportait-il un sac de pièces de monnaie, elles étaient passées à l'eau bouillante et le porteur mis en quarantaine pour dix jours.

Malgré ces précautions le choléra parut en Samarie ; dès lors on s'attendit à le voir à Jérusalem. L'Administration songea aussitôt à l'organisation d'un lazaret hors de la ville, et pour cela, elle jeta les yeux sur Sœur Sion, qui se dévoua à ce travail avec ses Sœurs, et qui sut tirer un parti admirable d'une habitation située au-dessus du village de Siloë. Des tentes supplémentaires furent dressées. En trois jours, tout fut prêt. Grâces à Dieu, Jérusalem fut épargnée ; mais on peut dire que Sœur Sion ne contribua pas peu à éloigner le fléau, car tous les jours elle faisait adresser des prières spéciales à saint Roch par les nombreux habitants de l'hospice ; et, de plus, elle fit le vœu de faire trois processions, si la ville était préservée.

Les soucis ne lui faisaient point oublier le devoir de la reconnaissance. Au mois de janvier 1903, elle écrivait au Directeur des *Missions :* « Notre gratitude n'égalera jamais ce que nous vous devons pour les dons particuliers qui nous sont parvenus par l'entremise des *Missions catholiques.* — « Tout ce qui « vient de la ville sainte, disait un jour le R. P. « Coubé, est précieux, parce que Jésus-Christ a aimé « Jérusalem plus que toutes les autres cités de la « Palestine. » — « Ce bon religieux comprenait Jérusalem, lui ; tant d'autres n'y voient que les malédictions divines ! Lorsque nous avons entrepris la fondation de notre hospice, de tous côtés on me répétait : « Il n'y a rien à faire à Jérusalem, c'est la ville « maudite. » Le vénéré Mgr Poyet ne parlait pas ainsi ; il appelait sur cette ville l'action bienfaisante de la charité de saint Vincent ; ses vœux ont été exaucés... »

Le R. P. Coubé, l'éminent orateur, l'apôtre de la

communion hebdomadaire, était, en effet, alors à Jérusalem. Son voyage, pour y arriver de Jaffa à travers les cordons sanitaires, avait été une véritable odyssée.

Le fléau ayant cessé, la Municipalité voulut témoigner sa gratitude à Sœur Sion pour tous les services qu'elle avait rendus depuis tant d'années aux pauvres de la Palestine. On fit donc des démarches pour obtenir de Sa Majesté le Sultan une décoration pour la bienfaitrice de l'humanité souffrante. Le succès n'était pas douteux. C'eût été un beau jour que celui où le Président serait venu lui remettre une distinction si bien méritée; on peut dire que tous les pauvres se seraient crus décorés en sa personne. Mais, si secrètes qu'aient été les démarches, Sœur Sion en fut avertie, et elle exigea que l'on revînt en toute hâte sur ce qui avait été fait, déclarant qu'elle n'accepterait point un pareil honneur. Cet acte d'abnégation ne fit qu'augmenter l'admiration dont elle était l'objet.

Le moment venu, elle songea à l'accomplissement du vœu qu'elle avait fait, de trois processions d'action de grâces. La première fut celle du Très Saint Sacrement; elle eut lieu dans les cours et le jardin de l'Hospice. On était dans l'octave de la Fête-Dieu; sur tout le parcours les murs étaient couverts de draperies et de guirlandes; les maisons voisines s'étaient pavoisées pour la circonstance. Deux reposoirs étaient dressés, dont l'un au pied de la statue de saint Vincent de Paul qui occupe le centre de l'établissement. Plus de quarante prêtres ou religieux, Franciscains, Dominicains, Assomptionnistes, Passionistes, Bénédictins, Frères, etc., étaient accourus pour faire cortège au Très Saint Sacrement. L'ostensoir était porté par un jeune religieux ordonné prêtre dix jours auparavant. Beaucoup de personnes de la ville étaient venues aussi. C'était la première fois que la procession du Très Saint Sacrement se faisait dans l'hospice. Un religieux présent dit à Sœur Sion : « Votre essai a été un coup de maître. »

La seconde procession eut lieu le lendemain en l'honneur de saint Roch, et la troisième le jour de la fête du Sacré-Cœur. La statue du Sacré-Cœur fut portée par les Sœurs elles-mêmes, celle de la Sainte Vierge par les jeunes filles, et celle de saint Roch par les petits garçons.

XXVI

**Dernière maladie. — Pose de la première pierre
de la chapelle. — Mort de Sœur Sion.**

Il y a, dans la vie des saints, diverses heures :
l'heure des prévenances de Dieu, celle du labeur difficile et pénible, celle de la croix. L'heure de la croix
arrive en même temps que celle du travail. Nous
avons vu que Sœur Sion l'a rencontrée dans toutes
ses œuvres. Elle devait finalement y être clouée.

Vers 1860, Notre-Seigneur disait à une sainte âme :
« J'ai toujours répandu sur mon Église des grâces
abondantes de sainteté pour former des âmes intérieures qui puissent désarmer ma justice. Il y a eu à
toutes les époques des victimes cachées qui ont coo-
péré à l'œuvre du salut des âmes. Cependant j'ai
rarement accordé autant de grâces semblables qu'à
l'époque actuelle ; mais elles sont imparfaitement
reçues par suite de l'attache aux biens créés et de la
crainte de la souffrance » (Vie de Marie Brotel).

Ces deux obstacles n'existaient pas dans Sœur Sion.
D'elle aussi on peut dire : « Ce n'est pas dans l'oi-
siveté qu'elle a mangé son pain » (Prov., XXXI, 27),
le pain eucharistique surtout. Elle cherchait sa préparation à la communion plutôt dans son cœur que
dans les livres ; et après, elle se donnait en commu-

nion à Celui auquel elle avait communié; elle devenait l'hostie de son Hostie.

On pouvait lui appliquer encore la parole du Sage parlant de la femme forte : « Elle se lève quand il est encore nuit » (*ib.*, 15). Tous les Saints ont veillé; Notre-Seigneur, leur modèle à tous, a donné cet exemple : que de nuits passées tout entières à adorer son Père, à traiter avec lui de l'affaire de notre salut, à lui offrir ses larmes, ses abaissements, ses travaux, sa douleur! Ainsi en fut-il de Sœur Sion : Dieu seul sait le nombre des nuits qu'elle a passées sans sommeil, et pendant lesquelles, dans son cœur, la prière s'unissait à la souffrance. On s'étonnait que le matin elle parlât si bien de Dieu aux âmes; c'est que, la nuit, elle avait parlé des âmes à Dieu. Que de fois on l'a pressée de réparer par le repos du matin les fatigues de la nuit! Elle n'y consentit jamais.

Le 3 novembre 1893, elle s'était offerte à Notre-Seigneur en victime de réparation, et Notre-Seigneur, comme gage de son acceptation, lui avait donné le plus beau cadeau qu'il puisse faire à une âme, la croix. « Lorsque Dieu, dit saint Chrysostome, donne à quelqu'un le pouvoir de ressusciter les morts, il lui donne moins que lorsqu'il lui accorde le don des souffrances; car, dans les miracles, je deviens le débiteur de Dieu; mais, par la patience, je rends Jésus mon débiteur. Il est mon débiteur parce qu'il m'en a promis la récompense; il me la doit, sa fidélité l'y oblige et il ne peut me la refuser. »

Sœur Sion eut à souffrir de la part de Dieu même qui, lorsqu'il voit une âme le chercher avec constance, se plaît à l'éprouver par des dérélictions pour stimuler l'ardeur des désirs de cette âme et multiplier ses mérites. On sait que le bienheureux Perboyre avait éprouvé, la dernière année de sa vie, des désolations intérieures extrêmes. Il lui semblait que tout, en lui, était abus de la grâce; tout l'épouvantait. Il avait beau prier, pleurer, gémir; il lui semblait que Dieu le repoussait, que son crucifix était muet ou ne lui donnait que des arrêts de réprobation.

Telle était aussi la souffrance de Sœur Sion. « Je crains d'être réprouvée, » disait-elle parfois. Notre-Seigneur, il est vrai, dissipait merveilleusement cette crainte, mais sans lui donner de consolations sensibles. Il aurait pu lui dire comme à Tobie : « Parce que désormais tu m'es plus agréable, c'est une nécessité que la tentation t'éprouve encore. » Tel est l'ordre établi par Dieu : la sainteté peut avoir de l'éclat aux yeux des hommes sans le secours de la croix; elle est peu de chose devant le Seigneur, si le mérite de la patience ne l'épure et ne la couronne.

Aux souffrances morales s'ajoutèrent les souffrances physiques. Depuis son voyage en France, voyage qui n'avait été qu'une suite de fatigues, elle faisait de fréquentes réflexions sur sa fin prochaine. Autour d'elle, on cherchait à éloigner ces pensées; alors, voyant qu'elle faisait de la peine, elle se taisait. Mais il était facile de voir qu'elle s'affaiblissait; elle passait des nuits agitées, la fièvre était presque continuelle, elle endurait de cruelles douleurs dans les reins et, le soir, elle ne pouvait prendre aucune nourriture. Les personnes les plus actives voient arriver un moment où il ne faut plus croire à ses forces; c'est un des plus tristes instants de la fin de la vie.

Au mois de juin 1903, après la fête du Sacré-Cœur,

les douleurs devinrent plus vives ; la bonne Mère avait peine à se tenir debout. Il lui fallut s'aliter, et elle habita désormais une petite chambre voisine de la chapelle ; de son lit, elle entendait les chants sacrés qu'elle aimait beaucoup, et toutes les prières qu'on y faisait. Elle pouvait ainsi s'unir au saint sacrifice de la Messe, et c'était pour elle une grande consolation. Le mois de juillet se passa avec un accroissement de douleurs qu'on ne savait à quoi attribuer. Ce n'est qu'à la fin du mois que le médecin constata une sciatique aiguë compliquée de douleurs rhumatismales dans tous les membres.

On commença alors un traitement énergique, qui ne fit qu'occasionner de nouvelles souffrances sans apporter de soulagement réel. La malade supportait tout avec une patience admirable, ne se plaignait jamais, ne voulait et ne désirait que l'accomplissement de la volonté de Dieu. Docile comme un enfant, elle se soumettait à tout ce qu'on essayait pour la guérir.

Son lit était devenu comme une chaire, d'où partaient, à la fois, de nouvelles leçons à pratiquer et de sublimes exemples à imiter. La franche gaieté aurait pu faire prendre le change sur son état, si l'altération de ses traits n'avait trahi les souffrances qu'elle s'ingéniait à cacher. Il en était d'elle comme de ce saint prêtre à qui la bienheureuse Marguerite-Marie disait, de la part de Notre-Seigneur : « Quand vous vous portiez bien, vous le glorifiiez par votre zèle ; mais pendant votre maladie, il se glorifie en vous. »

Sur ces entrefaites, une douloureuse nouvelle vint affliger la malade. La Révérende Mère Lamartinie avait rendu son âme à Dieu dans la maison centrale de Naples, le 9 août, jour du couronnement de Sa Sainteté Pie X. En toute autre circonstance, cette mort eût brisé le cœur de Sœur Sion ; mais elle se voyait elle-même sur le seuil de l'éternité, et elle pensa que la vénérée Mère ne tarderait pas à venir l'appeler.

Pourtant un léger mieux se produisit ; on put, pendant quelques jours, la porter pour une heure ou deux au jardin ; là, elle embrassait d'un coup d'œil toutes les Œuvres et les dirigeait, donnant de bons conseils pour l'avenir.

Mais dans la nuit du 31 août, elle fut subitement atteinte d'une arthrite aiguë à l'épaule droite ; les douleurs devinrent telles qu'elle ne pouvait même remuer un doigt sans pousser un cri involontaire. On essaya de la placer dans un fauteuil, pensant que le changement de position la soulagerait ; mais ce fut en vain, la douleur augmentait au point de lui faire perdre la respiration. Le docteur appelé au milieu de la nuit passa trois heures en expédients pour la soulager ; mais il fut déconcerté quand il vit son état se compliquer de vomissements continuels qui ne cessèrent que vers midi.

Dans la soirée, plusieurs médecins réunis déclarèrent qu'ils la trouvaient en danger, et qu'elle n'aurait pas la force de résister à une nouvelle crise. La malade leur demanda ce qu'ils pensaient d'elle, et les obligea de lui dire si elle était en danger ; ajoutant qu'étant à la tête d'une grande maison, elle avait bien des choses à régler. Comme ils hésitaient à répondre, elle leur dit : « Suis-je dans un danger imminent ? — Imminent, non ; mais, ma Mère, vous êtes

très faible, et, s'il survenait une crise, nous ne ré-
pondons de rien. » Elle comprit, remercia les docteurs et demanda à recevoir les derniers sacrements.

Il était 7 heures du soir; elle était dans son fauteuil depuis vingt-six heures sans pouvoir faire un
mouvement. En attendant l'arrivée du R. Père Curé
qui devait lui donner l'Extrême-Onction, elle s'en-
tretint avec son confesseur, puis, quand elle vit toutes
les Sœurs réunies, elle leur fit ses dernières recommandations :

« Je vous en supplie, nos Sœurs, vivez toujours
dans une grande charité et union entre vous. Aimez-
vous les unes les autres, mais aimez Dieu par-dessus
tout et ne cherchez à plaire qu'à Lui seul. Dévouez-
vous toujours et sans réserve pour son service, le
bien des pauvres et l'honneur de la Communauté; à
l'heure de la mort, on est bien heureux de ne pas
s'être ménagé. Soyez bien fidèles à nos saintes
Règles, à vos saints engagements; cette fidélité sera
votre sauvegarde. Je vous en supplie encore, que le
bon esprit de paix et de cordialité qui règne au sein
de la petite famille ne change pas après ma mort.
Que personne ne puisse dire : « Elle est morte, tout
« est changé dans la maison. » — Je demande bien
pardon à toutes les personnes à qui j'ai pu faire de
la peine. Je demande pardon à nos bons et vénérés
Supérieurs; je les remercie de tout mon cœur de
leur grande bonté envers moi; assurez-les bien que
je n'ai eu qu'un désir, celui de faire toujours leur
consolation. Oui, j'ai aimé et chéri nos deux Communautés de toutes les forces de mon âme; je n'ai eu
en vue dans toutes mes actions que de me dévouer
sans compter, pour Dieu et l'honneur de nos deux

familles. Je ne les oublierai pas là-haut... Quant à moi, le bon Dieu sait bien que je n'ai jamais rien eu dans mon cœur contre personne.... Si je vous ai reprises un peu sévèrement quelquefois, pardonnez-le-moi, nos Sœurs, mais croyez bien que je ne cherchais que le bien de vos âmes, qui m'a toujours été plus cher que ma vie; vous savez que je vous aimais toutes de tout mon cœur.... Je vous en prie de nouveau, aimez-vous les unes les autres, supportez-vous et soutenez-vous mutuellement; c'est ce qui fera votre force et votre bonheur. Conservez entre vous la paix, l'union des cœurs, qui a toujours existé entre nous, et qui a attiré jusqu'à présent les regards et la protection de Dieu. Si, par malheur, la désunion se mettait jamais parmi vous, ce qu'à Dieu ne plaise, la source des grâces serait tarie... Priez bien pour moi, que le Seigneur me fasse miséricorde; surtout, je vous en prie, ne me laissez pas longtemps en Purgatoire. Je vous le rendrai quand je serai au ciel. »

Cet effort d'une vertu qui achevait de se perfectionner dans l'infirmité se fit avec une voix forte, mais que l'émotion rendait tremblante. La Mère avait des larmes dans les yeux. Agenouillées autour d'elle, ses filles ne pouvaient retenir leurs sanglots. Alors elle leur dit avec sa bonté ordinaire, plus touchante encore dans ce moment solennel : « Je vous en prie, ne pleurez pas, ne vous faites pas de peine. Soyez bien généreuses; je ne vous oublierai pas là-haut. Je suis contente de mourir puisque le bon Dieu le veut. »

Elle reçut ensuite le saint viatique, l'Extrême-Onction et l'indulgence plénière *in articulo mortis* avec une piété admirable; répondant elle-même aux prières, demandant de nouveau pardon et renouve-

16.

lant ses vœux d'une voix ferme avant de recevoir la sainte communion.

On craignait qu'elle ne passât pas la nuit. Mais Dieu voulait encore achever de la sanctifier par deux mois de souffrances. Il lui réservait aussi une consolation : Le Missionnaire Lazariste, envoyé de Paris pour prêcher les retraites, arriva le lendemain. Ce Missionnaire, qui avait déjà trois fois traversé les mers pour remplir ce ministère à Jérusalem, avait toujours été un véritable père pour elle et pour ses œuvres. Elle avait en lui une entière confiance, et elle était heureuse de le revoir avant de mourir ; car, comme elle le lui dit en le saluant, il arrivait pour ses funérailles.

Persuadée que ce triste jour ne tarderait pas, elle voulut réaliser sans retard un projet qu'elle nourrissait depuis longtemps : c'était de faire poser la première pierre de la future chapelle. Elle soumit son dessein au Missionnaire, lui disant toute la satisfaction qu'elle éprouverait à lui voir faire lui-même cette cérémonie, et il se rendit de suite à son désir. Il fut convenu que ce jour de fête serait le 2 octobre, fête des saints Anges gardiens, et en même temps premier vendredi du mois d'octobre, de ce mois qui depuis longtemps déjà est dédié au saint Rosaire. La veille et le matin de ce jour, elle fut si souffrante qu'on parlait de remettre la cérémonie à un autre jour, mais elle ne le permit pas, disant que tout était prêt et que cela devait se faire comme il était convenu. Elle demanda à être placée dans un fauteuil roulant, afin de pouvoir assister à cette fête si touchante, dans une chambre ayant vue sur le terrain destiné à la chapelle. Elle en fut toute réjouie : c'était la dernière fois qu'elle devait voir tout son personnel d'enfants, de vieillards, d'aveugles, d'infirmes, réuni devant elle. Ce beau jour, qu'elle désirait depuis si longtemps, lui apporta une véritable consolation, dont elle remercia Dieu de tout son cœur.

Elle fut aussi très émue et touchée jusqu'au fond de l'âme au reçu du télégramme de la Très Honorée Mère Supérieure générale, lui disant qu'elle prenait part à toutes ses douleurs, et qu'elle souffrait et priait avec elle. Plusieurs fois dans la journée elle répéta ces paroles à ses Sœurs, en leur exprimant toute la reconnaissance de son cœur pour cette grande bonté, cette délicate attention de ses vénérés Supérieurs.

Le lendemain elle dicta elle-même le compte rendu de la cérémonie, qui fut publié par les *Missions catholiques* et précédé de ces quelques mots : « C'est du lit de douleur où elle est étendue presque, croit-elle, sans espoir de guérison, que Sœur Sion de Jérusalem nous adresse par l'intermédiaire de sa sœur, Sœur Vincent Sion de Caïffa, le touchant compte rendu que nous publions. »

« La grande faiblesse que j'éprouve, surtout depuis quinze jours, ne me permet pas de tenir une plume. Mais mon cœur qui doit tant à vos lecteurs se sent pressé de leur renouveler ma sincère reconnaissance. Je suis sans espoir de vous revoir à Lyon ; mais, soit que le divin Maître prolonge encore mes jours, soit qu'Il me rappelle à Lui, je vous recommande ma chère Mission, pour laquelle je fais volontiers le sacrifice de ma vie.

« C'est à l'ombre de la grande Croix du Calvaire que nous avons commencé nos œuvres le 3 mai 1886, il y a plus de dix-sept ans. Elle nous a protégées ; ses bénédictions ont fécondé nos travaux et ont produit une moisson abondante.

« Mon silence avait pu vous donner la pensée que j'avais mis en oubli le désir que vous m'aviez exprimé d'un petit travail sur nos œuvres. Il n'en est rien. Ce n'est certes pas une peine, mais une jouissance et un honneur de fournir de temps en temps quelques lignes qui puissent faire bénir la charité, l'exciter dans les cœurs de vos pieux lecteurs, et les assurer ainsi de notre gratitude. Mais, lors même que les traits particuliers à rapporter seraient assez fréquents et de nature à provoquer nos actions de grâces, je dois avouer que les plus marqués du sceau divin ne s'expriment dans aucune langue humaine. Ils remplissent les annales du Ciel, écrites par les seuls Élus, et dans lesquelles, un jour, vos zélés abonnés recueilleront les fruits de la semence de foi qu'ils ont procurée, par leurs dons généreux, aux chers petits enfants abandonnés.

« Ce retard s'est donc imposé de lui-même. Mais, comme une circonstance digne d'être relatée se présente, je m'empresse de vous en faire part. Cette circonstance, c'est la pose de la première pierre de notre chapelle.

« Il y a deux ans que je réclamais des secours pour cette construction, croyant être à la veille de l'entreprendre, tant était grand le désir que j'avais d'offrir à Notre-Seigneur une demeure moins indigne de lui ; après l'avoir tout d'abord abrité dans la personne de ses membres souffrants qui remplissent l'Hospice. Cette maison peut bien être comparée à une mosaïque vivante où la réunion de tous les genres de souffrances peint au naïf, dans un tableau vivant, les traits de l'Homme de douleurs.

« Mais cette consolation s'est fait attendre jusqu'au 2 octobre, fête des saints Anges gardiens.

« Dès la veille au soir, suivant la prescription du Rituel, une croix de bois avait été portée processionnellement sur le terrain et plantée à la place qu'occupera le sanctuaire, comme pour en prendre possession au nom du Dieu crucifié.

« Le lendemain la cérémonie fut plus solennelle. La maison était en fête, et tous les cœurs auraient été dans l'allégresse, si mon état de souffrance n'avait jeté un voile de tristesse sur cette scène émouvante. D'une fenêtre près de laquelle on avait roulé ma chaise, je pus y prendre part, étant privée depuis trois mois de l'usage de mes jambes sérieusement rhumatisées.

« Aucune invitation n'avait été faite. Seul, M. Boppe, Consul général de France, avait été prévenu, et il daigna nous honorer de sa présence. Une belle procession se déroula, composée du personnel de la maison, des jeunes filles de l'ouvroir externe et de quelques voisins pieux; puis venait le clergé, formé d'amis religieux, de prêtres du Patriarcat, enfin la croix, les acolythes et le Célébrant.

« Sur le parcours, la jeune fanfare de nos enfants faisait entendre ses plus beaux airs.

« La pierre, qui mesurait un cube de quarante centimètres de côté, se montrait de loin entourée de fleurs. Sur chacun des six côtés, une croix avait été gravée; celle du côté supérieur affectait la forme de la croix de Terre Sainte. Pour moi, ce n'était pas une simple pierre que j'avais sous les yeux, c'était déjà un autel sur lequel la divine Victime ne tarderait pas à être immolée. Je voyais à l'avance le jour où s'y célébrera la première messe, et mon âme se confondait en adoration et en reconnaissance à la pensée de cet heureux moment.

« Si je n'ai pu assister à la procession, de ma fenêtre du moins j'ai joui de son ensemble. Au premier rang venait le groupe de nos chers bébés en costume rose et aux visages radieux. Je les regardais, me reportant aux jours passés où j'étais si heureuse de leur montrer mon affection en leur donnant mes soins. Dès qu'ils aperçurent *Maman Sion,* spontanément ils lui envoyèrent leurs baisers en agitant leurs petites mains. Les garçonnets, les fillettes, les aveugles, avec leurs maîtresses respectives, venaient après ; puis les bons vieillards et les vieilles, tous endimanchés ; enfin nos chères Sœurs, qui précédaient immédiatement le clergé.

« Je m'unissais de mon mieux à tous ces cœurs fervents qui imploraient la bénédiction du ciel sur le terrain où sera un jour la résidence du Roi des rois.

« La pierre fut bénite et portée à la place préparée pour la base de la première colonne du sanctuaire, du côté de l'Évangile. Elle y fut solidement maçonnée et couverte sur toutes ses faces de dalles de même dimension, pour la conserver comme un joyau dans son écrin. Au préalable, on avait inséré dans l'intérieur de la pierre le procès-verbal, indiquant que la chapelle est dédiée à Notre-Dame de la Médaille miraculeuse, et portant la date et les noms de nos bienfaiteurs dévoués.

« L'officiant fit le tour du chantier en bénissant

les fondations, puis il adressa au représentant de la France quelques mots de remerciement.

« La procession se reforma ensuite. Au chant du *Magnificat* on se rendit à la chapelle, et la bénédiction du Très Saint Sacrement termina cette belle journée.

« Voilà le compte rendu de la pose de la première pierre de notre chapelle. Nous demandons d'autres pierres à nos chers bienfaiteurs. Nous sommes sûres, j'ose le dire, de les recevoir : bâtir une demeure à Jésus-Christ à Jérusalem, sa ville de prédilection, n'est-ce pas s'en préparer une bien belle dans cette autre Jérusalem qui nous réunira tous un jour, protecteurs et protégés, pour chanter les louanges du Dieu qui est charité ? »

A partir de ce jour, l'état de Sœur Sion ne fit qu'empirer. Elle s'en rendait compte et annonçait sa fin prochaine ; mais, voyant que ses paroles attristaient son entourage, et qu'on voulait espérer contre toute espérance, bientôt elle n'en parla plus. Déjà il n'était plus possible de la faire sortir du lit ; on ne pouvait la toucher sans la faire souffrir. Les Sœurs se retiraient pour pleurer à l'aise et lui épargner le spectacle de leur douleur. — « Vous souffrez beaucoup, » lui disaient-elles. — « Oui, je souffre, mais je suis entourée d'affection, tandis que Notre-Seigneur sur la croix était entouré de bourreaux. Il était couronné d'épines, et j'ai la tête libre. » — Elle avait en effet demandé à Dieu, à l'exemple du P. Étienne, l'un des plus illustres successeurs de saint Vincent, de lui laisser sa tête et son cœur jusqu'au dernier soupir.

Quelques jours avant sa précieuse mort, elle reçut

une lettre du Très Honoré Supérieur général, qui lui envoyait sa paternelle bénédiction. Ce lui fut une consolation suprême. Avec quel respect elle baisa ces lignes tracées de la main du successeur de saint Vincent! « Oh! le bon Père! disait-elle, quelle charité pour sa pauvre fille ! » Et elle baisait de nouveau la précieuse lettre. « Oh! je ne l'oublierai pas là-haut, je prierai bien pour lui, ainsi que pour notre Très Honorée Mère; quand je serai morte, vous le leur direz. »

Cependant son Assistante était tombée malade à son tour. En peu de jours elle fut aux portes de la mort. Le Docteur en était à se demander laquelle mourrait la première ; et il redoutait beaucoup d'avoir à annoncer à l'une la mort de l'autre, de peur de lui porter le coup fatal. Mais Dieu se contenta d'un sacrifice.

Le jeudi 29 octobre, on commença une neuvaine générale en l'honneur du bienheureux Gabriel Perboyre. On se rappelait qu'il avait guéri miraculeusement une autre Sœur dans des circonstances analogues. Et comme il ne fallait plus, disait-on, qu'un miracle pour hâter l'heure de sa canonisation, on pensa un moment qu'il était réservé à Jérusalem de lui procurer cette gloire. Malgré sa persuasion intime qu'elle allait mourir, la malade s'unit aux prières, mais en se contentant de demander simplement l'accomplissement de la volonté de Dieu. « Vous allez voir, disait-elle, que le Bienheureux viendra me chercher. » En effet, dès le premier jour de la neuvaine, elle fut prise d'une toux opiniâtre qui lui déchirait la poitrine, et qui ne lui laissa pas une minute de repos jusqu'à son dernier soupir. Elle faisait de violents efforts pour rejeter les mucosités qui lui arrivaient au gosier; mais sa grande faiblesse l'en empêchait, et cela lui faisait endurer une agonie de tous les instants. Elle regardait ses Sœurs comme pour leur demander secours, puis disait avec une grande douceur : « Impossible!... je ne puis pas. » Elle ajoutait : « Mon bon Maître! » c'était son seul cri, sa seule plainte. Elle s'unissait au chapelet que l'on récitait près d'elle, continuait de suivre les exercices qui se faisaient à la chapelle, la sainte messe, la bénédiction du Très Saint Sacrement.

Le vendredi 30, elle put encore recevoir son *bon Maître;* ce fut la dernière fois. Le samedi 31, son état de suffocation la priva de cette grande faveur. Toute cette journée, elle annonça son départ pour le ciel, fit ses adieux aux Sœurs, leur donna ses derniers conseils. Avec une rare présence d'esprit, elle voulut voir les maîtres du chantier pour leur faire ses recommandations au sujet de la construction de la chapelle; puis, se rappelant qu'à la fête de saint Vincent, elle n'avait pu leur donner la gratification habituelle, elle le fit en ce moment, ne voulant pas qu'une autre eût à le faire après sa mort. Ces hommes en furent si touchés qu'ils pleuraient à chaudes larmes.

Elle dit encore à sa sœur qui ne la quittait pas : « Réfléchis bien, et vois si tu n'as pas encore quelque chose à me demander, car tout à l'heure je ne pourrai plus te répondre. » Puis, voyant les Sœurs pleurer, elle les regarda chacune de ce bon regard qu'elles aimaient tant, et leur dit : « Ne pleurez pas, mes enfants, je vous en prie!.. Pourquoi pleurer? Je prierai pour vous là-haut. Nous nous reverrons bientôt. Qu'est-ce que la vie?.. Puisque le bon Maître le veut ainsi, il faut nous soumettre... »

Elle avait toujours eu de vives appréhensions de la mort, non pas tant pour la mort elle-même que pour les jugements de Dieu, que sa grande humilité lui faisait redouter, et parce qu'elle craignait que le démon ne vînt la troubler au dernier moment. Mais Dieu ne permit pas que ses craintes fussent réalisées, et ses dernières heures furent d'un calme et d'une tranquillité admirables. On l'entendait redire de temps en temps : « Mon Dieu, je ne vous crains pas, je vous aime. » Elle demandait qu'on récitât le chapelet avec elle et, ce jour-là qui fut le dernier de sa vie, elle l'a récité au moins quatre fois, et Dieu sait avec quelle ferveur! C'est à ce moment surtout qu'elle accentuait sa prière favorite : *priez pour nous* **maintenant**.

Ses compagnes firent la prière du soir auprès de son lit, et sa sœur lut ensuite la méditation du lendemain sur la fête de tous les Saints. Arrivée à ce passage : « Je me suis réjoui de ce qui m'a été dit : nous irons dans la maison du Seigneur » (Ps. cxxi, 1), la malade l'interrompit : « Oh! oui, bientôt, je l'espère. » En effet, le moment était proche. On continua de prier, on récita le chapelet qu'elle suivit attentivement, puis les prières de la recommandation de l'âme, auxquelles elle répondait. Arrivée au passage solennel : « Partez, âme chrétienne... », la Sœur qui les disait n'osait achever, mais la pieuse mourante lui dit : « Continuez donc. » Le Prédicateur de la retraite, qu'on était allé chercher au Patriarcat, arriva juste à temps pour lui donner une dernière absolution et lui suggérer quelques pieuses invocations qu'elle redisait après lui. Puis il lui présenta son crucifix de Missionnaire, en lui disant de le baiser; aussitôt, faisant un suprême effort, elle avança les lèvres et les posa sur la sainte image. C'est dans ce dernier témoignage d'amour pour son *bon Maître* qu'elle exhala son dernier soupir. Et, comme le Sauveur sur la croix, elle pencha doucement la tête du côté de sa sœur qui sanglotait agenouillée à sa gauche. Son âme, si dévouée aux œuvres de Dieu, se trouvait face à face avec Celui qu'elle avait tant aimé! Les Sœurs ne pouvaient croire à la réalité. Il fallut que le Missionnaire leur dît : « C'est fini! »

Quoiqu'il fût 9 heures et demie du soir, la cloche tinta le glas funèbre et annonça que Sœur Sion avait cessé de souffrir. Elle avait 57 ans d'âge et 36 de vie religieuse. C'était un samedi, le dernier jour du mois du saint Rosaire, aux premières vêpres de la fête de tous les Saints. Oh! nous en avons la douce confiance, ces habitants de la céleste Cité lui ont aussitôt ouvert leurs rangs, pour l'admettre à chanter avec eux le cantique éternel!

On ne pouvait s'empêcher de le croire en contemplant sa dépouille mortelle. Son visage si défait, si altéré par la maladie, était devenu beau et revêtait une telle expression de paix, de bonheur, de jeunesse même que bien des personnes en furent frappées, et que ceux qui la virent sur son lit de mort ne lui donnaient pas plus de trente-cinq ans.

Toute la journée du dimanche, la chambre fut comme un sanctuaire, et la foule ne cessa de circuler près de son lit de repos. Prêtres, religieux et religieuses de tous les Ordres, pauvres, riches, Turcs,

Grecs, Juifs même, tous voulaient voir encore une fois celle qui avait passé en faisant le bien. On priait, on baisait ses mains, ses vêtements, ses pieds, et l'on s'en allait en disant : Oh! la bonne Mère que nous avons perdue! qu'elle est belle sur son lit de parade! sûrement elle est au ciel.

M. le Consul général de France vint aussi contempler dans la sereine majesté de la mort celle pour qui il avait une si profonde estime, et il dit en se retirant : « Mes Sœurs, toute la ville pleure avec vous, c'est une grande perte pour tout le monde. »

Elle resta exposée jusqu'au lundi matin à 4 heures. Malgré la chaleur, malgré les cierges qui brûlaient auprès d'elle, malgré la foule qui remplissait la chambre et les maladies dont la chère défunte avait tant souffert, et qui auraient dû hâter la décomposition, sa dépouille mortelle ne répandait aucune odeur. Lorsqu'on la mit au cercueil, ses membres étaient restés souples; sa chair flexible n'avait pas encore perdu toute chaleur naturelle; son visage n'avait point changé.

Avant l'aube du jour la triste nouvelle commençait déjà à jeter la consternation; et, à mesure qu'elle se répandait à Jérusalem et aux environs, elle faisait naître partout les regrets les plus sincères et les plus douloureux.

Ils ne tardèrent pas à se traduire par les témoignages les plus touchants, à l'adresse des Sœurs que le départ de la chère défunte laissait orphelines, mais plus spécialement de sa propre sœur, Sœur Vincent Sion, supérieure de la maison de Caïffa, et qui ne devait pas tarder à hériter de sa charge.

Ces lettres, aux signatures si diverses, sont unanimes dans les sentiments qu'elles expriment, et nous regrettons de ne pouvoir les reproduire toutes. On y verrait la preuve que, comme le disait l'une d'elles, « la vénérée défunte était vraiment la regrettée de tous les cœurs, car tous sans exception trouvaient auprès d'elle secours, asile et protection ».

Qu'on nous permette au moins d'en citer trois.

La première est de M. le Consul général de France :

« Jérusalem, le 1ᵉʳ novembre 1903.

« Mes Très Révérendes Mères,

« Je reçois, au moment de me rendre à la cérémonie officielle de la Toussaint, votre lettre m'apprenant le décès de la Très Révérende Mère Sion. Je me ferai un devoir, en revenant de Saint-Sauveur, d'aller vous offrir mes sentiments de profonde sympathie ; mais je veux, dès à présent, vous dire combien votre douleur est partagée par le représentant de la France à Jérusalem et tous ses collaborateurs. Le souvenir de votre regrettée Supérieure ne s'effacera pas des cœurs de ceux qui ont eu le bonheur de voir l'Œuvre de bien et de charité à laquelle elle s'était consacrée ; et, au moment où elle disparaît, j'éprouve comme une consolation à penser qu'elle laisse ici une maison qui fait honneur à la France et aux Sœurs de Saint-Vincent de Paul.

« Veuillez agréer, mes Révérendes Mères, les assurances de mon profond respect.

« A. Boppe. »

La deuxième lettre est du R. P. Supérieur des Pères Blancs de Sainte-Anne.

« Jérusalem, le 1ᵉʳ novembre 1903.

« Ma Révérende Mère (Sœur Vincent Sion),

« Quelques instants avant la célébration de la Sainte Messe j'ai reçu le billet qui nous apprend que Notre-Seigneur a appelé à Lui sa servante, votre Sœur très chère. J'ai immédiatement prévenu mes confrères prêtres qui allaient célébrer. La messe solennelle de la Communautéest offerte en ce moment même pour l'âme de Sœur Sion, et j'ai tenu moi-même à offrir aussi le saint Sacrifice de la fête de tous les Saints pour celle qui vient de vous quitter. J'ai demandé à Notre-Seigneur, par l'intercession de la troupe glorieuse des Saints, d'admettre sans retard au bonheur du ciel cette âme généreuse qui a tant travaillé à la gloire de Dieu.

« Votre Père saint Vincent voulait qu'en face du départ de l'un de ses enfants, on se consolât par les pensées de la foi et de l'espérance. Ce sont ces motifs, ma Révérende Mère, qui vous consoleront, vous tout particulièrement, et qui consoleront aussi vos Sœurs.

« L'âme vaillante et généreuse qui vient de nous quitter a consacré tous ses instants, toutes ses énergies, à procurer un abri aux petits orphelins dont elle était la Mère ; elle a voulu venir en aide à toutes les misères. Sa foi ardente lui a fait entreprendre des œuvres qui semblaient au-dessus des forces humaines. C'est à Jésus-Christ Notre-Seigneur que

Sœur Sion a fait tout cela. « En vérité, en vérité, je
« vous le dis, tout ce que vous aurez fait au moindre
« de mes frères c'est à moi que vous l'avez fait. »
J'ai la douce confiance que dans cette fête, où notre
Mère la sainte Église glorifie tous les élus, votre
Sœur a entendu Jésus-Christ lui dire : « Venez, fille
« bénie, venez posséder le royaume qui vous a été
« préparé. » J'ai la confiance que saint Vincent, le
bienheureux Jean-Gabriel Perboyre, le bienheureux
François-Régis Clet et toute une phalange de glorieux Enfants de saint Vincent ont accueilli celle en
qui votre saint Fondateur pouvait reconnaître une si
digne Fille.

« Nous prierons avec vous, ma Révérende Mère,
mais avec vous nous avons confiance. En célébrant
la sainte Messe pour la chère défunte, j'ai prié aussi
pour vous, pour les Filles de la Charité de Jérusalem, et j'ai demandé à Notre-Seigneur d'être lui-
même votre consolation.

Daignez croire que la Communauté des Pères
Blancs de Sainte-Anne partage la douleur de votre
Communauté ; *le deuil que vous portez est celui de
toute la ville.* Mais, ne l'oublions pas, là-haut dans
la Jérusalem céleste il y a grande joie, et ce doit
être notre consolation.

« En union de prières, ma Révérende Mère, je reste
votre très humble serviteur en Notre-Seigneur.

« Père L. Federlin,

« Supérieur du grand Séminaire. »

La troisième lettre enfin est du Supérieur des
Trappistes de El-Atroun.

« 2 novembre 1903.

« Très Révérende Mère,

« Après l'avoir tenue si longtemps sur la Croix, Notre-Seigneur vient donc de rappeler à lui notre vénérée Mère. Oh! quelle glorieuse récompense il aura accordée à tant d'héroïque patience, à une foi si vive, à une charité si ardente, si énergique et si puissante qui a accompli de si belles œuvres dans cette Palestine tant aimée! Quelle rencontre! quels ineffables embrassements avec ces saintes Filles de la Charité, ses enfants, auxquelles son exemple avait appris à vivre du sacrifice et à mourir dans l'allégresse! Quel triomphe lui auront fait ces âmes bienheureuses de petits enfants, et de pauvres vieillards, qui dans toute l'éternité l'aimeront et la béniront comme l'instrument de leur salut. Oh! oui, sans doute elle est heureuse, elle est triomphante notre Mère, et comme vous le dites, ce n'est pas sans un dessein tout particulier de son cœur aimant, que Notre-Seigneur l'a appelée à lui la veille de la grande fête de tous les Saints.

« Aussi ce n'est pas elle, la chère Mère, que nous devons plaindre; c'est vous, sa sœur désolée, qui ne faisiez qu'un cœur avec elle, comme notre Père saint Bernard avec son cher Gérard; c'est vous ses filles plongées dans la douleur, nos sœurs, qui ne vous trompez pas en croyant que nous partageons vos sentiments pour votre bonne Mère Sion, qui était bien aussi notre bonne Mère. Quelle tendresse en effet, quelle sollicitude vraiment maternelle elle a toujours eue pour ce pauvre petit El-Atroun, dès son début! Combien, surtout dans ces derniers temps, elle a été généreuse pour nous! Jamais nous n'oublierons son intervention si efficace et si désintéressée pour nous auprès de notre grande bienfaitrice. Et puis, oh! l'incomparable Mère! elle était déjà au milieu de ses effroyables crises, elle ne pouvait ni manger, ni dormir, mais quand arriva la nouvelle que ses désirs avaient été des ordres pour sa généreuse amie, elle se sentit revivre pour un moment, tant elle était heureuse à la pensée du bonheur qu'éprouveraient ses protégés... Aussi combien chacun de nous était attaché à la bonne Mère! Combien tous s'enquéraient de sa précieuse santé! Comme on aimait à prier pour elle! — Hélas! le R. P. Romarie regrettera toujours de n'avoir pu la voir encore et assister à ses funérailles. Notre Père Paul n'oubliera jamais avec quelle foi ardente elle lui parlait, mercredi dernier, de sa prochaine ordination. Quant à moi, l'un des derniers venus de la maison, j'avais conçu, pour la Révérende Mère, je ne sais quel sentiment, et d'affectueuse et religieuse vénération, et d'admiration enthousiaste pour sa foi virile, sa vertu héroïque dont on m'avait découvert le secret, et son incomparable bonté, franchise et simplicité. Rendu demi-sauvage par mon séjour avec mes chers Noirs, je n'osais paraître devant la vénérée Mère et ses saintes filles. Mais comme mon cœur s'épanchait en parlant d'elles à Marie. Et maintenant, voilà que le bon Dieu l'a appelée à lui, au jour où il appela ma propre mère. Toutes deux sont mortes la veille de la Toussaint. Mon cœur désormais les réunira toutes deux devant Dieu.

« Nous n'avons appris la douloureuse nouvelle que

ce matin. Sans cela nous aurions tenu à être représentés aux funérailles. Demain nous commencerons les messes demandées, on fera la sainte communion pour elle, et jeudi nous aurons une messe chantée pour le troisième jour après l'enterrement.

« Veuillez croire, ma Révérende Mère, à la grande part que prend, à votre profonde douleur, toute notre communauté, et en particulier

« Votre indigne frère en Notre-Seigneur

« F. Alphonse Tachon. »

XXVII

Funérailles. — Après les funérailles.

Les funérailles eurent lieu le lundi, 2 novembre, à 9 heures. Le service funèbre fut célébré par le Missionnaire Lazariste, qui ne voulut céder à aucun autre cette douloureuse consolation. Vu l'exiguïté de la chapelle provisoire, le grand corridor de l'établissement fut transformé en chapelle; une foule compacte et recueillie y assistait. Au premier rang était M. le Consul général de France; près de lui, et le cierge à la main, le Président de la Municipalité, Saïd-Effendi, qui voulut rendre à la mère des pauvres ce dernier témoignage de vénération; puis toutes les corporations religieuses. Des musulmans eux-mêmes, disséminés dans la foule, pleuraient celle qui les avait tant de fois soulagés dans leurs peines. Le silence et le recueillement de l'assistance étaient le plus bel éloge de la défunte.

L'office terminé, le corps fut porté dans un caveau provisoire, en attendant la construction de la chapelle future où il sera transféré. Là le Missionnaire voulut adresser aux Sœurs quelques paroles de consolation : « Ne pleurez pas, leur dit-il, votre mère est au ciel... » Ce fut tout; les larmes ne lui permirent pas d'en dire davantage. Mais cette parole suffisait, et tout porte à croire qu'elle était bien l'expression de la vérité. Oh! oui, cette bonne Mère était déjà dans le ciel, dans ce beau ciel que tant de bonnes œuvres lui avaient si bien mérité! Elle avait vivement souhaité mourir un samedi, et ses vœux avaient été exaucés; et ce samedi était le dernier jour du mois du saint Rosaire, dont chaque jour avait vu sa famille réunie au pied du saint Sacrement exposé, et récitant pour elle le chapelet. Et ses funérailles avaient lieu au lendemain de la Toussaint, en ce jour où l'Église militante, unissant ses prières à celles de l'Église triomphante, tend une main secourable à ses frères de l'Église souffrante. Moins de secours auraient suffi, nous semble-t-il, pour réaliser le désir que la chère mourante exprimait à ses Sœurs, qu'on ne la laissât pas longtemps en purgatoire.

Sur la pierre qui ferme son tombeau on grava le cachet de la Communauté qui porte ces mots : « La charité de Jésus crucifié nous presse », puis cette épitaphe :

Sœur Léonie Sion

Fille de la Charité
27 septembre 1846 — 31 octobre 1903
dans l'attente
de la bienheureuse Résurrection

Première fille de saint Vincent de Paul
en Terre Sainte,
Victime de son amour pour les pauvres,
à l'imitation du Sauveur,
Elle a passé en faisant le bien.
Moins de vingt ans (1886-1903) ont suffi
à sa charité communicative pour devenir
créatrice non seulement à Jérusalem
mais encore
à Béthléem, à Nazareth, à Caïffa.

Chérie
de Dieu et des hommes,
sa mémoire
est en bénédiction.

Le lendemain de la mort de Sœur Sion, 1er novembre, une femme turque, sa protégée, vint raconter aux Sœurs qu'elle avait eu un songe la nuit précédente. Elle voyait la Mère vêtue de blanc, monter au ciel, portée par des ailes qui étaient comme des anges (ce sont ses expressions). En la voyant, elle se mit à crier : « Ma mère, où allez-vous ainsi? Je veux aller avec vous, je vous en prie, emmenez-moi. » — La bonne Mère lui répondit : « Non, où je vais vous ne pouvez venir, vous n'êtes pas comme nous. » Et elle la vit disparaître, ce qui lui causa une grande tristesse. Le matin, elle vint à l'Hospice et c'est alors seulement qu'elle apprit que la bonne Mère était morte la veille au soir.

Dix jours après, une autre femme turque vint aussi raconter un songe. Elle voyait Sœur Sion à la porte de l'hospice, tenant par la main une des filles de la maison. (Elle la désigna ; c'est une idiote d'une trentaine d'années.) Or, dit-elle, la bonne Mère fit rentrer cette fille dans la maison et la suivit des yeux jusqu'à ce qu'elle fût descendue dans le sous-sol, puis elle s'en alla. Je lui dis : « Ma mère, entrez donc chez vous, on vous attend, il y a si longtemps qu'on ne vous a vue! » Mais elle répondit : « Non, on ne m'attend pas, je ne veux pas entrer, j'ai simplement ramené cette fille, et je vais maintenant au Patriarcat. » Puis elle disparut. — Cette femme racontait son rêve, auquel on ne faisait pas grande attention, dans l'après-midi du mardi. Or, quelques heures

plus tard, à minuit, quatre hommes turcs ramenaient
la folle en question ; elle s'était échappée par le jardin, et ils l'avaient trouvée se penchant sur le bord
d'une citerne où elle allait se précipiter. Deux ans
auparavant, elle s'était déjà enfuie au loin dans les
montagnes, et l'on avait passé une journée à sa recherche. On se rappela le songe de la pauvre femme.
La Mère tenait sa promesse : « Je ne vous oublierai
pas, je prierai pour vous là-haut ! »

Au mois de décembre, la réunion générale des
Jeunes Économes eut lieu comme de coutume. Bien
qu'on ne s'attendît nullement à une séance récréative, l'assistance fut aussi nombreuse que les autres
années et la quête aussi abondante. Le silence et le
recueillement disaient assez le respect qu'on portait
à la mémoire de celle qui était jadis la vie de cette
fête. Mgr Piavi la présidait, et ce fut la dernière fois ;
car, un an après, jour pour jour, il tombait malade,
et au bout de quelques jours, le 24 janvier 1905, il
expirait doucement. Après la lecture du rapport, un
prêtre du Patriarcat lut l'éloge de Sœur Sion, qui fut
écouté avec la plus grande attention. En voici le début :

« Les lettres d'invitation, disait-il, à la différence
des autres années, ne faisaient pas mention de séance
récréative. Je n'ai pas besoin de vous en dire le motif. Il n'y a pas deux mois, les chers enfants de cet
hospice précédaient, avec leur bannière voilée de
crêpe, le convoi funèbre de celle qui méritait si bien,
et à laquelle ils donnaient de si bon cœur, le nom de
Mère. C'était le deuil de la reconnaissance, c'en était
aussi le triomphe. Ces fleurs, ces couronnes, bien
souvent symboles durables de regrets fugitifs, mais,

ce jour-là, témoignages fugitifs d'une douleur qui ne passe point; ces pauvres qui ont voulu montrer que la gratitude est encore de ce monde, ces vieillards qui gardent sur leurs visages l'expression de leur douleur, cette foule que l'enceinte sacrée ne pouvait contenir, disaient assez que c'était une grande bienfaitrice que l'on honorait, et que, si le dernier adieu est triste, il est surtout lamentable lorsqu'il s'adresse à une mère, et une mère telle que Sœur Sicn.

« Saint Vincent de Paul, vous le savez, apparaît à la terre comme le génie de la charité elle-même. Cependant, a dit un auteur, jamais il ne fut mieux inspiré de Dieu que le jour où, frappé de toutes les privations imposées aux pauvres, il voulut leur donner en un seule personne la piété et la ferveur de la religieuse, l'expérience du médecin, les soins de la garde-malade, l'affection de la mère, la patience éclairée de l'institutrice, l'humble dévouement de la servante, et créa pour eux la Fille de la Charité.

« Sœur Sion a parfaitement réalisé cet idéal... La nature lui avait donné un esprit éclairé et pénétrant, un cœur noble, tendre, compatissant, un courage élevé, un jugement solide. L'usage du monde avait perfectionné ces qualités en lui donnant des manières aisées et gracieuses, ce qui, joint à une rare vertu, fait un assortiment qui gagne tous les cœurs et rend facile l'exercice de l'autorité. On ne pouvait faire de tous ces avantages un plus saint usage que celui qu'elle en fit pour gouverner avec succès... »

. . . .

De nombreuses Revues publièrent l'éloge de Sœur

Sion. Nous reproduirons ici celui des *Échos de Notre-Dame de France* (Décembre 1903).

« Nos lecteurs apprendront avec douleur la mort de Sœur Sion, supérieure des Filles de la Charité en Palestine. C'est une grande et expressive figure qui disparaît de nos missions françaises de Terre Sainte, et nous avons le devoir de lui adresser un adieu ému et reconnaissant, non seulement au nom des amis et des admirateurs de ses œuvres, mais encore au nom du pays lui-même.

« Sœur Léonie Augustine Sion, originaire du Nord de la France, trouva au sein même de sa famille les traditions de noble simplicité, de religion ferme et éclairée, de générosité à toute épreuve, qui devaient former son âme d'élite. Avant même d'être religieuse, elle donnait la mesure de son courage en se dévouant sans merci durant le choléra de 1866.

« Fille de la Charité à vingt et un ans, elle commença son apostolat à Saint-Bris, en Bourgogne, y subit l'expulsion en 1878 et fut nommée ensuite, âgée seulement de trente-quatre ans, supérieure de l'hôpital de Montluel, près Lyon. Mais la Providence la destinait à introduire en Palestine tout le cortège admirable des œuvres de saint Vincent de Paul. Elle arrive à Jérusalem en 1886, où pendant dix-sept ans elle devait, à travers mille difficultés, dépenser sa débordante activité, son zèle et sa vie au soulagement de toutes les misères.

« Les débuts furent très humbles ; mais la cornette aux grandes ailes blanches devint vite populaire. Dieu bénissait les efforts, et, en 1890, Sœur Sion traçait, au hasard, près de la ville, le plan d'un vaste établissement qui peu à peu grandit et devint comme la maison de tous les abandonnés. L'hospice Saint-Vincent de Paul renferme aujourd'hui : une crèche de 30 enfants, deux orphelinats pour garçons et jeunes filles, avec un commencement d'école profession- nelle ; 35 aveugles, plus de 40 vieillards des deux sexes, un ouvroir très fréquenté, un dispensaire, etc... La vénérée fondatrice s'excusait d'avoir logé les pauvres du bon Dieu avant le bon Dieu lui-même ; son dernier acte fut de présider, le 2 octobre dernier, à la pose de la première pierre de la chapelle.

« Ces œuvres multiples ne suffisaient point aux initiatives de son zèle. Elle y ajouta le soin régulier des lépreux et la visite des malades à domicile.

« En 1891, elle accepta la direction de l'hôpital municipal, offerte aux Sœurs de Charité par les au- torités de Jérusalem, sur le conseil de tous les nota- bles de la Ville Sainte.

« Enfin par ses soins deux hôpitaux furent fondés en Galilée : l'un à Nazareth en 1898, l'autre l'année suivante à Caïffa. Et déjà autour des deux maisons nouvelles rayonne tout l'essaim des œuvres habituel- les : école, dispensaire, ouvroir, visite des malades.

« Mais tant de travaux accomplis sous un climat meurtrier devaient inévitablement ruiner une santé pourtant robuste. Frappée dans la force de l'âge, Sœur Sion était depuis de longs mois réduite à l'im- mobilité. De son lit de souffrance, elle continuait à diriger ses œuvres. Son âme exceptionnellement vaillante domina jusqu'au bout des douleurs intolé- rables, et c'est en récitant avec ses Sœurs le dernier *Ave Maria* du mois du Rosaire qu'elle s'endormit dans le baiser du Seigneur.

« La mort de Sœur Sion fut un deuil public pour

la ville de Jérusalem. Une foule nombreuse et profondément émue vint à l'hospice Saint-Vincent de Paul unir son hommage aux larmes de ceux qui perdaient une mère.

« Les lecteurs des *Échos* auront une prière pour cette vaillante Française, tombée au pays du Sauveur. Ils prieront aussi pour sa pieuse famille, pour son vénérable père et pour sa sœur, également Fille de la Charité et supérieure de l'hôpital de Caïffa.

« Sœur Sion a été la femme forte des Lieux Saints. Elle a ouvert ses mains à l'indigent et ses œuvres seront sa louange. »

Le 16 novembre 1903, arriva de Paris le télégramme annonçant à la Communauté des Filles de la Charité que Sœur Sion, supérieure de Caïffa, était appelée à succéder à sa sœur, à la tête des œuvres de Jérusalem. Personne n'était plus apte à assumer l'héritage de la regrettée défunte. C'était le meilleur moyen d'adoucir les peines de celles qu'elle avait dirigées, et de leur rendre moins sensible la perte qu'elles avaient faite. Amiens, Valenciennes, Caïffa l'avaient vue successivement se dévouer pendant trente années au soulagement de toutes les misères humaines. Déjà elle a fait construire la crypte de la future église ; mais elle doit s'arrêter là, faute de ressources, et cette crypte servira elle-même de chapelle, jusqu'à ce que de nouveaux secours permettent de terminer l'édifice.

La dernière lettre que la vénérée défunte ait dictée ici-bas se terminait en demandant une pierre pour la demeure de Notre-Seigneur. Puisse cette demande trouver de l'écho dans les cœurs, afin que bientôt

s'élève et s'achève le sanctuaire qui doit être dédié
à Notre-Dame de la Médaille miraculeuse. Ce sera
le couronnement de l'œuvre si péniblement entreprise et si courageusement soutenue, par celle dont
nous n'avons fait qu'esquisser à grands traits la vie,
les œuvres et les vertus!

TABLE

TYPOGRAPHIE FIRMIN-DIDOT ET Cⁱᵉ. — MESNIL (EURE).

www.ingramcontent.com/pod-product-compliance
Lightning Source LLC
LaVergne TN
LVHW021133050726
842519LV00002B/379